노동법의 쟁점과 사례 연구

노동법의 쟁점과 사례 연구

박 귀 천 著

新論社

머리말

이 책은 필자가 재직하고 있는 이화여대 법학전문대학원에서 지난 몇 년간 학생들에게 강의하기 위해 작성한 자료들을 바탕으로 만들게 되었다.

필자는 법학전문대학원 1기 학생들이 제1회 변호사시험 준비를 위해 처음 모의시험을 보았던 2011년부터 현재까지 변호사시험 선택 과목으로 노동법을 선택한 학생들을 위해 노동법 관련 판례 분석 방법과 노동법 사례 문제에 대한 답안 작성 방법 등에 대한 강의를 매학기 해오고 있다. 2011년 이전에도 노동법 강의를 했지만 변호사시험을 준비하는 학생들의 보다 효율적인 시험 준비를 위한 일종의 맞춤형 강의자료를 만드는 일은 많은 새로운 노력과 고민을 필요로 하는 작업이었다. 이렇게 마련되기 시작한 노동법의 주요 쟁점에 대한 설명 자료, 2011년 이후 매해 2회 또는 3회에 걸쳐 시행된 노동법 모의시험 문제와 올해로 4회에 이르게 된 변호사시험 문제를 분석하여 해설한 자료들이 하나둘 쌓여 어느새 수백 페이지에 이르는 양이 되었다.

처음 강의자료를 만들 때는 이 자료들을 책으로 내겠다는 생각은 하지 못했었는데 시간이 지남에 따라 여러 개의 파일로 흩어져 있는 자료들을 모아서 손질하여 책으로 만드는 것이 강의를 하는 본인에게나 수강하는 학생들에게나 여러모로 도움이 될 것이라는 생각을 하게 되었다. 또한 학생들이 다른 선택과목에 비하여 많은 판례에 대한 부담으로 인해 변호사시험에서 노동법 선택을 꺼리는 경향이 있지만 막상 졸업 후 실무를 경험하면서 노동법 공부의 필요성을 절감하여 필자에게 주요 쟁점과 판례 위주로 공부할 만한 서적이 있는지 묻는 경우가 있었다. 따라서 방대한 내용을 담은 책의 두께와 무게에 대한 부담은 덜면서도 노동법의 중요 쟁점에 대해 빠르고 쉽게 찾아볼 수 있는 책이 필요할 것이라는 생각도 이 책의 출간을 결심하게 된 하나의 동기가 되었다.

이 책은 총 4장으로 구성되어 있다. 제1장 및 제3장은 각각 개별적 노동관계법과 집단적 노동관계법의 주요 쟁점별 내용에 관하여 해당 쟁점에 관련된 판례에서 제시된 법리를 중심으로 정리하고 있다. 다만 이 책은 주로 판례에서 문제되었던 노동법의 중요 쟁점들을 망라하여 정리하는 것을 목적으로 하기 때문에 노동관계 법령상의 모든 조항의 내용을 다루고 있지는 않다. 또한 이 책에서는 각 쟁점에 해당되는 판례를 한두 개 정도씩만 소개하고 있는데 그렇다고 하여 해당 쟁점에 대한 판례가 그것밖에 없다는 의미는 아니고, 대표적인 판례 위주로 소개하는 것임을 유의하여야 한다. 제2장과 제4장은 각각 개별적 노동관계법과 집단적 노동관계법의 사례문제들에 대한 해설을 다루고 있다. 보다 구체적으로는 2011년부터 2014년까지의 법학전문대학원협의회 주최 모의시험의 문제들과 제1회부터 제4회까지의 변호사시험 문제들을 해설한 것이다. 개별적 노동관계법 사례 11개, 집단적 노동관계법 사례 13개를 다루고 있는데 개별적 노동관계법 사례 중에서 쟁점이 중복된 경우는 제외했기 때문에 개별적 노동관계법과 집단적 노동관계법의 사례 개수에서 차이가 나게 되었다. 한편 이 책에서 사례에 대한 해설은 모두 '논점의 정리→관련 법리→사안의 해결→결론' 순으로 정리되어 있다. 이는 법학과목에 대한 사례문제 시험의 답안을 작성할 때 사용하는 전형적인 형식에 따른 것이다. 사례에 대한 해설에서는 최대한 관련 쟁점에 대한 풍부한 내용을 담기 위해 노력했다.

필자는 이 책을 주로 노동법 사례 문제 시험에 대비해야 하는 변호사시험 수험생이나 공인노무사 2차 시험 수험생을 염두에 두고 만들기는 했으나 앞서 말한바와 같이 수험생이 아니더라도 노동법의 중요 쟁점에 대한 중요 판례에 대해 개괄적으로 살펴보기를 원하는 경우에 도움이 될 수 있을 것이라고 생각한다.

애초에 이 책은 필자의 강의를 듣는 학생들에게 좀 더 체계적으로 쉽게 노동법을 공부할 수 있도록 도움을 주기 위해 강의자료를 교재로 만들어야겠다는 소박한 생각에서 시작되었는데 막상 출판을 앞두게 되니 부족한 점이 많은 것 같아 부끄럽다. 언제나 시작은 힘들지만 이 시작을 통해 새로운 발전을 위한 노력을 게을리 하지 않도록 스스로를 다잡아 가는 계기를 만들고자 한다. 그리고 미래의 꿈을 위해 현재의 즐거움은 미뤄둔 채 각종 시험의 고통을 견디며 하루하루를 보내고 있는 분들에게 이 책이 작은 도움이라도 될 수 있기를 바란다. 끝으로 출판업계의 어려운 상황에도 불구하고 이 책을 출판할 수 있도록 해주신 新論社의 사장님과 관계자분들께 진심으로 감사드린다.

2015년 6월 24일

박귀천

차 례

제3장 집단적 노동관계법 주요 쟁점별 내용

제4장 집단적 노동관계법 사례 해설

제1장

개별적 노동관계법의 주요 쟁점별 내용

제1장 개별적 노동관계법의 주요 쟁점별 내용

I. 근로기준법상 기본 개념과 원칙

1. 근로기준법의 적용 범위

(1) 관련 법 규정

「근로기준법」(이하 "근기법"이라 함)은 상시 5명 이상의 근로자를 사용하는 모든 사업 또는 사업장에 적용한다(근기법 제11조 제1항).[1] 단, ① 해당 사업 또는 사업장에서 법 적용 여부를 판단해야 할 사유의 발생 전 1개월 동안 사용한 근로자의 연인원을 같은 기간 중의 가동 일수로 나누어 산정하되, ② 그 1개월의 산정기간에 속하는 일별로 근로자 수를 파악했을 때 5명의 기준에 미달한 일수가 50% 미만이면 법 적용 사업장으로 보고 50% 이상이면 법 적용 사업장으로 보지 않는다(근기법 시행령 제7조의2).

(2) 관련 판례

어느 사업 또는 사업장의 근로자수가 일시적으로 5명 미만이 되더라도 사회통념에 의하여 객관적으로 판단하여 상태적으로 5명 이상이면 근기법이 적용되고 이 경우 근로자에는 그 때 그 때 필요에 의하여 사용하는 일용근로자도 포함한다고 해석된다.[2] 어느 사업에 근로기준법이 적용되는지 여부를 판단할 때 영리목적의 기업, 비영리 또는 공익의 사업인지 여부는 무방하다. 종교사업 역시 근기법 적용사업에 해당된다.[3]

---

1) 상시 4명 이하의 근로자를 사용하는 사업 또는 사업장에 대하여는 대통령령으로 정하는 바에 따라 근로기준법의 일부 규정을 적용할 수 있다. 이에 따라 적용되는 일부 규정은 근기법 시행령 제7조, 별표1에서 열거하고 있다.

2) 대법원 2000. 3. 14. 선고 99도1243 판결.

3) 대법원 1992. 2. 14. 선고 91누8098 판결.

2. 근기법상 근로자

(1) 관련 법 규정

“근로자”라 함은 직업의 종류와 관계없이 임금을 목적으로 사업 또는 사업장에 근로를 제공하는 자를 말한다(근기법 제2조 제1항 1호).

(2) 근로자성 판단 기준 관련 판례

계약의 형식보다는 그 실질에 있어 “종속관계 여부”를 판단한다. 판례에 따른 구체적 판단기준은 다음과 같다.[4)]

① 종속노동성: 사용자가 업무내용을 정하는지 여부, 취업규칙 적용 여부, 업무수행과정에서의 사용자의 “상당한 지휘감독” 여부, 사용자의 근무시간 · 장소 지정 및 근로자가 이에 구속되는지 여부
② 독립사업자성: 비품 · 원자재나 작업도구 등 소유 여부, 제3자의 고용에 의한 업무 대행 여부, 이윤 창출과 손실 초래 등 위험 부담 여부
③ 보수의 근로대가성: 보수의 성격이 근로자체의 대상적 성격인지 여부
④ 계약관계의 계속성과 전속성: 근로제공관계의 계속성 및 사용자에의 전속성 유무와 그 정도
⑤ 부차적 판단 요소: 기본급 내지 고정급을 정하는지 여부, 근로소득세 원천징수 여부, 사회보장제도상 근로자로 인정하는지 여부 등. 단, 판례는 부차적 판단 요소의 경우, 이러한 요소를 이유로 근로자성을 쉽게 부정하여서는 아니 된다고 한다.

(3) 주식회사의 이사, 감사 등 임원의 근로자성

판례에 따르면 주식회사의 이사라 하더라도 지위 또는 명칭이 형식적 · 명목적인

---

4) 대법원 2006. 12. 7. 선고 2004다29736 판결.

것이고 실제로는 사용자의 지휘 · 감독 아래 일정한 근로를 제공하면서 그 대가로 보수를 받는 관계에 있다면 근기법상 근로자에 해당된다.[5] 즉, 지위나 직함에 의해서가 아니라 실질에 의해 근로자성을 판단해야 한다. 판례는 회사의 이사로 등기되어 있더라도 종속관계 여부에 따라 근로기준법상 근로자로 인정될 수 있다고 한다.[6] 즉, 임원으로 등기되었는지 여부는 근로자성 판단에서 결정적 기준이 아니다.

(4) 기타 근로자성이 문제되는 경우

판례는 불법체류 외국인근로자에 대해서도 근기법이 적용된다고 한다.[7] 한편, 판례에 따르면 이른바 특수형태근로종사자는 근기법상 근로자로 인정되지 않는 경향이 강하다. 단, 「노동조합 및 노동관계조정법」(이하 "노조법"이라 함)상 근로자로 인정되는 경우는 있다. 예를 들어 특수형태근로종사자에 해당되는 골프장 캐디에 대하여 대법원은 근기법상 근로자는 아니지만 노조법상 근로자에는 해당된다고 판단한바 있다.[8]

3. 근기법상 사용자

(1) 사용자의 개념

"사용자"란 '사업주, 사업의 경영 담당자 또는 그 사업의 근로자에 관한 사항에 대하여 사업주를 위하여 행동하는 자'를 말한다(근기법 제2조 제1항 2호).

"사업주"는 근로자를 사용하여 자기 이름으로 사업을 하는 자를 의미한다. 회사 등 법인사업의 경우, 법인 그 자체가 사업주이다.[9] "사업경영담당자"는 사업경영 일반에 관하여 책임을 지는 자로서 사업주로부터 사업 경영의 전부 또는 일부에 대하여 포괄적 위임을 받고 대외적으로 사업을 대표하거나 대리하는 자를 뜻한다.[10] "근로자

---

5) 대법원 2003. 9. 26. 선고 2002다64681 판결.

6) 대법원 2002. 9. 4. 선고 2002다4429 판결.

7) 대법원 1995. 9. 15. 선고 94누12067 판결.

8) 대법원 2014. 2. 13. 선고 2011다78804 판결.

9) 임종률, 「노동법」, 2015, 박영사, 40쪽.

10) 임종률, 위의 책, 41쪽; 대법원 1997. 11. 11. 선고 97도813 판결 등.

에 관한 사항에 대하여 사업주를 위하여 행동하는 자"는 근로자의 인사, 급여, 후생, 노무관리 등 근로조건의 결정 또는 업무상의 명령이나 지휘, 감독을 하는 등의 사항에 대하여 사업주로부터 일정한 권한과 책임을 부여받은 자를 의미한다.[11)]

(2) 사용자 개념의 확대

사내하청업체에 고용되어 원청회사의 사업장에서 근무한 근로자들과 원청회사 사이에 근로계약관계가 성립한 것으로 볼 수 있는지 여부가 다투어진다. 이와 관련하여 법리적으로는 묵시적 근로계약관계 성립 여부 및 불법파견근로관계 해당 여부 등이 문제된다.

1) 묵시적 근로계약관계

판례는 "원고용주에게 고용되어 제3자의 사업장에서 제3자의 업무에 종사하는 자를 제3자의 근로자라고 할 수 있으려면, 원고용주는 사업주로서의 독자성이 없거나 독립성을 결하여 제3자의 노무대행기관과 동일시 할 수 있는 등 그 존재가 형식적, 명목적인 것에 지나지 아니하고, 사실상 당해 피고용인은 제3자와 종속적인 관계에 있으며, 실질적으로 임금을 지급하는 자도 제3자이고, 또 근로제공의 상대방도 제3자이어서 당해 피고용인과 제3자 간에 묵시적 근로계약관계가 성립되어 있다고 평가될 수 있어야 한다."고 하고 있다.[12)]

2) 불법 파견근로관계

판례는 원청회사가 사내하청업체 근로자들에 대해 직접 노무지휘를 하는 경우, 이는 근로자파견관계에 해당된다고 한다. 이러한 관계가 제조업의 직접생산업무와 같이 「파견근로자보호 등에 관한 법률」(이하 "근로자파견법"이라 함)상 근로자파견 대상 업무에 해당되지 않는 업무에서 문제된 경우,[13)] 근로자파견법을 위반한 불법파견이 되

11) 대법원 2008. 10. 9. 선고 2008도5984 판결.

12) 대법원 2008. 7. 10. 선고 2005다75088 판결.

13) 근로자파견사업은 제조업의 직접생산공정업무를 제외하고 전문지식 · 기술 · 경험 또는 업무의 성질 등을 고려하여 적합하다고 판단되는 업무로서 대통령령이 정하는 업무를 대상으로 한다(근로자

어 원청회사는 근로자파견법 제6조의2[14]에 따라 사내하청업체 근로자들을 직접 고용해야 할 의무를 부담하게 된다.[15]

4. 근기법상 기본원칙

(1) 근로조건 법정기준 이상의 결정

근기법에서 정하는 근로조건은 최저기준이므로 근로관계 당사자는 이 기준을 이유로 근로조건을 낮출 수 없다(근기법 제3조).

(2) 근로조건 대등결정

근로조건은 근로자와 사용자가 동등한 지위에서 자유의사에 따라 결정하여야 한다(근기법 제4조).

(3) 법과 노사자치규범의 성실이행

근로자와 사용자는 각자가 단체협약, 취업규칙과 근로계약을 지키고 성실하게 이행할 의무가 있다(근기법 제5조).

(4) 평등대우

사용자는 근로자에 대하여 남녀의 성(性)을 이유로 차별적 대우를 하지 못하고, 국적 · 신앙 또는 사회적 신분을 이유로 근로조건에 대한 차별적 처우를 하지 못한다(근기법 제6조). 근로관계상 성차별금지, 동일가치노동 동일임금원칙 등에 관해서는 「남녀

파견법 제5조 제1항).

14) 근로자파견법 제6조의2 제1항에 제1호에 따르면 사용사업주는 동법 제5조 제1항의 근로자파견 대상업무에 해당하지 아니하는 업무에서 파견근로자를 사용하는 경우 해당 파견근로자를 직접 고용하여야 한다.

15) 대법원 2010. 7. 22. 선고 2008두4367 판결.

고용평등과 일 · 가정 양립 지원에 관한 법률」(이하 "고평법"이라 함)에서 별도로 규율하고 있다.

(5) 강제근로금지, 폭행금지 등 근로자의 인격 존중

사용자는 폭행, 협박, 감금, 그 밖에 정신상 또는 신체상의 자유를 부당하게 구속하는 수단으로써 근로자의 자유의사에 어긋나는 근로를 강요하지 못한다(근기법 제7조). 사용자는 사고의 발생이나 그 밖의 어떠한 이유로도 근로자에게 폭행을 하지 못한다(근기법 제8조).

(6) 중간착취금지

누구든지 법률에 따르지 아니하고는 영리로 다른 사람의 취업에 개입하거나 중간인으로서 이익을 취득하지 못한다(근기법 제9조). 판례에 따르면 노동조합 간부를 역임한 근로자가 취업알선 명목으로 금품을 수령한 행위는 근기법 제9조 위반에 해당된다. 이 경우 근기법 제9조상 '영리로 타인의 취업에 개입하는 행위'에는 취업을 원하는 사람에게 취업을 알선해 주기로 하면서 그 대가로 금품을 수령하는 정도의 행위도 포함된다고 하고, 반드시 근로관계 성립 또는 갱신에 직접적인 영향을 미칠 정도로 구체적인 소개 또는 알선행위에까지 나아가야 하는 것은 아니라고 한다.[16] 즉, 구체적인 소개 또는 알선행위가 없어도 근기법 위반에 해당될 수 있다는 것이다.

(7) 공민권행사보장

사용자는 근로자가 근로시간 중에 선거권, 그 밖의 공민권 행사 또는 공(公)의 직무를 집행하기 위하여 필요한 시간을 청구하면 거부하지 못한다. 다만, 그 권리 행사나 공(公)의 직무를 수행하는 데에 지장이 없으면 청구한 시간을 변경할 수 있다(근기법 제10조).

---

16) 대법원 2008. 9. 25. 선고 2006도7660 판결.

Ⅱ. 근로계약

1. 근로조건 명시 의무와 근로계약의 성립

사용자는 근로계약을 체결할 때에 임금의 구성항목 · 계산방법 · 지급방법, 소정근로시간, 주휴일 및 연차유급휴가에 관한 사항이 명시된 서면을 근로자에게 교부하여야 한다(근기법 제17조). 이러한 근로조건 명시의무를 위반한 근로계약도 유효하다고 해석되기는 하지만 근로조건 명시의무 위반 시의 효과에 관한 근기법상 규정과 벌칙이 적용된다(근기법 제19조, 제114조 1호).

2. 위약 예정의 금지

사용자는 근로계약 불이행에 대한 위약금 또는 손해배상액을 예정하는 계약을 체결하지 못한다(근기법 제20조).

판례에 따르면 약정한 근무기간 이전에 퇴직하면 그로 인하여 사용자에게 어떤 손해가 어느 정도 발생하였는지 묻지 않고 바로 소정 금액을 사용자에게 지급하기로 하는 계약 내용은 무효이고, 미리 정한 근무기간 이전에 퇴직하였다는 이유로 마땅히 근로자에게 지급되어야 할 임금을 반환하기로 하는 취지의 계약 내용도 무효라고 한다.[17]

근로자가 교육훈련이나 연수 등을 위해 사용자로부터 연수비 등을 지원받고, 연수 종료 후에 일정 기간 동안의 근무 의무를 준수하지 않는 경우 사용자에게 연수비 등을 반환하도록 약정하는 것이 위약예정 금지규정에 위반되는지 여부가 문제된다. 이에 관한 판례는 교육훈련비 내지 연수비 상환 약정은 근로자의 의사에 반하는 계속 근로를 부당하게 강제하는 것으로 평가하지 않아야 그 유효성이 인정된다고 한다. 즉, 그러한 약정의 필요성이 인정되어야 하고, 주로 사용자의 업무상 필요와 이익을 위하여 원래 사용자가 부담하여야 할 성질의 비용을 지출한 것에 불과한 정도가 아니라 근로자의 자발적 희망과 이익까지 고려하여 근로자가 전적으로 또는 공동으로 부담하여야 할 비용을 사용자가 대신 지출한 것으로 평가되어야 하며, 약정 근무기간

17) 대법원 2008. 10. 23. 선고 2006다37274 판결.

및 상환해야 할 비용이 합리적이고 타당한 범위 내에서 정해져 있어야 한다.[18)]

Ⅲ. 취업규칙

1. 관련 법 규정

사용자는 취업규칙의 작성 또는 변경에 관하여 해당 사업 또는 사업장에 근로자의 과반수로 조직된 노동조합이 있는 경우에는 그 노동조합, 근로자의 과반수로 조직된 노동조합이 없는 경우에는 근로자의 과반수의 의견을 들어야 한다. 다만, 취업규칙을 근로자에게 불리하게 변경하는 경우에는 그 동의를 받아야 한다(근기법 제94조 제1항).

2. 취업규칙 불이익변경의 의미

판례는 예를 들어 퇴직금 지급률이 하향 조정됨에 따라 장기근속 희망자에게는 불리하지만 장기근속을 희망하지 아니하는 자에게는 유리하게 된 경우와 같이 취업규칙이 일부 근로자에게 유리하게, 다른 일부 근로자에게 불리하게 변경된 경우에는 불이익변경에 해당된다고 한다.[19)]

기존에는 없던 규정을 신설하는 것이 불이익변경에 해당되는 경우도 있다. 예를 들어 정년규정이 없었는데 정년규정을 신설한 경우 불이익변경에 해당된다고 본다.[20)]

3. 취업규칙 불이익변경 시 동의의 주체

취업규칙 불이익변경 시 근로자 과반수로 조직된 노동조합, 그러한 노동조합이 없으면 근로자 과반수가 동의의 주체가 된다.

일부 근로자들에게 불이익변경이 문제되는 경우는 ① 근로조건 체계가 단일한 경우와 ② 근로조건이 이원화되어 있는 경우로 나눌 수 있고, 각각 동의의 주체를 어떻

18) 대법원 2008. 10. 23. 선고 2006다37274 판결.
19) 대법원 1993. 5. 14. 선고 93다 1893 판결 등 다수.
20) 대법원 1997. 5. 16. 선고 96다2507 판결.

게 볼 것인지가 문제된다. 이에 관하여 판례는 ①의 경우는 여러 근로자 집단이 하나의 근로조건 체계 내에 있어 비록 취업규칙의 불이익변경 시점에는 어느 근로자 집단만이 직접적인 불이익을 받더라도 다른 근로자 집단에게도 변경된 취업규칙의 적용이 예상되는 경우로 이 경우에는 일부 근로자 집단은 물론 장래 변경된 취업규칙 규정의 적용이 예상되는 근로자 집단을 포함한 근로자 집단이 동의주체가 된다고 한다. 반면 ②의 경우는 근로조건이 이원화되어 있어 변경된 취업규칙이 적용되어 직접적으로 불이익을 받게 되는 근로자 집단 이외에 변경된 취업규칙의 적용이 예상되는 근로자 집단이 없는 경우로 이 경우에는 변경된 취업규칙이 적용되어 불이익을 받는 근로자 집단만이 동의주체가 된다고 한다.[21]

〈① 근로조건 체계가 단일한 경우〉

<table>
<tr><td>A직급 근로자집단
↑</td><td rowspan="4">- 근로자들이 하나의 취업규칙의 적용을 받음.
- 근로자들이 일원화된 근로조건 체계 내에 있음.
- 각 집단은 보통 상하관계이고, 승진에 의해 이동 가능
- 취업규칙 변경 시점을 기준으로 일부 직급의 근로자집단에 대해서만 불이익변경이 이루어지더라도 전체 근로자를 기준으로 과반수가 가입한 노동조합(그러한 노동조합이 없으면 근로자 과반수)이 동의하면 유효.</td></tr>
<tr><td>B직급 근로자집단
↑</td></tr>
<tr><td>C직급 근로자집단
↑</td></tr>
<tr><td>D직급 근로자집단</td></tr>
</table>

〈② 근로조건이 이원화되어 있는 경우〉

<table>
<tr><td>근로자집단A</td><td rowspan="3">- 근로자집단A와 근로자집단 B가 분리되어, 집단 간 이동 없음.
- 각 집단에 속하는 근로자들이 서로 다른 근로조건 체계 내에 있음(근로조건 이원화).</td><td>근로자집단 B</td></tr>
<tr><td>↓
취업규칙 A 적용받음</td><td>↓
취업규칙 B 적용받음</td></tr>
<tr><td>취업규칙A의 불이익변경의 경우, 근로자집단A의 동의(=근로자집단A의 근로자 과반수가 가입한 노동조합이 있으면 그 노동조합, 그러한 노동조합이 없으면 근로자 과반수의 동의)가 있으면 유효.</td><td>취업규칙B의 불이익변경의 경우, 근로자집단B의 동의(=근로자집단B의 근로자 과반수가 가입한 노동조합이 있으면 그 노동조합, 그러한 노동조합이 없으면 근로자 과반수의 동의)가 있으면 유효.</td></tr>
</table>

21) 대법원 2009. 5. 28. 선고 2009두2238 판결.

4. 취업규칙 불이익변경에 대한 동의의 방식

근로자 과반수로 조직된 노동조합이 없는 경우에는 근로자들의 회의방식에 의한 과반수 동의가 있어야 한다. 단, 사업 또는 사업장의 기구별 또는 단위 부서별로 사용자측의 개입이나 간섭이 배제된 상태에서 근로자 상호 의견 교환 및 찬반의견을 집약한 후 취합하는 방식이어야 한다. 사용자측 개입이나 간섭이라 함은 근로자들의 자율적 · 집단적 의사결정을 저해하는 명시적 · 묵시적인 방법으로 동의를 강요하는 경우를 의미한다. 단, 판례에 따르면 사용자측이 변경될 취업규칙 내용을 설명 · 홍보하는 정도로는 부당한 개입 · 간섭에 해당되지 않는다고 한다.[22)]

5. 취업규칙 불이익변경과 "사회통념상 합리성"

판례는 취업규칙 불이익변경이 문제된 사건에서 취업규칙의 불이익변경이 근로자의 집단적 동의 없이 이루어졌다 하더라도 당해 조항의 법적 규범성을 시인할 수 있을 정도로 사회통념상 합리성이 있다고 인정되면 근로자의 집단적 동의가 없다는 이유만으로 취업규칙의 적용을 부정할 수는 없다는 점을 일관되게 판시하고 있다.

사회통념상 합리성 유무는 ① 취업규칙의 변경에 따라 근로자가 입게 될 불이익의 정도, ② 사용자측의 변경 필요성의 내용과 정도, ③ 변경 후의 취업규칙 내용의 상당성, ④ 대상조치 등을 포함한 다른 근로조건의 개선 상황, ⑤ 노동조합 등과의 교섭 경위 및 노동조합이나 다른 근로자의 대응, ⑥ 같은 종류의 사항에 관한 국내의 일반적인 상황 등을 종합적으로 고려하여 판단해야 한다고 설시한다. 단, 사회통념상 합리성 법리는 취업규칙 불이익변경 시 동의를 받도록 한 근로기준법을 사실상 배제하는 것이므로 제한적으로 엄격하게 해석해야 한다는 점을 덧붙이고 있다.[23)]

한편, 판례는 취업규칙 변경이 정부의 조정방침에 따라 이루어졌다 하더라도 그것만으로는 근로자집단의 동의를 받지 않아도 될 만한 사회통념상 합리성이 있다고 보기는 어렵다고 하고,[24)] 대부분의 판례에서는 사회통념상 합리성이 없는 것으로 판단

---

22) 대법원 2010. 1. 28. 선고 2009다32362 판결.

23) 대법원 2010. 1. 28. 선고 2009다32362 판결.

24) 대법원 1993. 5. 14. 선고 93다1893 판결.

되고 있다. 퇴직금지급규정 불이익변경과 관련하여 사회통념상 합리성이 인정된 사례에서 대법원은 통일적 퇴직금지급규정 마련의 필요성, 다른 근로조건의 개선(정년연장, 임금인상, 호봉 조정 등)으로 인하여 퇴직금지급률 저감에 따른 불이익을 상당정도 완화시킨 점 등을 이유로 근로자들의 집단적 동의 없는 불이익변경에 대한 사회통념상 합리성을 인정하였다.[25] 한편, 취업규칙 불이익변경 시 근로자 동의를 요구하는 근기법상 명문규정이 있는 상황에서 사회통념상 합리성이라는 추상적 기준을 사용하는 것에 대하여 비판적인 견해들이 제시되고 있다.[26]

6. 취업규칙 불이익변경에 대한 단체협약에 의한 소급적 동의

판례에 따르면 단체협약 체결에 의한 소급적 동의의 효력이 인정된다. 즉, 노동조합이 사용자측과 기존의 임금, 근로시간, 퇴직금 등 근로조건을 결정하는 기준에 관하여 소급적으로 동의하거나 이를 승인하는 내용의 단체협약을 체결한 경우에 그 동의나 승인의 효력은 단체협약이 시행된 이후에 그 사업체에 종사하며 그 협약의 적용을 받게 될 노동조합원이나 근로자들에 대하여 생긴다.[27] 집단적 동의 없이 취업규칙이 불이익하게 변경되었어도 그 후에 노조가 개정 취업규칙에 따른다는 단체협약을 체결(즉, 소급적 동의)한 경우, 취업규칙이 변경되기 전부터 이미 재직하고 있던 기존 근로자에 대해서도 단체협약에 의한 소급적 동의에 의해 효력이 인정되는 개정 취업규칙이 적용된다. 이 경우 노조가 단체협약을 체결할 당시에 기존 근로자들에게는 개정 취업규칙에 대한 동의 결여에 따른 무효로 인하여 개정 취업규칙이 적용되지 아니함을 알았는지 여부는 상관없다.

---

25) 대법원 2001. 1. 5. 선고 99다70846 판결.

26) 김형배, 「노동법」, 박영사, 2015, 313쪽; 임종률, 앞의 책, 358~359쪽. 임종률은 사회통념상 합리성 법리가 일본의 판례를 답습한 것으로 보인다고 하면서 우리나라는 일본과 달리 판례를 통해 1970년대 후반부터 일관되게 근로자에게 불이익하게 변경된 취업규칙은 근로자집단의 동의가 없으면 무효라고 보아왔고, 근기법은 이 법리를 확인하는 의미의 명문규정을 두었는데 판례가 합리성 법리를 택하는 것은 근로자집단의 동의를 효력발생 요건으로 보아온 것과 모순일 뿐 아니라, 법률로 정한 취업규칙 불이익변경의 요건을 해석을 통하여 배제함으로써 사법권의 한계를 넘어서는 것이라고 지적하고 있다.

27) 대법원 1997. 8. 22. 선고 96다6967 판결.

7. 취업규칙 불이익변경에 대한 동의절차 위반의 효과

사용자가 취업규칙의 불이익변경에 대하여 근로자 집단의 동의를 받지 않고 변경한 경우 그 변경된 취업규칙은 무효가 된다. 단, 근로자 집단의 동의를 받지 않고 불이익 변경된 취업규칙이 변경 이후 입사자에게도 무효가 되는지 여부에 대하여는 다툼이 있다.

상대적 무효설(대법원 전원합의체판결 다수의견 입장)에 따르면 사용자가 취업규칙에서 정한 근로조건을 근로자에게 불리하게 변경함에 있어서 근로자의 동의를 얻지 않은 경우에 그 변경으로 기득이익이 침해되는 기존의 근로자에 대한 관계에서는 변경의 효력이 미치지 않게 되어 종전 취업규칙의 효력이 그대로 유지되지만, 변경 후에 변경된 취업규칙에 따른 근로조건을 수용하고 근로관계를 갖게 된(즉, 변경 이후 신규 입사한) 근로자에 대한 관계에서는 당연히 변경된 취업규칙이 적용되어야 하고, 기득이익의 침해라는 효력배제사유가 없는 변경 후의 취업근로자에 대해서까지 변경의 효력을 부인하여 종전 취업규칙이 적용되어야 한다고 볼 근거가 없다고 한다.[28] 반면 절대적 무효설(과거 판례 입장)은 취업규칙은 그 자체가 법규범이므로 그 효력발생요건을 결하였다면 변경 후 입사자에 대해서도 무효라고 한다.

Ⅳ. 임금

1. 임금, 평균임금, 통상임금의 개념과 판단

(1) 근기법상 임금, 평균임금, 통상임금의 정의

"임금"이란 사용자가 근로의 대가로 근로자에게 임금, 봉급, 그 밖에 어떠한 명칭으로든지 지급하는 일체의 금품을 말한다(근기법 제2조 제1항 5호).

"평균임금"이란 이를 산정하여야 할 사유가 발생한 날 이전 3개월 동안에 그 근로자에게 지급된 임금의 총액을 그 기간의 총일수로 나눈 금액을 말한다. 근로자가 취

28) 대법원 1992. 12. 22. 선고 91다45165 판결.

업한 후 3개월 미만인 경우도 이에 준한다(근기법 제2조 제1항 6호).

"통상임금"이란 근로자에게 정기적이고 일률적으로 소정근로 또는 총 근로에 대하여 지급하기로 정한 시간급 금액, 일급 금액, 주급 금액, 월급 금액 또는 도급 금액을 말한다(근기법 시행령 제6조 제1항).

어떠한 금품이 임금, 평균임금, 통상임금에 해당되는지 여부를 판단하는 경우, 지급금품의 명칭은 중요하지 않고 지급의 실질을 보고 판단해야 한다. 판례는 근로의 대가로 근로자에게 계속적 · 정기적으로 지급되고 있는 것으로 단체협약, 취업규칙 등에 의해 사용자에게 지급 의무가 있는 금품은 그 명칭을 불문하고 임금에 해당된다고 한다. 또한 이러한 조건을 갖추어 지급되는 현물도 임금에 해당된다.[29)]

(2) 평균임금 판단기준

평균임금은 실제로 제공된 근로에 대해 실제로 지급받은 임금을 의미한다.[30)] 평균임금은 ① 근로의 대가에 포함되어야 하고, ② 근로자에게 계속적 · 정기적으로 지급되는 것이어야 하며, ③ 근로자가 얻은 총수입중 사용자가 관리 또는 지배 가능한 부분이어야 한다.[31)]

(3) 통상임금 판단기준

판례에 따르면 통상임금은 소정근로 또는 총근로의 대가로서 정기적 · 일률적으로 지급하기로 정해진 고정적 임금이므로 근로자의 실제 근무성적에 따라 지급 여부 및 지급액이 달라지는 임금은 통상임금이 아니다.[32)] 판례를 통해 제시되고 있는 통상임금 관련 주요 법리를 요약 · 정리하면 다음과 같다.

① 근로의 대가여야 하고 임금의 범위에 포함되지 않는 금품은 제외된다.

② 근로의 양 또는 질과 관련이 있어야 한다.

---

29) 대법원 2005. 9. 9. 선고 2004다41217 판결.

30) 하갑래, 「근로기준법」, ㈜중앙경제, 2015, 414쪽.

31) 하갑래, 위의 책, 415쪽.

32) 대법원 2005. 9. 9. 선고 2004다41217 판결.

③ 지급하기로 정하여진 임금으로서 실제근무일수나 수령액에 구애됨이 없으므로 근무 여부에 따라 통상임금이 달라지는 것은 아니다.

④ 근무실적과 관계없으므로 생산량이나 근무성적에 따라 변동되는 임금은 제외된다. 다만, 도급제 등 생산고에 따라 임금을 지급하기로 정한 경우에는 그렇지 않다.

⑤ 일률적이고 고정적(모든 근로자에게 지급되는 것뿐 아니라 고정적인 일정한 조건 또는 기준에 달한 모든 근로자에게 지급되는 것도 포함)으로 지급되어야 한다.

⑥ 소정근로 또는 총근로에 대한 대가로 인정되어야 한다.

⑦ 정기상여금과 같이 1개월을 초과하는 기간마다 지급되는 것이라도 그것이 정기적 · 일률적으로 지급되는 것이면 통상임금에 포함된다.

⑧ 근로자가 소정근로를 했는지 여부와는 관계없이 지급일 기타 특정 시점에 재직 중인 근로자에게만 지급하기로 정해져 있는 임금은 통상임금의 요건인 고정성이 결여되었다고 본다.[33)]

⑨ 임금의 지급 여부나 지급액이 근속기간에 연동한다는 사정은 그 임금이 통상임금에 속한다고 보는 데 장애가 되지 않는다.

⑩ 지급 대상기간에 이루어진 근로자의 근무실적을 평가하여 이를 토대로 지급 여부나 지급액이 정해지는 임금은 일반적으로 고정성이 부정된다고 볼 수 있다. 그러나 근무실적에 관하여 최하 등급을 받더라도 일정액을 지급하는 경우와 같이 최소한도의 지급이 확정되어 있다면, 그 최소한도의 임금은 고정적 임금이라고 할 수 있다.

⑪ 노사가 정기상여금을 통상임금에서 제외하기로 합의하고 이를 전제로 임금수준을 정한 경우, 근로자가 노사합의의 무효를 주장하면서 정기상여금을 통상임금에 포함하여 산정한 추가 법정수당을 청구하는 경우 이러한 청구는 신의성실의 원칙에 위배되는지 여부를 검토해야 한다.[34)]

---

33) 대법원 2013. 12. 18. 선고 2012다94643 판결.

34) 대법원 2013. 12. 18. 선고 2012다89399 판결.

(4) 판례에서 임금, 평균임금, 통상임금 해당 여부가 문제된 항목들[35)]

항목	임금, 평균임금, 통상임금 해당 여부
식비, 중식대, 식권	- 식사를 할 때에만 제공되는 식비 · 식권 · 현물급식 등은 임금에 포함되지 않음. - 전 근로자에게 출근일에 한하여 일정 금액 상당의 식사를 현물로 제공하되, 식사를 제공받지 아니하는 근로자에게는 위 금원에 상당하는 구판장이용 구매권(쿠폰)을 지급하여 온 경우 통상임금에 포함.
교통비, 차량유지비	- 차량 보유에 관계없이 전 직원에게 지급하거나 일정한 직급을 기준으로 일률적으로 지급하는 경우 통상임금 및 평균임금에 포함.
정기상여금, 특별상여금	- 정기상여금은 통상임금에 포함. 또한 일정 근속기간을 초과한 근로자에게는 전액을, 일정 근속기간을 초과하지 않는 신규입사자나 장기 휴직 후 복직한 자, 휴직자에게는 상여금 지급 대상기간 중 해당 구간에 따라 미리 정해 놓은 비율을 적용하여 산정한 금액을 각 지급하고, 상여금 지급 대상기간 중에 퇴직한 근로자에게는 근무일수에 따라 일할계산하여 지급한 경우 이러한 정기상여금은 통상임금에 포함.[36)] - 계속적 · 정기적으로 지급되고 지급액이 확정되어 있다면 처음에는 경영성과에 따른 특별상여금으로 도입되었다 하더라도 이후 회사 경영실적이나 근로자들의 업무성적과 관계없이 지급된 경우 임금에 해당.
성과금	- 개인 업무실적에 따른 성과금: 미리 지급기준, 비율을 정하고 계산된 개인성과금, 포상금은 평균임금에 포함. - 회사 또는 부서별 실적에 따른 성과금: 경영성과 달성여부 등 지급사유 발생이 불확정, 일시적이면 임금 및 평균임금에 포함되지 않음. - 목표달성 성과금이 매년 노사간 합의로 그 구체적 지급조건이 정해지고 그 해 생산실적에 따라 지급 여부나 지급률이 달라지는 경우 평균임금에 포함되지 않음.
단체개인 연금보험료	- 사용자가 단체협약에 의하여 전 근로자를 피보험자로 하여 개인연금보험에 가입한 후 매월 그 보험료 전부를 대납하였고 근로소득세도 원천징수한 경우 통상임금 및 평균임금에 포함.
가족수당	- 노사간 합의에 의해 회사의 지급의무가 있고 일정한 요건에 해당하는 근로자에게 일률적으로 지급되어 왔다면 평균임금에 포함. - 가족 수에 따라 차등 지급되는 가족수당은 통상임금에 포함되지 않음(판례에 따라 논란 있음).

35) 대법원 2005. 9. 9. 선고 2004다41217 판결에서 제시된 각 항목별 판단 내용을 중심으로 정리한 것이다.

휴가비, 선물비	- 단체협약, 노사합의에 의해 전 사원들에게 매년 휴가비, 선물비 지급하는 경우 평균임금에 포함.
고열작업수당	- 확정된 고열등급대로 같은 공정 내 사원들에게 같은 금액의 고열작업수당 지급한 경우 통상임금에 포함. 단, 근무실적에 따라 지급되는 경우 통상임금에 포함되지 않음.
산업안전보건비	- 전사원들에게 근무성적과 관계없이 지급되는 경우 통상임금에 포함.
무쟁의조건 특별격려금	- 무쟁의 여부에 따라 지급여부, 금액 달라지는 특별격려금은 임금에 해당되지 않음.
근속수당	- 근무기간에 따라 지급여부, 지급수준이 결정되는 근속수당은 평균임금에 포함. - 통상임금 포함여부에 대해서는 논란 있음.

(5) 평균임금 산정 시 문제되는 쟁점들

1) 평균임금 산정 시 상여금 포함 방법

예를 들어 상여금으로 기본급의 400%를 연 4회 특정 시기에 일률적으로 지급하는 경우 평균임금 산정사유 발생일 이전 3개월분에 상응하는 상여금액을 분자인 임금총액에 포함시키고 분모인 그 기간의 총일수로 나눈다.

2) 퇴직 전 3개월간 평균임금이 통상임금보다 현저히 적은 경우 평균임금 산정방법

예를 들어 근로자가 자신의 귀책사유로 3개월 이상 무급휴직 중 퇴직하게 된 경우와 같이 퇴직 전 3개월간 평균임금이 통상임금보다 현저히 적은 경우, 평균임금 산정방법에 관하여 대법원은 두 가지 산정 방식을 보여주고 있다. 첫째, 그 휴직 전 3개월 간 임금을 기준으로 산정하는 방식,[37] 둘째, "평균임금 금액이 통상임금보다 적으면 그 통상임금액을 평균임금으로 한다."라고 규정하고 있는 근기법 제2조 제2항에 따라 통상임금으로 퇴직금을 산정하는 방식이다.[38] 다만, 두 번째 산정방식은 급여가 실적급만으로 이루어지는 경우에는 통상임금을 산정할 수 없다는 문제가 있다.

---

36) 대법원 2013. 12. 18. 선고 2012다89399 판결.

37) 대법원 1999. 11. 12. 선고 98다49357 판결.

38) 대법원 1994. 4. 12. 선고 92다20309 판결.

3) 평균임금 산정기간에 근로자에게 특별히 유리한 기간이 포함된 경우

판례에 따르면 근로자의 의도적인 행위로 현저하게 많이 지급된 임금 항목에 대해서는 그러한 의도적인 행위를 하기 직전 3개월 동안의 임금을 기준으로 하여 근로기준법이 정하는 방식에 따라 평균임금을 산정하여야 하지만, 그와 무관한 임금항목에 대해서는 근로기준법에 정한 원칙적인 산정 방식에 따라 퇴직 전 3개월 동안의 임금을 기준으로 평균임금을 산정하여야 한다. 다만 근로자가 퇴직 직전까지 의도적인 행위를 한 기간 동안에 동일한 임금항목에 관하여 근로자가 소속한 사업 또는 사업장에서 동일한 직종의 근로자에게 지급된 임금수준이 변동되었다고 인정할 수 있는 경우에는, 특별한 사정이 없는 한 이를 평균임금의 산정에 반영한다.[39)]

4) 월의 중도에 퇴직하더라도 당해 월의 보수 전액을 지급한다는 규정이 있는 경우

근로자가 월의 중도에 퇴직하였지만 사내규정 등에 따라 그 달 임금 전액을 지급받은 경우 퇴직금 산정을 위한 평균임금이 문제된다. 판례에 따르면 퇴직일까지의 근로에 대한 임금 부분만 평균임금 계산에 포함시켜야 하는 것으로 본다.[40)]

2. 임금채권 양도와 임금 직접지급 원칙

근로자는 임금 및 퇴직금채권을 타인에게 양도할 수는 있지만 양도한 경우에도 양수인은 사용자에게 퇴직금 지급을 직접 청구할 수 없다. 근기법 제34조는 임금직접지급원칙을 규정하고 있으므로 임금 및 퇴직금채권이 제3자에게 양도된 경우에도 사용자는 직접 근로자에게 임금을 지급해야 하고, 양수인은 사용자에 대해 임금지급을 청구할 수 없다.[41)]

---

39) 대법원 2009. 10. 15. 선고 2007다72519 판결.

40) 대법원 1999. 5. 12. 선고 97다5015 판결.

41) 대법원 1988. 12. 13. 선고 87다카2803 판결.

3. 임금채권우선변제

(1) 임금채권의 최우선변제

최종 3개월분의 임금, 재해보상금, 최종 3년 동안의 퇴직금은 사용자의 총재산에 대하여 질권 또는 저당권 또는 「동산 · 채권 등의 담보에 관한 법률」에 따른 담보권에 따라 담보된 채권, 조세 · 공과금 및 다른 채권에 우선하여 변제되어야 한다(근기법 제38조 제2항, 근로자퇴직급여보장법 제11조 제2항).

사용자의 총재산에서 변제되는 임금채권과 다른 채권의 순위
1순위: 최종 3개월분의 임금, 재해보상금, 최종 3년간의 퇴직금(최우선변제)
2순위: 질권 · 저당권 또는 「동산 · 채권 등의 담보에 관한 법률」에 따른 담보권에 우선하는 조세 · 공과금
3순위: 질권 · 저당권 또는 「동산 · 채권 등의 담보에 관한 법률」에 따른 담보권에 의하여 담보된 채권
4순위: 임금 기타 근로관계로 인한 채권(우선변제)
5순위: 조세 · 공과금
6순위: 기타 채권

(2) 최우선변제의 대상이 되는 '최종3개월분 임금'의 의미

판례는 우선변제 특권의 보호를 받는 임금채권의 범위는, 당해 임금채권에 대한 근로자의 배당요구 당시 근로자와 사용자와의 근로계약관계가 이미 종료되었다면 그 종료 시부터 소급하여 3개월 사이에 지급사유가 발생한 임금 중 미지급분을 말한다고 한다.[42] 즉, 사용자가 지급하지 못한 임금 중 최종 3개월분의 임금이 아니라 최종 3개월 기간 동안에 지급되지 않은 임금을 의미한다는 것이다.

42) 대법원 2008. 6. 26. 선고 2006다1930 판결.

Ⅴ. 퇴직금

1. 퇴직금제도와 계속근로기간

(1) 퇴직금제도에서의 계속근로기간의 의미

퇴직금제도를 설정하고자 하는 사용자는 계속근로기간 1년에 대하여 30일분 이상의 평균임금을 퇴직금으로 퇴직하는 근로자에게 지급할 수 있는 제도를 설정하여야 한다(근로자퇴직급여보장법 제8조 제1항). 여기서 계속근로기간은 근로계약의 기간이 아니라 '근로관계가 계속되었다고 볼 수 있는 기간'으로 이해된다.[43]

(2) 계속근로기간의 단절

회사의 일방적 경영방침에 따라 중간퇴직처리를 하여 퇴직금을 수령하고 퇴직 및 재입사를 한 경우 계속근로기간은 단절되지 않는다. 근로자가 자의에 의하여 사직서를 제출하고 퇴직금을 지급받았다면 계속근로의 단절에 동의한 것으로 볼 여지가 있지만, 이와 달리 회사의 경영방침에 따른 일방적 결정으로 퇴직 및 재입사의 형식을 거친 것이라면 퇴직금을 지급받았더라도 계속근로관계는 단절되지 않는다.[44] 이러한 쟁점은 주로 일용직이나 기간제 등 비정규 · 임시적 근로관계가 계약 갱신을 통해 1년 이상 지속된 경우, 임시직에서 정규직으로 고용형태가 바뀐 경우, 영업양도 · 합병 등으로 인하여 근로관계의 단절 여부가 문제된 경우, 계열회사 간 퇴사와 재입사 절차를 반복하며 옮겨 다닌 경우 등에 문제된다.

2. 퇴직금 분할 지급 약정

퇴직금 분할 지급 약정이라 함은 매월 또는 매일 지급하는 임금에 퇴직금 명목으로 일정 금액을 포함시켜 지급하기로 하는 약정을 의미한다.

---

43) 조용만 · 김홍영, 「로스쿨 노동법 해설」, 도서출판 오래, 2013, 167쪽.

44) 대법원 2001. 11. 13. 선고 2000다18608 판결.

판례에 따르면 ① 퇴직금분할지급약정에 따라 월급에 포함된 퇴직금 금원 명목의 퇴직금지급으로서의 효력은 부정되고, ② 문제의 퇴직금 명목으로 지급된 금원은 임금이 아니라 부당이득에 해당되며 ③ 부당이득반환을 요구하는 채권을 사용자의 퇴직금지급 채무와 상계하는 것이 가능하되, ④ 상계 시 퇴직금채권의 2분의 1을 초과하는 부분에 해당하는 금액만 상계가 허용된다는 법리가 성립된다.[45)]

다만, 위와 같은 법리는 사용자와 근로자가 체결한 당해 약정이 그 실질은 임금을 정한 것에 불과함에도 불구하고 사용자가 퇴직금의 지급을 면탈하기 위하여 퇴직금 분할 약정의 형식만을 취한 것인 경우에는 적용될 수 없다고 한다.[46)] 즉, 사용자와 근로자 사이에 월급이나 일당 등에 퇴직금을 포함시키고 퇴직 시 별도의 퇴직금을 지급하지 않는다는 취지의 합의가 존재할 뿐만 아니라, 임금과 구별되는 퇴직금 명목 금원의 액수가 특정되고, 위 퇴직금 명목 금원을 제외한 임금의 액수 등을 고려할 때 퇴직금 분할 약정을 포함하는 근로계약의 내용이 종전의 근로계약이나 근로기준법 등에 비추어 근로자에게 불이익하지 아니하여야 하는 등, 사용자와 근로자가 임금과 구별하여 추가로 퇴직금 명목으로 일정한 금원을 실질적으로 지급할 것을 약정한 경우에 한하여 퇴직금 명목의 금원을 부당이득으로 인정하고 부당이득반환을 요구하는 채권과 퇴직금지급 채무와의 상계를 허용하는 법리가 적용된다는 것이다.

Ⅵ. 근로시간, 휴게, 휴가

1. 근로시간 및 휴게시간

근기법상 근로시간 개념에 관한 정의규정은 없다. 단, 작업을 위하여 근로자가 사용자의 지휘 · 감독 아래에 있는 대기시간 등은 근로시간으로 본다고 규정하고 있다(근기법 제50조 제3항).

판례에 따르면 근로기준법상의 근로시간이라 함은 근로자가 사용자의 지휘 · 감독 아래 근로계약상의 근로를 제공하는 시간이고, 근로자가 작업시간의 중도에 현실로 작업에 종사하지 않은 대기시간이나 휴식, 수면시간 등이라 하더라도 그것이 휴게시간으로서 근로자에게 자유로운 이용이 보장된 것이 아니고 실질적으로 사용자의 지

45) 대법원 2010. 5. 20. 선고 2007다90760 판결.

46) 대법원 2010. 5. 27. 선고 2008다9150 판결.

휘 · 감독 하에 놓여 있는 시간이라면 이는 근로시간에 포함된다.[47)] 근로자가 사용자의 지휘감독에서 완전히 벗어나 자유로운 이용이 가능한 시간은 근로시간이 아니다.

근로시간이 4시간인 경우에는 30분 이상, 8시간인 경우에는 1시간 이상의 휴게시간을 근로시간 도중에 주어야 하는데(근기법 제54조 제1항). 휴게시간은 근로자가 사용자의 지휘 · 감독으로부터 벗어나 자유로이 이용할 수 있는 시간을 의미한다.

2. 연장 · 야간 · 휴일근로수당 및 포괄임금계약

(1) 연장 · 야간 · 휴일근로수당 관련 법 규정

사용자는 연장근로(제53조 · 제59조 및 제69조 단서에 따라 연장된 시간의 근로)와 야간근로(오후 10시부터 오전 6시까지 사이의 근로) 또는 휴일근로에 대하여는 통상임금의 100분의 50 이상을 가산하여 지급하여야 한다(근기법 제56조).

(2) 포괄임금계약

판례에 따르면 근로시간 산정 곤란 등 특별한 사정이 없음에도 불구하고 포괄임금계약에 의거하여 근기법 소정의 법정수당에 미달되는 연장근로수당을 지급한 경우 그 효력이 부정된다. 포괄임금계약 관련 판례 법리의 주요 내용을 요약하면 다음과 같다.[48)]

① 연장 · 야간 · 휴일근로수당 지급 원칙: 원칙적으로 사용자는 근로계약 체결 시 기본임금을 결정하고 이를 기초로 근로자가 실제 근무한 근로시간에 따라 연장 · 야간 · 휴일근로 등이 있으면 그에 상응하는 연장 · 야간 · 휴일근로수당 등의 법정수당을 산정하여 지급해야 한다.

② 포괄임금계약의 유효요건: 예외적으로 감시단속적 근로 등과 같이 근로시간, 근로형태와 업무의 성질을 고려할 때 근로시간의 산정이 어려운 것으로 인정되

---

47) 대법원 1993. 5. 27. 선고 92다24509 판결.

48) 대법원 2010. 5. 13. 선고 2008다6052 판결.

는 경우가 있을 수 있고, 이러한 경우에는 사용자와 근로자 사이에 기본임금을 미리 산정하지 아니한 채 법정수당까지 포함된 금액을 월급여액이나 일당임금으로 정하거나 기본임금을 미리 산정하면서도 법정 제 수당을 구분하지 아니한 채 일정액을 법정 제 수당으로 정하여 이를 근로시간 수에 상관없이 지급하기로 약정하는 내용의 이른바 포괄임금제에 의한 임금 지급계약을 체결하더라도 그것이 달리 근로자에게 불이익이 없고 여러 사정에 비추어 정당하다고 인정될 때에는 유효하다.

③ 포괄임금계약이 무효인 경우: 근로시간의 산정이 어려운 경우가 아니라면 근로시간 수에 상관없이 일정액을 법정수당으로 지급하는 내용의 포괄임금제 방식의 임금 지급계약을 체결하는 것은 그것이 근로기준법이 정한 근로시간에 관한 규제를 위반하는 이상 허용될 수 없다.

④ 포괄임금계약 무효의 부분과 효과: 근로시간의 산정이 어려운 등의 사정이 없음에도 포괄임금제 방식으로 약정된 경우 그 포괄임금에 포함된 정액의 법정수당이 근로기준법이 정한 기준에 따라 산정된 법정수당에 미달하는 때에는 그에 해당하는 포괄임금제에 의한 임금지급계약 부분은 근로자에게 불이익하여 무효라 할 것이고, 사용자는 근로기준법의 강행성과 보충성 원칙에 의해 근로자에게 그 미달되는 법정수당을 지급할 의무가 있다.

3. 연차유급휴가

(1) 연차유급휴가의 의의

사용자는 1년 동안 80퍼센트 이상 출근한 근로자에게는 15일의 유급휴가를 주어야 하고(근기법 제60조 제1항), 사용자는 계속하여 근로한 기간이 1년 미만인 근로자 또는 1년간 80퍼센트 미만 출근한 근로자에게 1개월 개근 시 1일의 유급휴가를 주어야 한다(동조 제2항).

또한 3년 이상 계속하여 근로한 자에게는 15일의 기본휴가일수에 최초 1년을 초과하는 계속근로연수 매 2년에 대하여 1일을 가산하여야 한다(동조 제4항). 이 경우 총 휴가일수는 25일을 한도로 한다.

판례는 근로자가 날짜를 특정하지 아니한 휴가일 지정을 한 경우, 이러한 휴가신청은 부적법한 휴가시기의 지정으로 효력이 발생할 수 없고, 부적법한 연차휴가신청을 한 다음 사용자 승인 없이 출근하지 아니하는 것은 무단결근으로 취급한다.[49]

또한 근로자가 연차유급휴가 권리를 취득하고 나서 연차휴가를 사용하기 전에 퇴직 등의 사유로 근로관계가 종료된 경우, 근로관계 존속을 전제로 하지 않는 연차휴가수당을 청구할 권리는 그대로 잔존하는 것이기 때문에 근로관계 종료 시까지 사용하지 못한 연차휴가일수 전부에 상응하는 연차휴가수당을 청구할 수 있다는 것이 판례의 입장이다.[50]

(2) 연차유급휴가 부여를 위한 출근율 계산

근기법 제60조 제6항은 근로자가 업무상 재해로 휴업한 기간, 임신 중 여성이 출산전후휴가, 유산 · 사산휴가로 인하여 휴업한 기간은 연차휴가 부여를 위한 출근율 계산 시 출근한 것으로 간주한다고 규정하고 있다.

판례에 따르면 정직 · 직위해제 기간을 연차유급휴가 부여에 필요한 출근일수에서 제외하는 취업규칙 규정과 그 규정에 근거한 연차휴가수당 미지급은 적법하다고 판단한다.[51]

한편, 근로자가 정당한 쟁의행위를 하거나 고평법에 의한 육아휴직을 하여 현실적으로 근로를 제공하지 아니한 기간과 관련하여 연차유급휴가일수의 산정 방식이 문제된 사건에서 대법원은 연차유급휴가가 1년간의 근로에 대한 대가로서의 성질을 갖고 있고, 현실적인 근로의 제공이 없었던 쟁의행위 또는 육아휴직 기간에는 원칙적으로 근로에 대한 대가를 부여할 의무가 없는 점 등을 고려할 때, 연간 소정근로일수에서 쟁의행위 또는 육아휴직 기간이 차지하는 일수를 제외한 나머지 일수를 기준으로 근로자의 출근율을 산정하여 연차유급휴가 취득 요건의 충족 여부를 판단하되, 그 요건이 충족된 경우에는 본래 평상적인 근로관계에서 8할의 출근율을 충족할 경우 산출되었을 연차유급휴가일수에 대하여 '연간 소정근로일수에서 쟁의행위 등 기간이

---

49) 대법원 1997. 3. 28. 선고 96누4220 판결.
50) 대법원 2005. 5. 27. 선고 2003다48549,48556 판결.
51) 대법원 2008. 10. 9. 선고 2008다41666 판결.

차지하는 일수를 제외한 나머지 일수'를 '연간 소정근로일수'로 나눈 비율을 곱하여 산출된 연차유급휴가일수를 근로자에게 부여함이 합리적이라고 판시하고 있다.[52] 그러나 이러한 판례 입장에 대해서는 근로제공 의무가 없는 기간 때문에 연차휴가에 있어서 근로자에게 불이익을 주어 불합리하다는 비판적 견해가 있다.[53]

Ⅶ. 인사명령

1. 전직

(1) 전직의 개념

전직이라 함은 인력을 사업 목적에 적합하게 배치하기 위하여 근로자의 직무내용이나 근무지를 상당한 기간에 걸쳐 변경하는 인사처분을 의미한다.[54] 전보, 배치전환, 전근 등의 용어를 사용하기도 한다.

(2) 관련 판례

판례를 통해 제시되고 있는 전직의 정당성 판단기준을 요약, 정리하면 다음과 같다.[55]

① 업무상 필요성: 근로자에 대한 전보나 전직은 원칙적으로 인사권자인 사용자의 권한에 속하므로 업무상 필요한 범위 내에서는 사용자는 상당한 재량을 가지며 그것이 근로기준법에 위반되거나 권리남용에 해당되는 등의 특별한 사정이 없는 한 유효하다.[56]

---

52) 대법원 2013. 12. 26. 선고 2011다4629 판결.

53) 임종률, 앞의 책, 452쪽.

54) 임종률, 앞의 책, 492쪽.

55) 대법원 1995. 10. 13. 선고 94다52928 판결; 대법원 2000. 4. 11. 선고 99두2963 판결 등.

56) 대법원 1995. 10. 13. 선고 94다52928 판결에서는 법 개정에 따라 법 소정의 자격있는 전기안전관리원 채용이 필요하게 되어 잉여인력이 발생함에 따라 춘천에서 근무하던 근로자를 서울 본사 서무주임으로 발령한 것은 업무상 필요성이 인정된다고 판단되었다.

② 근로자의 생활상 불이익: 근로자의 생활상 불이익은 근로조건상의 불이익, 근로조건 이외의 불이익 등을 포함한다.[57] 전직처분 등이 권리남용에 해당하는지 여부는 전직처분 등의 업무상 필요성과 전보 등에 따른 근로자의 생활상의 불이익을 비교 · 교량하여 결정되어야 할 것이고 업무상의 필요에 의한 전보 등에 따른 생활상의 불이익이 근로자가 통상 감수하여야 할 정도를 현저하게 벗어난 것이 아니라면 이는 정당한 인사권의 범위 내에 속하는 것이라고 한다. 한편, 사용자가 근로자의 생활상 불이익을 완화하는 대상조치 등의 배려를 했다면 전직의 정당성을 인정하는 긍정적 요소로 고려될 수 있다.[58]

③ 사전협의절차: 전직명령의 대상자인 근로자와 협의한 경우 전직의 정당성을 인정하는 긍정적 요소로 고려될 수 있지만, 근로자와 협의하지 않았다 하더라도 그러한 사정만으로 전직처분이 인사권 남용으로 부당하다고 단정할 수는 없다.

한편, 대법원 판결에 따르면 근로자가 합리적인 이유로 사용자의 지시를 거부하였는데 이에 대한 보복 수단으로서 실질적으로 징계처분의 일환으로 전보명령을 내린 경우 업무상 필요성은 크지 않고 생활상 불이익이 상당하다면 전보 처분은 무효가 된다.[59] 당사자 사이에 근로계약상 근로자의 직종이나 근무지를 한정하고 있는 경우에 사용자는 일방적인 전직명령권을 갖지 않기 때문에 근로자의 동의가 있어야 정당한 것으로 인정된다.[60]

2. 전적

(1) 전적의 개념

전적이라 함은 근로자를 그가 고용된 기업으로부터 다른 기업으로 적을 옮겨 다른 기업의 업무에 종사하게 하는 것을 의미한다. 종래에 종사하던 기업과 간의 근로계약을 합의해지하고 이적하게 될 기업과 간에 새로운 근로계약을 체결하는 것이거나 근

57) 임종률, 앞의 책, 493쪽.

58) 대법원 1997. 7. 22. 선고 97다18165,18172 판결.

59) 대법원 1997. 12. 12. 선고 97다36316 판결.

60) 대법원 2013. 2. 28. 선고 2010다52041 판결.

로계약상의 사용자의 지위를 양도하는 것이다.

(2) 관련 판례

판례에서 제시되고 있는 전적의 유효요건에 관한 법리를 요약, 정리하면 다음과 같다.[61)]

① 원칙(근로자의 동의 필요): 특별한 사정이 없는 한 근로자의 동의를 얻어야 전적의 효력이 발생한다. 단, 그룹 내의 기업에 고용된 근로자를 다른 계열기업으로 전적시키는 것은, 비록 형식적으로는 사용자의 법인격이 달라지게 된다고 하더라도 실질적으로 업무지휘권의 주체가 변동된 것으로 보기 어려운 면이 있으므로, 사용자가 기업그룹 내부의 전적에 관하여 미리(근로자가 입사할 때 또는 근무하는 동안) 근로자의 포괄적인 동의를 얻어 두면 그때마다 근로자의 동의를 얻지 아니하더라도 근로자를 다른 계열기업으로 유효하게 전적시킬 수 있다. 포괄적인 사전 동의를 받는 경우에는 전적할 기업을 특정하고 그 기업에서 종사하여야 할 업무에 관한 사항 등의 기본적인 근로조건을 명시하여 근로자의 동의를 얻어야 한다.

② 예외: 근로자의 동의를 얻지 아니하고 기업그룹 내의 다른 계열회사로 근로자를 전적시키는 관행이 있어서 그 관행이 근로계약의 내용을 이루고 있다고 인정할 수 있는 경우, 그러한 관행이 기업사회에서 일반적으로 근로관계를 규율하는 규범적인 사실로서 명확히 승인되거나 기업 구성원이 일반적으로 아무런 이의도 제기하지 아니한 채 당연한 것으로 받아들여 기업 내에서 사실상의 제도로서 확립되어 있어야 한다.[62)]

한편, 유효한 전적이 이루어진 경우에는 특별한 사정이 없는 한 종전 근로조건이

---

61) 대법원 1993. 1. 26. 선고 92다11695 판결.

62) 판례는 그룹 내 계열회사간의 전적이 20여년간 계속 시행되어 왔고 현존 관리직사원의 30% 이상이 전적된 경력을 가지고 있다 하더라도 사용자가 당해 사원의 동의를 얻지 아니하고 일방적으로 다른 계열회사로 전적시키는 관행이 규범적인 사실로서 명확히 승인되었거나 사실상의 제도로서 확립되어 있다고 단정하기는 어렵다고 한다. 실제로는 근로자의 동의 없이 전적 관행만으로 전적의 유효성을 인정한 사례는 아직까지 발견되고 있지 않다고 한다(조용만 · 김홍영, 앞의 책, 225쪽).

이적하게 되는 기업에 승계되지 않는다.[63]

3. 대기발령

(1) 대기발령의 법적 성격

판례에 따르면 대기발령은 근로자가 장래에 계속 직무를 담당하게 될 경우 예상되는 업무상의 장애 등을 예방하기 위한 잠정적 인사조치로서 근로자의 과거 비행에 대한 징벌적 제재로서의 징계와는 그 성질이 다르고, 업무상 필요한 범위 안에서 사용자에게 상당한 재량을 인정해야 하며 근로기준법 등에 위반되거나 권리남용에 해당하는 등의 특별한 사정이 없는 한 위법한 것으로 볼 수 없다고 한다.[64] 대기발령은 불이익이 수반되는 것과 불이익이 수반되지 않는 것으로 구분된다. 출근을 하지 않는 대기발령의 경우, 임금을 지급하지 않는다면 그 자체로 징계의 의미를 가지지만 임금 등 근로조건의 저하가 없다면 그 자체로는 징계로 보기 어려우므로 대기기간이 끝난 후의 인사조치나 징계에 대해 정당성을 따지는 것이 타당하다고 보는 견해도 제시되고 있다.[65]

(2) 대기발령의 정당성 판단 기준

판례는 대기발령의 정당성 판단기준에 관하여 ① 근로자에게 해당 대기발령사유가 존재하는지 여부나 대기발령에 관한 절차규정의 위반 여부 및 그 정도에 의하여 판단하여야 한다고 판시한 경우와[66] ② 대기발령의 업무상 필요성과 그에 따른 근로자의 생활상 불이익과의 비교교량, 근로자와의 협의 등 대기발령을 하는 과정에서 신의칙상 요구되는 절차를 거쳤는지 여부 등에 의하여 결정되어야 한다고 판시한

---

63) 대법원 1996. 12. 23. 선고 95다29970 판결.

64) 대법원 2007. 5. 31. 선고 2007두1460 판결.

65) 하갑래, 앞의 책, 578쪽.

66) 대법원 2011. 10. 13. 선고 2009다86246 판결.

경우[67]가 있다.[68] 다만 대기발령의 사유가 정당하더라도 사회통념상 합리성이 없을 정도로 부당하게 장기간 동안 대기발령 조치를 유지하는 것은 특별한 사정이 없는 한 무효라고 본 사례가 있다.[69]

한편 판례에 따르면 취업규칙 등에 대기발령이 징계처분의 하나로 규정되어 있지 아니한 이상 대기발령처분을 함에 있어서 해당 근로자에게 변명의 기회를 부여하는 등의 징계절차를 거칠 필요는 없다고 한다.[70] 반면 취업규칙 등에 징계절차와는 구분되는 대기발령에 관한 특별한 절차규정이 있는 경우에는 그에 따라야 한다.[71]

Ⅷ. 징계

1. 사용자의 징계권과 징계권 남용의 판단기준

근로자에게 징계사유가 있어 징계처분을 하는 경우 어떠한 처분을 할 것인가는 원칙적으로 징계권자의 재량에 맡겨져 있는 것이므로, 그 징계처분이 위법하다고 하기 위하여서는 징계권자가 재량권을 행사하여 한 징계처분이 사회통념상 현저하게 타당성을 잃어 징계권자에게 맡겨진 재량권을 남용한 것이라고 인정되는 경우에 한하고, 그 징계처분이 사회통념상 현저하게 타당성을 잃은 처분이라고 하려면 구체적인 사례에 따라 직무의 특성, 징계의 사유가 된 비위사실의 내용과 성질 및 징계에 의하여 달하려는 목적과 그에 수반되는 제반 사정을 참작하여 객관적으로 명백히 부당하다고 인정되는 경우라야 한다.[72]

---

67) 대법원 2005. 2. 18. 선고 2003다63029 판결.
68) 판례의 입장을 이와 같이 분류한 것은 조용만 · 김홍영, 앞의 책, 308쪽의 내용을 인용한 것임.
69) 대법원 2007. 2. 23. 선고 2005다3991 판결.
70) 대법원 2000. 6. 23. 선고 98다54960 판결.
71) 대법원 1996. 10. 29. 선고 95누15926 판결.
72) 대법원 2008. 7. 10. 선고 2007두22498 판결.

2. 징계절차

(1) 취업규칙이나 단체협약상 징계절차에 관한 규정이 있는 경우

판례에 따르면 취업규칙이나 단체협약상 피징계자에 대한 사전통고, 변명기회 부여, 징계위원회 구성 등 징계절차에 관한 규정을 두고 있는 경우, 이러한 절차를 거치지 아니한 징계는 효력이 없다.[73] 피징계 대상자에게는 소명준비를 위한 상당한 기간을 부여하여야 한다. 다만 소명기회를 부여하였음에도 불구하고 소명을 거부 또는 포기한 것으로 간주되는 경우에는 이후에 출석통지 없이 징계의결을 할 수 있다.[74]

(2) 취업규칙이나 단체협약상 징계절차에 관한 규정이 없는 경우

취업규칙 등에 관련 규정이 없고 더욱이 징계대상자가 징계위원회에 직접 출석하여 진술과 변명 기회를 가진 경우, 절차상의 흠으로 인하여 징계를 무효라고 할 수는 없다는 것이 판례의 입장이다.[75]

(3) 징계절차상의 하자와 치유

소정의 사전 통지기간이 엄격하게 준수되지 않은 절차적 흠이 있었더라도 실질적으로 피징계자의 변명권이 보장되었던 경우에는 절차적 흠을 이유로 징계처분의 효력을 부정할 수 없다. 또한, 원래의 징계과정에서 절차 위반의 하자가 있더라도 재심과정에서 보완되었다면 그 절차 위반의 하자는 치유된다.[76]

(4) 징계양정 시 고려사항

취업규칙 등에 규정된 여러 종류의 징계처분 중 어느 것을 선택하여 징계할 것인

---

73) 대법원 1991. 7. 9. 선고 90다8077 판결.
74) 대법원 1993. 5. 25. 선고 92누8699 판결.
75) 대법원 1991. 7. 9. 선고 90다8077 판결.
76) 대법원 2009. 2. 12. 선고 2008다70336 판결.

지는 징계권자인 사용자의 재량에 속한다.[77] 다만, 가벼운 징계사유에 대해 무거운 징계를 하는 것은 징계권 남용으로 무효가 된다.[78] 한편, 피징계 대상자의 과거의 근무태도 등을 고려하여 징계 양정의 감경 또는 가중이 이루어질 수 있다.[79]

3. 단체협약상 인사 관련 조항과 징계처분

(1) 단체협약상 인사합의조항에 위반한 징계처분의 효력

판례는 사용자가 인사처분을 함에 있어 노동조합의 사전 동의나 승낙을 얻어야 한다거나 노동조합과 인사처분에 관한 논의를 하여 의견의 합치를 보아 인사처분을 하도록 규정된 경우에는 그 절차를 거치지 아니한 인사처분은 원칙적으로 무효라고 본다.[80]

(2) 노동조합의 동의권 남용의 경우

예를 들어 판례는 단체협약에 노동조합 간부에 대한 징계시 노동조합과의 사전 합의가 있어야 하도록 규정되어 있는 경우에도, 노동조합 측에 중대한 배신행위가 있고 이로 인하여 사용자측의 절차의 흠결이 초래된 경우이거나, 또는 피징계자가 사용자인 회사에 대하여 중대한 위법행위를 하여 직접적으로 막대한 손해를 입히고 비위사실이 징계사유에 해당함이 객관적으로 명백하며 회사가 노동조합 측과 사전 합의를 위하여 성실하고 진지한 노력을 다하였음에도 불구하고 노동조합측이 합리적 근거나 이유제시도 없이 무작정 징계에 반대함으로써 사전 합의에 이르지 못하였다고 인정되는 경우에는 노동조합측이 동의권을 남용한 것이 되어 사용자가 이러한 합의 없이 한 해고도 유효하다고 본다.[81]

---

77) 대법원 2005. 3. 11. 선고 2004두13332 판결; 대법원 2008. 1. 31. 선고 2005두8269 판결 등.

78) 대법원 2008. 1. 31. 선고 2005두8269 판결.

79) 하갑래, 앞의 책, 595쪽 참조.

80) 대법원 2007. 9. 6. 선고 2005두8788 판결.

81) 대법원 2007. 9. 6. 선고 2005두8788 판결.

(3) 단체협약상 인사협의와 인사합의의 구분

판례에 따르면 단체협약의 인사협의(합의)조항에 조합간부의 인사에 대하여는 사전 "합의"를, 조합원의 인사에 대하여는 사전 "협의"를 하도록 용어를 구분하여 사용하고 있다면, 교섭 당시 사용자의 인사권에 대하여 조합간부와 조합원을 구분하여 제한의 정도를 달리 정한 것으로 보아야 한다.[82]

(4) 단체협약상 징계금지 조항

예를 들어 단체협약에서 '쟁의기간 중에는 징계나 전출 등의 인사 조치를 아니 한다'고 정하고 있는 경우, 판례는 쟁의기간 중 일체의 징계를 할 수 없다고 본다. 이러한 단체 협약상 징계금지 조항은 쟁의기간 중에 쟁의행위에 참가한 조합원에 대한 징계 등 인사조치 등에 의하여 노동조합 활동이 위축되는 것을 방지함으로써 노동조합의 단체행동권을 실질적으로 보장하기 위한 것이므로, 쟁의행위가 그 목적이 정당하고 절차적으로 노동조합 및 노동관계조정법의 제반 규정을 준수함으로써 정당하게 개시된 경우라면, 비록 그 쟁의 과정에서 징계 사유가 발생하였다고 하더라도 쟁의가 계속되고 있는 한 그러한 사유를 들어 쟁의기간 중에 징계위원회의 개최 등 조합원에 대한 징계절차의 진행을 포함한 일체의 징계 등 인사조치를 할 수 없다는 것이다.[83]

Ⅸ. 근로관계의 종료

1. 근로자 측 사유에 의한 해고

(1) 해고의 정당성 판단의 일반적 기준

사용자는 근로자에게 정당한 이유 없이 해고를 하지 못한다(근기법 제23조 제1항).

판례에 따르면 해고는 사회통념상 고용관계를 계속할 수 없을 정도로 근로자에게

82) 대법원 1993. 7. 13. 선고 92다50263 판결.

83) 대법원 2013. 2. 15. 선고 2010두20362 판결.

책임 있는 사유가 있는 경우에 행하여져야 그 정당성이 인정되는 것이고, 사회통념상 당해 근로자와의 고용관계를 계속할 수 없을 정도인지의 여부는 당해 사용자의 사업의 목적과 성격, 사업장의 여건, 당해 근로자의 지위 및 담당직무의 내용, 비위행위의 동기와 경위, 이로 인하여 기업의 위계질서가 문란하게 될 위험성 등 기업질서에 미칠 영향, 과거의 근무태도 등 여러 가지 사정을 종합적으로 검토하여 판단하여야 한다. 취업규칙상 징계해고사유에 해당한다 하더라도 이에 따라 이루어진 해고처분이 당연히 정당한 것으로 되는 것은 아니고, 사회통념상 고용관계를 계속할 수 없을 정도로 근로자에게 책임있는 사유가 있는 경우에 정당성이 인정된다.[84]

(2) 근로자측 사정에 따른 해고 사유의 구체적 유형

1) 근로제공 의무 위반, 업무명령 거부 등의 경우

근로제공 의무는 성실하게 근로할 의무를 말하므로 근로자가 불성실하거나 불량한 근로제공을 반복한 경우에는 근로제공 의무 위반으로서 정당한 해고사유가 된다. 무단결근, 지각, 조퇴의 반복 또는 계속의 경우 원칙적으로 해고사유가 된다. 단, 형식적으로 소정 결근일수에 도달한 것만으로는 해고할 수 없고 종전 근무태도, 사업장의 여건, 해당 근로자의 지위, 직종과 직무내용 등 정상을 참작해야 한다.[85] 대법원 판례 중에는 고속버스회사에 근무하는 운전기사가 1회 무단결근한 것을 이유로 징계해고된 사건에서 해당 근로자의 행위(1회의 배차지시 거부행위)가 중대한 근로계약 위반행위로 취업규칙 소정의 배차거부로 인한 승객운송중단, 운송질서 문란에 해당한다고 보아 징계해고의 정당성을 인정한 경우가 있다.[86]

근로제공 의무는 사용자의 인사권이나 지휘명령권의 행사에 따라 확정되므로 인사처분이나 지휘명령에 따르지 않으면 근로제공 의무 위반으로서 정당한 해고사유가 된다.[87] 단, 인사처분이나 지휘명령이 법령, 취업규칙, 공서양속 등에 위반하여 무효인 경우 이에 따르지 않더라도 해고사유가 되지 않는다.[88]

---

84) 대법원 2006. 11. 23. 선고 2006다48069 판결.

85) 임종률, 앞의 책, 524쪽.

86) 대법원 1994. 9. 13. 선고 94누576 판결.

87) 임종률, 앞의 책, 525쪽.

88) 대법원 1997. 12. 12. 선고 97다36316 판결.

시말서 제출명령 불이행이 징계사유가 되는지 여부와 관련하여 판례는 시말서의 성격이 단순히 사건 경위를 보고하는 것이라면 정당한 업무명령에 대한 불이행이 징계사유가 될 수 있지만 단순히 사건의 경위를 보고하는 데 그치지 않고 '자신의 잘못을 반성하고 사죄한다는 내용'이 포함된 사죄문 또는 반성문을 의미하는 것이라면, 이는 헌법이 보장하는 내심의 윤리적 판단에 대한 강제로서 양심의 자유를 침해하는 것이므로, 사용자의 시말서 제출명령은 업무상 정당한 명령으로 볼 수 없고, 따라서 시말성 제출명령 불이행을 이유로 징계(해고)할 수 없다고 한다.[89]

2) 업무능력 또는 자격 등의 결여가 문제되는 경우

직무에 따라서는 그 직무수행에 필요한 자격, 면허, 지식, 기능 등의 상실 또는 미비도 정당한 해고사유가 될 수 있다. 그러나 이러한 사유가 있다 하더라도 바로 해고할 수 있는 것은 아니고 자격상실이 간단한 절차로 단기간에 회복될 수 있거나 합리적인 훈련이나 연수의 기회를 주면 자격, 기능 등을 취득, 회복할 수 있는 때에는 해고할 수 없다.[90]

업종에 따라서는 업무 실적이 현저히 불량한 경우 해고의 정당한 사유로 인정되기도 한다.[91] 예컨대, 보험사 영업부 과장이 부서 영업실적 최하위, 보험계약을 체결하여 보험료를 입금시킨 거수실적 저조 등으로 대기발령을 받고나서도 거수실적이 계속 부진하여 한 해에 견책 내지 경고처분을 3회 받고나서 결국 징계해고된 사건에서, 대법원은 ① 피고 회사가 보험업을 영위하는 영리법인으로서 업무상, 성격상 그 거수실적의 많고 적음에 따라 회사운영의 성패가 좌우된다고 할 수 있는 점에 비추어 거수실적 불량 사원에 대한 징계규정이 무효의 규정이라고 할 수 없고 ② 그 거수실적 불량의 정도가 추상적 · 자의적인 기준에 의한 것이 아니라 근로자의 직위, 보수, 근무경력, 다른 근로자의 전반적인 근로성적, 회사의 경영실태 등 제반사정을 참작하여 근로자로서 최소한도의 직무수행능력이 결여되었다고 인정되는 경우라면 위 징계규정에 따라 해고한 데에 정당한 이유가 있다고 하였다. 또한, 해당 근로자의 장기간의 거수실적이 단지 다른 사원에 비하여 상대적으로 다소 낮은 정도가 아니라 직위와 보

---

89) 대법원 2010. 1. 14. 선고 2009두6605 판결.

90) 임종률, 앞의 책, 524쪽.

91) 대법원 1991. 3. 27. 선고 90다카25420 판결.

수에 비추어 볼 때 일반적으로 기대되는 최저한의 실적에도 미치지 못하는 정도였다고 할 것이므로 징계해고는 정당하다고 보았다.

한편, 시용기간 중 근무성적 불량을 이유로 한 계약해지의 정당성이 부정된 사례에서 대법원은 각 지점별로 C 또는 D의 평정등급 해당자 수를 할당하면서 일부 지점장들이 근무성적평정요령에 어긋나게 혼자서 근무성적평정표를 재작성하였고, 근무성적평정표 및 평정의견서만으로 근로자들의 업무수행능력이 어느 정도, 어떻게 부족하였는지, 그로 인하여 업무수행에 어떠한 차질이 있었는지 알 수 없는 점 등을 이유로 근로계약 해지의 정당성을 부정한바 있다.[92)]

3) 사용자에 대한 비판, 비난 등이 문제되는 경우

근로자가 사용자의 업무방침 등에 대해 비판하는 언행을 징계해고의 사유로 삼을 수 있는지 문제된다. 판례에 따르면 뚜렷한 근거 없이 사용자를 수사기관에 고소ㆍ고발하거나 공개석상에서 진실과 다른 내용이나 과장된 내용을 가지고 회사를 비방하는 행위는 정당한 징계사유가 되지만 고소ㆍ고발하거나 언론에 제보한 내용이 진실한 것이거나 상당한 근거가 있는 경우에는 이를 징계사유로 삼을 수 없거나, 징계사유에 해당한다고 보더라도 이를 이유로 징계해고까지 하는 것은 징계권의 남용이라고 보고 있다.[93)]

또한 판례는 근로자가 사내게시판에 게시한 글이 전체적으로 보아 진실한 것이고 근로조건의 유지ㆍ개선과 근로자의 복지증진 기타 경제적ㆍ사회적 지위향상을 도모하기 위한 것이라면 글에 기재되어 있는 내용 중 타인의 인격, 신용, 명예 등이 훼손 또는 실추되거나 그렇게 될 염려가 있고 또한 사실관계의 일부가 허위이거나 표현에 다소 과장되거나 왜곡된 점이 있다 하더라도 글의 게시행위는 근로자의 정당한 활동범위에 속하여 징계사유에 해당되지 않는다고 한다.[94)]

---

92) 대법원 2006. 2. 24. 선고 2002다62432 판결. 한편, 이 사건에서 대법원은 시용기간 중 계약해지의 정당성에 관하여, 시용기간 중에 있는 근로자를 해고하거나 시용기간 만료 시 본계약의 체결을 거부하는 것은 사용자에게 유보된 해약권의 행사로서 시용계약 해지의 정당성 판단기준은 당해 근로자의 업무능력, 자질, 인품, 성실성 등 업무적격성을 관찰ㆍ판단하려는 시용제도의 취지ㆍ목적에 비추어 볼 때 보통의 해고보다는 넓게 인정되나, 이 경우에도 객관적으로 합리적인 이유가 존재하여 사회통념상 상당하다고 인정되어야 한다고 판시했다.

93) 대법원 1995. 3. 3. 선고 94누11767 판결.

94) 대법원 2012. 1. 27. 선고 2010다100919 판결.

4) 학력, 경력 사칭

판례에 따르면 중요한 경력, 학력의 사칭은 경영질서 위반으로서 징계해고의 정당한 사유가 된다. 다만, 고용 당시의 사정뿐 아니라, 고용 이후 해고에 이르기까지의 여러 상황을 종합적으로 고려하여 해고가 정당한지 여부를 판단하여야 한다는 입장을 밝히고 있다.[95] 즉, 생산직 사원으로 입사할 당시 이력서에 대학졸업 사실을 기재하지 않은 근로자를 학력 등의 허위기재가 징계해고사유로 규정되어 있는 취업규칙에 근거하여 해고하는 경우, 고용 당시에 사용자가 근로자의 실제 학력 등을 알았더라면 어떻게 하였을지에 대하여 추단하는 이른바 가정적 인과관계의 요소뿐 아니라 고용 이후 해고 시점까지의 제반사정을 보태어 보더라도 그 해고가 사회통념상 현저히 부당한 것은 아니라고 인정이 되어야만 정당성이 인정될 수 있다고 판단하였다. 사용자가 이력서에 근로자의 학력 등의 기재를 요구하는 것은 근로능력의 평가 외에 근로자의 진정성과 정직성, 당해 기업의 근로환경에 대한 적응성 등을 판단하기 위한 자료를 확보하고 나아가 노사간 신뢰관계의 형성과 안정적인 경영환경의 유지 등을 도모하고자 하는 데에도 그 목적이 있는 것으로, 이는 고용계약의 체결뿐 아니라 고용관계의 유지에 있어서도 중요한 고려요소가 된다는 것이다.

채용공고 당시 학력이나 경력은 무관하다고 기재하였고, 근로자가 수행하는 업무와 최종학력 및 경력 사이에 별다른 관련성이 없으며, 사용자가 근로자의 실제 학력과 경력이 이력서에 기재된 것과 다르다는 사실을 알게 되었음에도 불구하고 근로자가 급여에 대한 불만을 표출하기 전까지 아무런 조치를 취하지 않았으며 근로자의 근무태도가 불성실하였다거나 최종 학력 등이 이력서의 기재와 다르다는 사정이 드러남으로써 노사간 및 근로자 상호간 신뢰관계 유지와 안정적인 기업경영과 질서유지에 악영향을 미쳤다고 볼 만한 사정이 없는 경우, 해당 근로자가 급여에 대한 불만을 표출한 이후, 입사 당시 최종학력 및 경력 등을 허위로 기재한 이력서를 제출하였다는 것을 이유로 하는 해고의 정당성은 인정되지 않는다고 본 사례가 있다.[96]

95) 대법원 2012. 7. 5. 선고 2009두16763 판결.

96) 대법원 2013. 9. 12. 선고 2013두11031 판결.

5) 근로자가 형사상 유죄판결을 받은 경우

판례에 따르면 단체협약이나 취업규칙에서 형사상 유죄판결을 징계해고사유로 규정하고 있더라도 그 취지를 일률적으로 해석해서는 아니되고 다른 징계사유, 당연퇴직사유의 내용 등도 함께 고려하여 사안별로 구체적으로 판단해야 한다. 유죄판결로 인하여 근로제공의무를 이행할 수 없거나 당해 범죄로 인하여 사용자의 명예나 신용이 심각하게 실추되거나 거래관계에 악영향을 미치는 경우, 다른 종업원과의 신뢰관계나 인간관계가 손상되어 직장질서 유지를 저해하게 된 경우 등에 해고의 정당성이 인정될 수 있다.[97]

6) 근로자가 직장 내 성희롱을 한 경우

"직장 내 성희롱"이란 사업주 · 상급자 또는 근로자가 직장 내의 지위를 이용하거나 업무와 관련하여 다른 근로자에게 성적 언동 등으로 성적 굴욕감 또는 혐오감을 느끼게 하거나 성적 언동 또는 그 밖의 요구 등에 따르지 아니하였다는 이유로 고용에서 불이익을 주는 것을 말한다(고평법 제2조 제2호). 사업주는 직장 내 성희롱 발생이 확인된 경우 지체 없이 행위자에 대하여 징계나 그 밖에 이에 준하는 조치를 하여야 한다(고평법 제14조 제1항).

판례에 따르면 객관적으로 상대방과 같은 처지에 있는 일반적이고도 평균적인 사람의 입장에서 보아 어떠한 성희롱 행위가 고용환경을 악화시킬 정도로 매우 심하거나 또는 반복적으로 행해지는 경우 근로관계를 계속할 수 없을 정도로 근로자에게 책임이 있다고 보아 내린 징계해고처분은 객관적으로 명백히 부당하다고 인정되는 경우가 아닌 한 쉽게 징계권을 남용하였다고 보아서는 안 된다.

또한 판례는 직장 내 성희롱이 일정 기간에 걸쳐 반복적으로 이루어지고 피해자도 다수라면 이를 우발적이라 평가할 수 없고 성희롱이 특별한 문제의식 없이 이루어진 것이라는 이유로 그 행위 정도를 가볍게 평가할 수 없으며 직장 내 성희롱을 방지하여야 할 지위에 있는 사업주나 사업주를 대신할 지위에 있는 자가 오히려 자신이 우월한 지위를 이용하여 성희롱을 하였다면 더욱 엄격하게 취급되어야 한다고 설시하고 있다.[98]

---

97) 대법원 1997. 7. 25. 선고 97다7066 판결.

98) 대법원 2008. 7. 10. 선고 2007두22498 판결.

7) 근로자의 사생활에서의 비행

근로자의 사생활상의 비행은 원칙적으로 정당한 해고사유가 되지 않는다. 그러나 사생활상의 비행으로 인하여 기업의 사회적 평가를 훼손한 경우에는 정당한 해고사유가 된다.[99)]

8) 노동능력의 상실

판례에 따르면 근로자가 신체적 장애로 인하여 직무를 감당할 수 없게 된 것을 이유로 하는 해고의 정당성은 ① 근로자가 신체 장애를 입게 된 경위 및 그 사고가 사용자의 귀책사유 또는 업무상 부상으로 인한 것인지 여부, ② 근로자의 치료기간 및 치료종결 후 노동능력 상실의 정도, ③ 근로자가 사고를 당할 당시 담당하고 있던 업무의 성격과 내용, ④ 근로자가 그 잔존노동능력으로 감당할 수 있는 업무의 존부 및 그 내용, ⑤ 사용자로서도 신체장애를 입은 근로자의 순조로운 직장 복귀를 위하여 담당업무를 조정하는 등의 배려를 하였는지 여부, ⑥ 사용자의 배려에 의하여 새로운 업무를 담당하게 된 근로자의 적응노력 등 제반 사정을 종합적으로 고려하여 합리적으로 판단하여야 한다.[100)]

2. 경영상 이유에 의한 해고

(1) 경영상 이유에 의한 해고 실시 요건

근기법 제24조는 경영상 이유에 의한 해고에 관하여 규정하고 있다. 이에 따르면 ① 긴박한 경영상의 필요가 있어야 하고(이 경우 경영악화를 방지하기 위한 사업의 양도, 인수, 합병은 긴박한 경영상의 필요가 있는 것으로 본다), ② 해고를 피하기 위한 노력을 다해야 하며, ③ 합리적이고 공정한 해고의 기준을 정하고 이에 따라 그 대상자를 선정해야 하며(이 경우 남녀의 성을 이유로 차별해서는 안된다), ④ 해고를 피하기 위한 방법과 해고의 기준 등에 관하여 해당 사업 또는 사업장의 근로자대표(해당 사업 또는 사업장에 근로자의

---

99) 대법원 1994. 12. 13. 선고 93누23275 판결.

100) 대법원 1996. 12. 6. 선고 95다45934 판결.

과반수로 조직된 노동조합이 있으면 그 노동조합, 그러한 노동조합이 없으면 근로자의 과반수를 대표하는 자)에게 해고를 하려는 날의 50일 전까지 통보하고 성실하게 협의해야 한다. ⑤ 대통령령으로 정하는 일정한 규모 이상의 인원을 해고하려면 대통령령으로 정하는 바에 따라 노동부장관에게 신고해야 한다(①~④: 이른바 정리해고의 4요건).

판례에 따르면 각 요건의 구체적 내용은 확정적 · 고정적인 것이 아니라 구체적 사건에서 다른 요건의 충족 정도와 관련하여 유동적으로 정해지는 것이므로 구체적 사건에서 경영상 이유에 의한 당해 해고가 위 각 요건을 모두 갖추어 정당한지 여부는 위 각 요건을 구성하는 개별사정들을 종합적으로 고려하여 판단한다.[101)]

(2) 각 요건별 쟁점

1) 긴박한 경영상의 필요

법원은 과거에는 긴박한 경영상의 필요라 함은 도산 등 고도의 경영위기를 회피하기 위한 것으로 한정된다고 엄격히 해석했으나 이후 완화하여 해석하는 경향을 보이고 있다. 즉, 판례는 긴박한 경영상의 필요라 함은 반드시 기업의 도산을 회피하기 위한 경우에 한정되지 아니하고, 장래에 올 수도 있는 위기에 미리 대처하기 위하여 인원삭감이 객관적으로 보아 합리성이 있다고 인정되는 경우도 포함된다고 한다.[102)]

판례에 따르면 2개 사업부를 둔 회사에서 1개 사업부가 막대한 적자를 발생하고 경영사정이 호전될 가능성이 없어 이 사업부를 폐지한 경우,[103)] 사업물량의 감소에 따른 경영난을 해소하기 위하여 해당 사업부의 업종을 폐지, 전환하는 경우,[104)] 계속된 적자로 일정 사업부를 하도급제로 운영하기로 한 경우,[105)] 회비와 찬조금 등으로 유지되는 사업체에서 회비 등의 납부가 중단된 경우[106)] 등에 긴박한 경영상의 필요성이 인정된바 있다.

---

101) 대법원 2002. 7. 9. 선고 2001다29452 판결.
102) 대법원 2002. 7. 9. 선고 2001다29452 판결.
103) 대법원 1992. 5. 12. 선고 90누9421 판결.
104) 대법원 1997. 9. 5. 선고 96누8031 판결.
105) 대법원 1995. 12. 22. 선고 94다52119 판결.
106) 대법원 1995. 12. 5. 선고 94누15783 판결.

2) 해고회피노력

판례에 따르면 사용자가 정리해고를 실시하기 전에 다하여야 할 해고회피노력의 방법과 정도는 당해 사용자의 경영위기의 정도, 정리해고를 실시하여야 하는 경영상의 이유, 사업의 내용과 규모, 직급별 인원상황 등에 따라 달라지는 것이고, 사용자가 해고를 회피하기 위한 방법에 관하여 노동조합 또는 근로자대표와 성실하게 협의하여 정리해고 실시에 관한 합의에 도달하였다면 이러한 사정도 해고회피노력의 판단에 참작되어야 한다.[107)]

경영경비의 절감, 경영방침이나 작업방식의 합리화, 외주나 도급의 해약, 신규채용의 중단, 일시휴직, 희망퇴직자 모집, 전직, 조업시간 단축 등이 있다. 또한 부실사업의 정리,[108)] 자산 매각,[109)] 사내협력업체의 인원 축소[110)] 등이 정리해고 사건에서 해고회피의 노력으로 인정된바 있다.

3) 합리적이고 공정한 해고의 기준

해고기준과 관련하여 객관적 합리성과 사회적 상당성을 가진 구체적 기준이 마련되어야 하고, 그 기준을 실질적으로 공정하게 적용하여 정당한 해고대상자 선정이 이루어져야 한다.[111)]

다만, 판례는 해고기준이 당해 사용자가 직면한 경영위기의 강도와 정리해고를 실시하여야 하는 경영상의 이유, 정리해고를 실시한 사업 부문의 내용과 근로자의 구성, 정리해고 실시 당시의 사회경제상황 등에 따라 달라지는 것이고, 사용자가 해고의 기준에 관하여 노동조합 또는 근로자대표와 성실하게 협의하여 해고의 기준에 관한 합의에 도달하였다면 이러한 사정도 해고의 기준이 합리적이고 공정한 기준인지의 판단에 참작되어야 한다고 밝히고 있다.[112)]

---

107) 대법원 2002. 7. 9. 선고 2001다29452 판결.
108) 대법원 2002. 11. 13. 선고 2000두5517 판결.
109) 대법원 2006. 2. 24. 선고 2005두16499 판결.
110) 대법원 2014. 11. 13. 선고 2014다20875 판결.
111) 대법원 2012. 5. 24. 선고 2011두11310 판결.
112) 대법원 2002. 7. 9. 선고 2001다29452 판결.

4) 근로자대표와의 협의

판례에 따르면 사업 내에 근로자 과반수로 조직된 노조가 있고, 그 노조와 정리해고에 관하여 협의하였다면 해고 대상자가 비노조원들이라 하더라도 비노조원들만의 대표를 새로이 선출케 하여 그 대표와 별도로 협의를 하지 않았다고 하여 정리해고를 협의절차 흠결로 무효라 할 수는 없다고 한다.[113)]

또한 사용자가 근로자 과반수로 조직되지 아니한 노조와 정리해고에 관한 협의를 한 경우 실질적으로 근로자의 의사를 반영할 수 있는 대표자라고 볼 수 있는 사정이 있다면 정리해고의 절차적 요건이 충족되었다고 본 사례가 있다.[114)]

한편, 판례는 단체협약상 정리해고에 대한 노조의 사전합의권이 있는 경우라 하더라도, 정리해고의 필요성과 합리성이 객관적으로 명백하고 피고가 노동조합 측과 정리해고에 관한 합의 도출을 위하여 성실하고 진지한 노력을 다하였는데도 노동조합 측이 합리적 근거나 이유제시 없이 정리해고 자체를 반대하고 불법적인 쟁의행위에 나아감으로써 합의에 이르지 못하였다면 이는 노동조합이 사전합의권을 남용하거나 스스로 사전합의권의 행사를 포기한 경우에 해당한다고 하여 사전합의 없는 정리해고도 유효하다고 한다.[115)]

3. 해고의 절차

(1) 해고의 서면통지

사용자가 근로자를 해고하려면 해고의 사유와 시기를 서면으로 통지하여야 효력이 있다(근기법 제27조). 판례에 따르면 해고의 서면통지 요구는 해고사유 등의 서면통지를 통해 사용자로 하여금 근로자를 해고하는 데 신중을 기하게 함과 아울러, 해고의 존부 및 시기와 그 사유를 명확하게 하여 사후에 이를 둘러싼 분쟁이 적정하고 용이하게 해결될 수 있도록 하고, 근로자에게도 해고에 적절히 대응할 수 있게 하기 위한 취지

---

113) 법원 2002. 7. 9. 선고 2001다29452 판결.

114) 대법원 2012. 5. 24. 선고 2010두15964 판결. 12회에 걸쳐 정리해고에 관하여 협의하는 동안 어느 누구도 노조의 협의권한에 대해 이의제기를 한 바 없는데 이 사건 소 제기 이후 비로소 노조의 자격 유무를 다투기 시작하여 문제된 경우이다.

115) 대법원 2012. 6. 28. 선고 2010다38007 판결.

이다. 따라서 사용자가 해고사유 등을 서면으로 통지할 때는 근로자의 처지에서 해고사유가 무엇인지를 구체적으로 알 수 있어야 하고, 특히 징계해고의 경우에는 해고의 실질적 사유가 되는 구체적 사실 또는 비위내용을 기재하여야 하며 징계대상자가 위반한 단체협약이나 취업규칙의 조문만 나열하는 것으로는 충분하다고 볼 수 없다.[116]

(2) 해고예고의무

사용자는 근로자를 해고하려면 적어도 30일 전에 예고해야 한다. 30일 전에 예고하지 않은 때에는 30일분 이상의 통상임금을 지급해야 한다(근기법 제26조 제1항).

예고도 없고 예고수당의 지급도 없이 한 해고의 통지가 사법상 무효인지 여부에 대해서는 견해가 대립되는데, 판례는 해고예고의무 위반의 해고에 대하여는 벌칙이 적용되고 근로자가 예고수당의 지급을 청구할 수는 있지만 해고의 통지 그 자체는 유효라고 한다.[117]

한편, 사업 계속 불가능의 경우(근기법 제26조 단서), 근로자가 고의로 사업에 막대한 지장을 초래하거나 재산상 손해를 끼친 경우로서 고용노동부령으로 정하는 사유에 해당하는 경우(근기법 제26조 단서 및 근기법 시행규칙 제4조), 근기법 제35조 소정의 단기근속자에 해당하는 경우에 대해서는 해고예고의무 규정의 적용이 배제된다.

4. 사직과 해고

판례는 사직의 의사표시가 비진의의사표시인 경우 해고에 해당된다고 한다. 사용자가 사직의 의사 없는 근로자로 하여금 어쩔 수 없이 사직서를 작성 · 제출하게 한 후 이를 수리하는 이른바 의원면직의 형식을 취하여 근로계약관계를 종료시키는 경우처럼 근로자의 사직서 제출이 진의 아닌 의사표시에 해당하는 등으로 무효이어서 사용자의 그 수리행위를 실질적으로 사용자의 일방적 의사에 의하여 근로계약관계를 종료시키는 해고라고 볼 수 있다.[118]

---

116) 대법원 2011. 10. 27. 선고 2011다42324 판결.

117) 대법원 1993. 9. 24. 선고 93누4199 판결.

118) 대법원 2002. 6. 14. 선고 2001두11076 판결.

5. 해고구제 관련 쟁점

(1) 해고소송에서의 실효의 원칙

판례에 따르면 사용자로부터 해고된 근로자가 퇴직금 등을 수령하면서 아무런 이의의 유보나 조건을 제기하지 않았다면 해고의 효력을 인정하지 아니하고 이를 다투고 있었다고 볼 수 있는 객관적인 사정이 있다거나 그 외에 상당한 이유가 있는 상황하에서 이를 수령하는 등의 특별한 사정이 없는 한 그 해고의 효력을 인정하였다고 할 것이고, 따라서 그로부터 오랜 기간이 지난 후에 그 해고의 효력을 다투는 소를 제기하는 것은 신의칙이나 금반언의 원칙에 위배되어 허용될 수 없다고 한다.[119)]

예컨대 업무내용 일부의 외부 누설을 이유로 징계면직처분을 당한 근로자가 재심의절차를 거쳐 의원면직 형식으로 퇴직하였는데 의원면직 처분 후 12년이 지나 그 처분의 효력을 다투는 소를 제기한 사건에서 대법원은 사용자로부터 해고된 근로자가 퇴직금 등을 수령하면서 아무런 이의의 유보나 조건을 제기하지 않았다면 다른 특별한 사정이 없는 한 그 해고의 효력을 인정하였다고 할 것이고, 따라서 그로부터 오랜 기간이 지난 후에 그 해고의 효력을 다투는 소를 제기하는 것은 허용될 수 없다고 판단한바 있다.[120)]

(2) 부당해고와 민사책임

1) 부당해고기간 동안의 소급임금 지급과 중간수입의 공제

부당해고의 경우 사용자는 소급임금지급 의무를 부담한다. 다만 소급임금 지급 시 근로자의 중간수입 공제가 문제된다.

판례는 사용자의 귀책사유로 인하여 해고된 근로자가 해고기간 중에 다른 직장에 종사하여 이익을 얻은 때에는 사용자는 위 근로자에게 해고기간 중의 임금을 지급함에 있어 위의 이익(이른바 중간수입)의 금액을 임금액에서 공제할 수 있다고 한다. 위의

---

119) 대법원 1992. 4. 14. 선고 92다1728 판결; 1996. 3. 8. 선고 95다51847 판결 등.
120) 대법원 2000. 4. 25. 선고 99다34475 판결.

중간수입은 민법 제538조 제2항에서 말하는 채무를 면함으로써 얻은 이익에 해당하기 때문이라는 것이다. 그런데 근기법에서 근로자의 최저생활을 보장하려는 취지에서 사용자의 귀책사유로 인하여 휴업하는 경우에 사용자는 휴업기간 중 당해 근로자에게 그 평균임금의 100분의 70 이상의 휴업수당을 지급하여야 한다고 규정하고 있는 것과 관련하여(근기법 제46조), 여기서의 휴업이란 개개의 근로자가 근로계약에 따라 근로를 제공할 의사가 있음에도 불구하고 그 의사에 반하여 취업이 거부되거나 또는 불가능하게 된 경우도 포함된다고 할 것이므로 근로자가 지급받을 수 있는 해고기간의 임금액 중 근기법 제46조 소정의 휴업수당의 한도에서는 이를 이익공제의 대상으로 삼을 수 없고, 그 휴업수당을 초과하는 금액에서 중간수입을 공제하여야 한다고 보고 있다.[121)]

2) 부당해고가 불법행위가 되는 경우

모든 부당해고가 곧바로 불법행위에 해당되는 것은 아니다. 불법행위책임을 물을 만한 사용자의 고의 · 과실이 있어야 불법행위가 성립된다. 판례에 따르면 사용자가 근로자를 징계해고할 만한 사유가 전혀 없는데도 오로지 근로자를 사업장에서 몰아내려는 의도하에 고의로 어떤 명목상의 해고사유를 만들거나 내세워 징계라는 수단을 동원하여 해고한 경우나, 해고의 이유로 된 어느 사실이 취업규칙 등 소정의 해고사유에 해당되지 아니하거나 해고사유로 삼을 수 없는 것임이 객관적으로 명백하고 또 조금만 주의를 기울이면 이와 같은 사정을 쉽게 알아볼 수 있는데도 그것을 이유로 징계해고에 나아간 경우등 징계권의 남용이 우리의 건전한 사회통념이나 사회상규상 용인될 수 없음이 분명한 경우에 있어서는 그 해고가 근로기준법에서 말하는 정당성을 갖지 못하여 효력이 부정되는 데 그치는 것이 아니라, 위법하게 상대방에게 정신적 고통을 가하는 것이 되어 근로자에 대한 관계에서 불법행위를 구성한다.[122)]

121) 대법원 1991. 6. 28. 선고 90다카25277 판결.
122) 대법원 1999. 2. 23. 선고 98다12157 판결.

X. 기업변동과 근로관계

1. 영업양도와 근로관계

(1) 영업양도 시 근로관계 승계 여부

영업양도 시 근로관계 승계 여부에 관한 주요 판례 법리를 정리하면 다음과 같다.[123)]

① 영업양도의 의의와 효과: 영업의 양도라 함은 일정한 영업목적에 의하여 조직화된 업체 즉, 인적 · 물적 조직을 그 동일성은 유지하면서 일체로서 이전하는 것으로서 영업의 일부만의 양도도 가능하고, 이러한 영업양도가 이루어진 경우에는 원칙적으로 해당 근로자들의 근로관계가 양수하는 기업에 포괄적으로 승계된다.

② 영업양도 해당 여부 판단을 위한 영업의 동일성 판단 기준: 영업의 동일성 여부는 일반 사회관념에 의하여 결정되어져야 할 사실인정의 문제이기는 하지만, 문제의 행위가 영업의 양도로 인정되느냐 안 되느냐는 단지 어떠한 영업재산이 어느 정도로 이전되어 있는가에 의하여 결정되어져야 하는 것이 아니고 거기에 종래의 영업조직이 유지되어 그 조직이 전부 또는 중요한 일부로서 기능할 수 있는가에 의하여 결정되어져야 하는 것이므로, 예컨대 영업재산의 전부를 양도했어도 그 조직을 해체하여 양도했다면 영업의 양도는 되지 않는 반면에 그 일부를 유보한 채 영업시설을 양도했어도 그 양도한 부분만으로도 종래의 조직이 유지되어 있다고 사회관념상 인정되면 그것을 영업의 양도라 볼 것이다.

③ 영업양도 시 근로관계 일부의 승계를 배제하는 특약의 효력: 영업이 양도되면 반대의 특약이 없는 한 양도인과 근로자 사이의 근로관계는 원칙적으로 양수인에게 포괄적으로 승계되고, 영업양도 당사자 사이에 근로관계의 일부를 승계의 대상에서 제외하기로 하는 특약이 있는 경우에는 그에 따라 근로관계의 승계가 이루어지지 않을 수 있으나, 그러한 특약은 실질적으로 해고나 다름이 없으므로 근로기준법 제23조 제1항 소정의 정당한 이유가 있어야 유효하며, 영업양도 그

---

123) 대법원 2002. 3. 29. 선고 2000두8455 판결.

자체만을 사유로 삼아 근로자를 해고하는 것은 정당한 이유가 있는 경우에 해당한다고 볼 수 없다.

④ 근로자의 승계거부: 영업양도에 의하여 양도인과 근로자 사이의 근로관계는 원칙적으로 양수인에게 포괄승계되는 것이지만 근로자가 반대의 의사를 표시함으로써 양수기업에 승계되는 대신 양도기업에 잔류하거나 양도기업과 양수기업 모두에서 퇴직할 수도 있는 것이고, 영업이 양도되는 과정에서 근로자가 일단 양수기업에의 취업을 희망하는 의사를 표시하였다고 하더라도 그 승계취업이 확정되기 전이라면 취업희망 의사표시를 철회하는 방법으로 위와 같은 반대 의사를 표시할 수 있는 것으로 보아야 한다.

(2) 영업양도 시 근로조건 승계 여부

영업양도 시 근로조건 승계 여부에 관한 판례 법리를 정리하면 다음과 같다.[124)]

① 영업양도와 근로조건 불이익변경: 영업양도나 기업합병 등에 의하여 근로계약관계가 포괄적으로 승계된 경우에 근로자의 종전 근로계약상의 지위도 그대로 승계되는 것이므로, 승계 후의 근로조건이 승계 전의 근로조건보다 근로자에게 불리하다면 근기법 제94조 제1항 소정의 당해 근로자집단의 집단적인 의사결정 방법에 의한 동의 없이는 승계 후의 불리해진 근로조건을 적용할 수 없다.

② 영업양도와 퇴직금제도 차등금지: 근로자퇴직급여보장법은 하나의 사업 내에 차등 있는 퇴직금제도의 설정을 금하고 있지만, 이는 하나의 사업 내에서 직종, 직위, 업종별로 퇴직금에 관하여 차별하는 것을 금하고자 하는 데 그 목적이 있으므로, 근로관계가 포괄적으로 승계된 후의 새로운 퇴직금제도가 기존 근로자의 기득이익을 침해하는 것이어서 그들에게는 그 효력이 미치지 않고 부득이 종전의 퇴직금규정을 적용하지 않을 수 없어서 결과적으로 하나의 사업 내에 별개의 퇴직금제도를 운용하는 것으로 되었다고 하더라도, 이러한 경우까지 위 법 규정이 금지하는 차등 있는 퇴직금제도를 설정한 경우에 해당한다고는 볼 수 없다.

124) 대법원 1995. 12. 26. 선고 95다41659 판결.

3. 회사분할과 근로관계

(1) 회사분할 시 근로관계의 포괄적 승계 여부

상법 제530조의10은 분할로 인하여 설립되는 회사는 분할하는 회사의 권리와 의무를 분할계획서가 정하는 바에 따라서 승계한다고 규정하고 있으므로, 분할하는 회사의 근로관계도 위 규정에 따른 승계의 대상에 포함될 수 있다.

(2) 회사분할 시 근로관계의 승계 여부

판례는 회사분할 시 일정한 요건 하에서 근로관계의 승계를 인정하고 있다.[125)] 즉, 헌법이 직업선택의 자유를 보장하고 있고 근로기준법이 근로자의 보호를 도모하기 위하여 근로조건에 관한 근로자의 자기결정권(근기법 제4조), 강제근로의 금지(근기법 제7조), 사용자의 근로조건 명시의무(근기법 제17조), 부당해고 등의 금지(근기법 제23조) 또는 경영상 이유에 의한 해고의 제한(근기법 제24조) 등을 규정한 취지에 비추어 볼 때, 회사 분할에 따른 근로관계의 승계는 근로자의 이해와 협력을 구하는 절차를 거치는 등 절차적 정당성을 갖춘 경우에 한하여 허용된다고 한다. 절차적 정당성에 관한 내용을 좀 더 살펴보면, 둘 이상의 사업을 영위하던 회사의 분할에 따라 일부 사업 부문이 신설회사에 승계되는 경우 분할하는 회사가 분할계획서에 대한 주주총회의 승인을 얻기 전에 미리 노동조합과 근로자들에게 회사 분할의 배경, 목적 및 시기, 승계되는 근로관계의 범위와 내용, 신설회사의 개요 및 업무 내용 등을 설명하고 이해와 협력을 구하는 절차를 거쳤다면 그 승계되는 사업에 관한 근로관계는 해당 근로자의 동의를 받지 못한 경우라도 신설회사에 승계되는 것이 원칙이라고 한다.

(3) 회사분할 시 근로관계 승계에 대한 근로자의 거부권

판례는 회사분할이 해고의 제한 등 근로자 보호를 위한 법령 규정을 잠탈하기 위

125) 대법원 2013.12.12. 선고 2011두4282 판결.

한 방편으로 이용되는 경우라면 그 효력이 부정된다고 한다.[126] 즉, 회사의 분할이 근로기준법상 해고의 제한을 회피하면서 해당 근로자를 해고하기 위한 방편으로 이용되는 등의 특별한 사정이 있는 경우에는, 해당 근로자는 근로관계의 승계를 통지받거나 이를 알게 된 때부터 사회통념상 상당한 기간 내에 반대 의사를 표시함으로써 근로관계의 승계를 거부하고 분할하는 회사에 잔류할 수 있다.

126) 대법원 2013.12.12. 선고 2011두4282 판결.

제2장

개별적 노동관계법 사례 해설

제2장 개별적 노동관계법 사례 해설

사례 1 근로계약 명시의무, 단체협약상 해고합의조항

[사례 1][1)]

근로자 甲은 의류판매 회사인 A사(상시근로자 100명)에 2013. 7. 1.자로 취업하였다. 甲은 취업하기 전에 A사의 인사부장으로부터 다음의 근로조건에 대하여 설명을 듣고 구두로 근로계약을 체결하였다.

- 월 임금은 200만 원을 지급함
- 근로시간은 1일 8시간, 1주 40시간으로 함
- 1주에 1일의 주휴일을 부여함

그러나 甲이 실제로 약 2개월간 근무하였던 동안의 근로조건은 다음과 같았다.

- 월 임금은 150만 원을 지급받았음
- 근로시간은 1주 48시간 근무를 하는 것이 일반적임
- 1주에 1일의 주휴일을 부여받았음

甲은 2013. 9. 2. 오전 출근하여 인사과 사무실을 찾아가 "당초 취업을 결정할 때 들었던 근로조건과 실제로 지급된 임금이나 근로시간이 다르다."라는 취지의 말을 하면서 마침 자리에 있던 인사과장에게 "노동조합 및 변호사와 상담하여 근로기준법에 따른 권리를 행사하겠다."라고 하였다. 甲은 인사과 사무실을 나오면서 "왜 사람을 속이느냐. 이 나쁜 놈들아."라고 큰 소리로 말하면서 인사과장의 책상을 발로 걷어찼고, 이에 대해 인사과장이 甲을 째려보자, 甲은 인사과장의 멱살을 잡고 두 차례 흔들다가 뒤로 밀쳤다. 이로 인해 인사과장은 약 4주간의 치료를 요하는 상해를 입었다. 이를 두고 A사는 甲이 상급자에게 폭언과 폭행을 하였다는 등의 이유로 해고를 하기로 방침을 정하였다. A사의 징계규정에는 '상급자를 폭행하거나 상급자에게 상해를 가한 경우'를 해고사유로 규정하고 있다.

한편, A사에는 X노동조합(이하, 'X노조'라 한다)이 설립되어 있고, X노조가 A사와 체결한 단체협약 제40조에는 "근로자의 해고가 불가피할 때에는 조합과 합의하여 이를 실시한다."라고 규정되어 있다. X노조는 근로자 甲에 대한 해고는 정당한 이유가 없다고 주장하면서

---

1) 2014년도 시행 제3회 변호사시험 제1문.

A사의 甲에 대한 해고에 반대하였으며, A사의 계속적인 대화 요구에 대해서도 일절 응하지 아니하고 대화 자체를 거부하였다. 그러자 A사는 징계위원회의 절차를 거쳐 해고처분을 의결하고, 2013. 9. 20.에 해고사유와 해고시기가 기재된 내용증명을 甲에게 보냈다.

〈질 문〉

1. 甲이 A사와 체결한 근로계약의 내용 및 효력을 근로기준법 제17조의 법문에 따라 판단하고, 甲이 2013. 9. 2. 행사하겠다고 말한 '근로기준법상의 권리'에 대하여 설명하시오.

2. A사가 단체협약 제40조를 위반하여 X노동조합과의 합의 없이 행한 해고는 유효한지에 대하여 설명하시오.

해 설

〈질문 1〉 甲이 A사와 체결한 근로계약의 내용 및 효력을 근로기준법 제17조의 법문에 따라 판단하고, 甲이 2013. 9. 2. 행사하겠다고 말한 '근로기준법상의 권리'에 대하여 설명하시오.

I. 논점의 정리

이 사안에서는 사용자가 근로자 甲과 근로계약을 체결한 이후에 근로계약 체결 당시 정했던 근로조건에 위반하여 일방적으로 다른 근로조건을 적용한 것이 문제되었다. 근기법 제17조는 사용자의 근로조건 명시의무에 관하여 규정하고 있고, 근기법 제19조는 제17조에 따라 명시된 근로조건이 사실과 다를 경우의 법적 효과에 관하여 규정하고 있는바, 甲이 행사할 수 있는 근로기준법상의 권리에 대해 설명하기 위해서는 위 조항들에 따라 甲이 A사와 체결한 근로계약의 내용 및 효력을 검토하여야 한다.

Ⅱ. 관련 법리

1. 근로계약 체결 시 사용자의 근로조건 명시 의무

사용자는 근로계약을 체결할 때에 근로자에게 임금, 소정근로시간, 유급주휴일, 연차휴가, 그 밖에 시행령으로 정하는 근로조건[2]을 명시해야 한다(근기법 제17조 제1항). 이 조항에 위반하면 동법 제114조의 형벌이 부과된다. 그리고 사용자는 근기법 제17조 제1항과 관련하여 임금의 구성항목 · 계산방법 · 지급방법 및 소정근로시간, 유급주휴일, 연차휴가의 사항이 명시된 서면을 근로자에게 교부하여야 한다. 이 조항에 위반하는 경우에도 제114조의 형벌이 부과된다.

2. 근로계약 체결 시 명시된 근로조건이 사실과 다를 경우

(1) 노동위원회에 대한 손해배상청구

근로자는 근로조건 위반을 이유로 손해배상을 청구할 수 있고 그 청구를 노동위원회에 신청할 수 있다(근기법 제19조 제1항, 제2항). 근로조건 위반을 이유로 손해배상청구를 할 수 있다는 것은 민법상 채무불이행의 법리를 확인한 것에 불과하지만 이 규정은 그 손해배상청구를 민사소송 이외에 노동위원회에도 할 수 있도록 한 것에 의미가 있다.

판례에 따르면 노동위원회에 하는 손해배상 신청의 대상은 사용자가 근로계약 체결 시 명시한 근로조건이 사실과 다른 경우에만 한정된다. 만일 사용자가 근로기준법의 다른 규정사항을 위반한 경우에는 노동위원회에 손해배상을 신청할 수 없고 노동위원회도 이에 대하여 심리, 결정할 권한이 없다.[3]

한편 판례에 따르면 손해배상청구권의 소멸시효 기간은 임금채권에 준하여 3년이라고 해석된다.[4]

---

2) 취업의 장소와 종사하여야 할 업무에 관한 사항, 근로기준법 제93조 제1호부터 제12호까지의 취업규칙의 기재사항, 사업장의 부속기숙사에 근로자를 기숙하게 하는 경우에는 기숙사규칙에서 정한 사항이다(근로기준법 시행령 제8조).

3) 대법원 1989. 2. 28. 선고 87누496 판결.

4) 대법원 1997. 10. 10. 선고 97누5732 판결.

(2) 근로자의 근로계약해제 및 사용자의 귀향 여비 지급 의무

명시된 근로조건이 사실과 다를 경우에 근로자는 근로조건 위반을 이유로 즉시 근로계약을 해제할 수 있다(근기법 제19조 제1항). 또한 근로계약이 해제되었을 경우에 사용자는 취업을 목적으로 거주를 변경하는 근로자에게 귀향 여비를 지급해야 한다(근기법 제19조 제2항).

다만 판례에 따르면 취업 후 상당한 기간이 지나면 즉시해제권은 행사할 수 없다고 한다.[5] 이 경우에는 당초 명시한 근로조건을 변경하는 데 묵시적 합의가 이루어진 것으로 해석되기 때문이다.

Ⅲ. 사안의 해결

1. 근기법 제17조 위반 여부

이 사안에서 A사가 甲과 근로계약을 체결하던 당시 甲이 인사부장을 통해 구두로 체결한 근로계약에 따르면 월 임금 200만 원 지급, 근로시간은 1일 8시간, 1주 40시간, 1주에 1일의 주휴일을 부여한다는 것이었다. 그런데 甲이 실제로 약 2개월간 근무하였던 동안의 근로조건을 보면 계약체결 당시 정한 바와는 달리 월 임금은 150만 원만 지급받았고, 근로시간은 1주 48시간이었다.

먼저 A사가 임금, 소정근로시간, 주휴일에 관해서 근기법 제17조 제1항에 따라 명시한 것은 적법하다. 다만, 근기법 제17조 제2항에 따르면 사용자는 임금, 소정근로시간, 주휴일의 근로조건은 서면으로 명시하여 근로자에게 교부해야 하는데 이 사안에서는 구두로만 계약을 체결했으므로 A사는 서면교부의무를 위반하였다. 또한 임금에 대해서 사용자는 임금의 구성항목 · 계산방법 · 지급방법을 명시한 서면을 근로자에게 교부해야 하는데 A사는 이 역시 준수하지 않았다.

2. 근로계약의 효력

A사는 근기법 제17조에 따른 서면교부의무를 위반하였는데, 근기법 제17조를 위

5) 대법원 1997. 10. 10. 선고 97누5732 판결.

반한 근로계약이라 하더라도 근로계약의 효력은 인정된다. 즉, A사가 구두로 설명한 근로조건으로 근로계약이 유효하게 체결된 것이다.

3. 근기법 제19조에 따른 권리

먼저 근로계약 체결 시 명시한 근로조건이 사실과 다르기 때문에 甲은 근기법 제19조 제1항에 따라 노동위원회에 손해배상을 청구할 수 있다. 또한 동 조항에 따라 甲은 즉시 근로계약을 해제할 수 있다. 근기법 제19조 제1항 및 제2항에 따르면 근로계약이 해제되었을 경우에 사용자는 취업을 목적으로 거주를 변경한 근로자에게 귀향 여비를 지급해야 하므로 만일 甲이 취업을 목적으로 거주를 변경하였다면 사용자에 대해 귀향 여비를 지급해 달라고 청구할 수 있다.

또한 甲은 약 2개월간 근무하는 동안 처음 계약 당시 들은 명시된 것과는 달리 월 50만원을 덜 받았기 때문에 A사에 대하여 이 금액을 지급하여 줄 것을 청구할 수 있다.

> ※ 기타 이 사안에서 甲은 사용자에게 연장근로수당을 청구할 수 있다는 점도 언급할 수 있다. 甲의 실제 근로시간은 48시간이었는데, 1주간의 법정근로시간은 40시간이므로(근기법 제50조 제1항) 근무한 기간 동안 매주 8시간의 연장근로시간이 발생된 것이다. 따라서 사용자는 이 시간에 대해 甲에게 통상임금의 100분의 50 이상을 연장근로수당으로 지급하여야 한다(근기법 제56조).

Ⅳ. 결론

A사는 근기법상 근로계약 서면교부의무에 위반했지만 근로계약의 효력은 인정된다. 甲은 근로계약 체결 당시 명시한 근로조건을 위반한 사용자에 대하여 노동위원회에 손해배상을 청구할 수 있고, 근로계약을 즉시 해제할 수 있으며 취업을 목적으로 거주를 변경하였다면 귀향 여비를 지급해 달라고 청구할 수 있다. 또한 甲은 월 50만원의 임금을 덜 받은 것을 지급해 달라고 A사에 청구할 수 있다.

〈질문 2〉 A사가 단체협약 제40조를 위반하여 X노동조합과의 합의 없이 행한 해고는 유효한지에 대하여 설명하시오.

Ⅰ. 문제제기

이 사안에서 X노조가 A사와 체결한 단체협약 제40조는 "근로자의 해고가 불가피할 때에는 조합과 합의하여 이를 실시한다."라고 하고 있다. 이와 같이 단체협약상 근로자 해고시 노조와 합의하여야 한다는 이른바 '해고합의조항'이 규정되어 있는 경우 동 조항에 위반하여 노조와의 합의 없이 행한 해고의 효력이 인정되는지 여부를 검토하여야 한다.

Ⅱ. 관련 법리

1. 단체협약에 해고합의조항을 둔 경우 노조와의 합의를 거치지 않은 해고의 효력

근로기준법 제23조 제1항에 따르면 사용자는 근로자에 대하여 정당한 이유 없이 해고를 하지 못한다. 한편 판례에 따르면 노사 간의 협상을 통해 사용자가 그 해고 권한을 제한하기로 합의하고 노동조합이 동의할 경우에 한하여 해고권을 행사하겠다는 의미로 해고의 사전 합의 조항을 단체협약에 두었다면, 그러한 절차를 거치지 아니한 해고처분은 원칙적으로 무효라고 하고 있다.[6)]

2. 노동조합이 동의권을 남용하거나 포기하는 경우

판례에 따르면 근로자를 해고하는 경우 사용자로 하여금 노조와의 사전합의를 거치도록 하는 해고합의조항을 두고 있다면 원칙적으로 그러한 절차를 거치지 아니한

6) 대법원 2007. 9. 6. 선고 2005두8788 판결.

해고처분은 무효이지만 이 경우 사용자가 어떠한 경우를 불문하고 노동조합의 동의가 있어야만 해고 권한을 행사할 수 있다는 것은 아니고, 노동조합이 사전동의권을 남용하거나 스스로 사전동의권을 포기한 것으로 인정되는 경우에는 노동조합의 동의가 없더라도 사용자의 해고권 행사가 가능하다고 하고 있다.[7]

즉, 노동조합이 동의권을 남용한 경우라 함은 노동조합 측에 중대한 배신행위가 있고 그로 인하여 사용자측의 절차의 흠결이 초래되었다거나, 피징계자가 사용자인 회사에 대하여 중대한 위법행위를 하여 직접적으로 막대한 손해를 입히고 비위사실이 징계사유에 해당함이 객관적으로 명백하며 회사가 노동조합 측과 사전 합의를 위하여 성실하고 진지한 노력을 다하였음에도 불구하고 노동조합측이 합리적 근거나 이유 제시도 없이 무작정 반대함으로써 사전 합의에 이르지 못하였다는 등의 사정이 있는 경우에 인정된다고 한다. 다만 이러한 경우에 이르지 아니하고 단순히 해고사유에 해당한다거나 실체적으로 정당성 있는 해고로 보인다는 이유만으로는 노동조합이 사전동의권을 남용하여 해고를 반대하고 있다고 단정하여서는 아니 된다.[8]

Ⅲ. 사안의 해결

이 사안의 경우, A사는 단체협약상 해고합의조항에 따른 노조의 합의를 거치지 아니한 채 甲을 해고하였다. 판례에 따르면 원칙적으로 이러한 해고는 무효가 되는데 다만 X노조가 동의권을 남용하거나 포기하였는지 여부에 대하여 살펴볼 필요가 있다.

해고합의조항에 따른 절차를 거치지 않은 해고의 효력은 원칙적으로 무효이기 때문에 사전 합의 내지 동의 없는 해고처분에 대해 노동조합의 동의권 남용의 법리를 적용하여 해고의 효력을 인정하는 데에는 신중하여야 한다. 해고 사유에 해당함에도 불구하고 노동조합이 해고에 반대한 사실에만 주목하여 노동조합의 동의권 남용을 쉽사리 인정하여서는 아니 되고 해고사유의 중대성, 해고의 객관적 필요성과 합리성, 노동조합 측의 해고 반대의 경위와 이유, 노동조합과의 사전합의 실패의 주된 원

---

7) 대법원 2007. 9. 6. 선고 2005두8788 판결.

8) 대법원 2007. 9. 6. 선고 2005두8788 판결.

인 등 제반 사정을 종합적으로 고려하여 노동조합의 동의권 남용 여부를 판단해야 한다.[9] 대법원 판결 중에는 해고 사유가 중대하여 근로자를 해고해야 함이 명백한 때에 해당한다고 보기 어렵고, 노조 또한 사전 합의 조항만을 내세워 해고를 무작정 반대하였다고 볼 수 없는 경우 사전동의권을 남용한 것으로 단정할 수 없다고 판단한 사례가 발견된다.[10]

따라서 이 사안에서 甲에 대한 명백한 해고 사유가 존재하는 것인지, X노조가 사전 합의 조항만을 내세워 해고를 무조건 반대한 것인지 등에 대한 검토를 요한다.

이 사안에서 X노조는 甲에 대한 해고의 정당한 사유가 없다고 하면서 A사와의 대화에 일체 응하지 않았다. 甲은 A사가 계약체결당시 정한 근로조건을 준수하지 않고 그보다 낮은 수준의 근로조건을 일방적으로 적용했기 때문에 이를 항의하는 과정에서 자신을 째려보는 인사과장을 폭행하였고 A사는 이를 해고사유에 해당된다고 본 것이다. 甲이 상급자인 인사과장에게 전치 4주의 상해를 입힌 것은 A사의 징계규정 및 근로기준법에 비추어 볼 때 정당한 해고사유에 해당된다고 볼 수 있다. 다만 이러한 상황에 이르게 된 데에는 A사가 먼저 근로조건을 위반한 잘못이 있음도 고려되어야 할 것이다.

그렇다면 X노조로서는 A사가 근로조건을 위반한 잘못이 있다는 등의 사정을 들어 甲에 대한 해고에 반대하는 이유에 대해 논리적으로 설명하면서 해고에 동의할 수 없다고 하거나 혹은 해고보다 낮은 수준의 징계를 해야 한다는 등의 견해를 밝혔어야 할 것이다. 그러나 A사가 계속적인 대화를 요구했음에도 불구하고, X노조는 甲에 대한 해고를 무조건 반대만 하면서 일체 대화에 응하지 아니하였다는 점에 비추어 볼 때 이는 동의권을 남용한 것이라고 판단된다. 따라서 A사가 X노동조합과의 합의 없이 행한 해고는 그 효력이 인정된다고 할 것이다.

Ⅳ. 결론

A사는 단체협약상 해고합의조항을 위반하여 노조와의 합의 없이 甲을 해고하기는 했지만 A사의 계속적인 대화 요구에도 불구하고 X노조는 해고를 반대하는 이유에

9) 조용만 · 김홍영, 앞의 책, 249쪽.

10) 대법원 2007. 9. 6. 선고 2005두8788 판결.

대해 설명하지도 않고 무조건 해고에 반대하면서 일체 대화에 응하지 않았다는 사실관계에 비추어 볼 때 노조의 동의권 남용으로 인하여 합의를 거치지 못하게 된 사정이 있으므로 甲에 대한 해고는 유효하다고 보아야 할 것이다.

사례 2 근로계약상 위약 예정의 금지, 취업규칙의 불이익변경

[사례 2][11)]

근로자 甲은 상시근로자 수가 500명인 A회사에 2001년 1월에 근로계약기간의 정함이 없이 채용된 자로, 2006년 1월에 과장으로 승진한 후 A회사의 해외연수교육사업에 응모하여 2008년 7월 1일부터 2009년 6월 30일까지 1년간 미국에서 LLM프로그램(비교법 석사과정)을 이수하고 귀국하였다. 귀국 후 甲은 새롭게 접한 법학에 매력을 느껴 국내 법학전문대학원에 입학하기 위해 2009년 12월 31일 사직서를 제출하였다.

A회사의 종전 해외연수교육규정에는 '회사는 해외연수 교육기간 중에는 통상임금에 더하여 해외연수에 드는 비용 일체를 지급한다.'(제20조)고 규정하고 있었는데, A회사는 2008년 1월 1일 동 규정을 개정하면서 종전 규정을 제1항으로 하고, 제2항을 추가하여 '해외연수교육 대상자는 해외연수교육 이수 후 국내 귀임시 해외연수 교육기간에 해당하는 기간만큼 회사에 근무하여야 하며, 이를 위반한 때에는 통상임금을 제외한 연수비용 일체를 반환하여야 한다.'(제20조 제2항)는 내용을 추가하였다.

A회사는 2008년 1월 1일자 해외연수교육규정의 개정에 대하여 노동조합 가입대상 근로자 450명 가운데 280명이 가입되어 있던 노동조합의 동의를 얻어 동 규정을 변경하여 사내방송을 통해 널리 알리고, 이를 모든 근로자가 자유롭게 열람할 수 있는 장소에 항상 게시해 두었다.

〈질 문〉

1. 근로자 甲은 2008년 1월 1일자 개정 해외연수교육규정은 노동조합 가입대상이 아닌 자신의 동의를 얻지 않고 변경되었기 때문에 자신에게는 적용되지 않는다고 주장한다. 이러한 甲의 주장은 타당한가?

2. 근로자 甲은 설령 2008년 1월 1일자로 개정된 해외연수교육규정이 자신에게 적용된다고 하더라도 통상임금을 제외한 연수비용 일체를 반환하라고 하는 것은 근로기준법에 위반하여 무효라고 주장한다. 이러한 甲의 주장은 타당한가?

---

11) 2013년도 시행 제1회 법학전문대학원협의회 모의시험 제1문.

해설

〈질문 1〉 근로자 甲은 2008년 1월 1일자 개정 해외연수교육규정은 노동조합 가입대상이 아닌 자신의 동의를 얻지 않고 변경되었기 때문에 자신에게는 적용되지 않는다고 주장한다. 이러한 甲의 주장은 타당한가?

I. 논점의 정리

취업규칙을 근로자에게 불리하게 변경하는 경우에 해당 사업 또는 사업장에 근로자의 과반수로 조직된 노동조합이 있는 경우에는 그 노동조합, 근로자의 과반수로 조직된 노동조합이 없는 경우에는 근로자의 과반수의 동의를 받아야 한다(근기법 제94조 제1항).

만일 2008년의 해외연수교육규정 변경이 취업규칙 불이익변경에 해당된다면 근로기준법 제94조 제1항에 따라 근로자의 동의를 받아야 한다. 이 사안에서는 해외연수교육규정 변경 시 과반수 노조의 동의는 받았지만 노조 가입대상자가 아닌 甲의 동의는 받지 않았는데, 이 경우 과반수 노동조합의 동의 이외에 불이익변경의 대상이 되는 근로자의 개별적 동의도 받아야 하는지 여부가 문제된다. 따라서 이 사안을 해결하기 위해서는 해외연수교육규정이 취업규칙에 해당하는지 여부, 취업규칙 불이익변경의 의의, 취업규칙 불이익변경의 유효요건으로서의 근로자집단의 동의의 의미에 관하여 검토하여야 한다.

Ⅱ. 관련 법리

1. 취업규칙의 의의

취업규칙은 사용자가 다수 근로자에게 획일적으로 적용하기 위하여 근로조건에 관한 사항과 복무규율을 구체화하여 정한 문서를 말한다. 사규, 인사규정, 보수규정, 복무규정 등 다양한 명칭과 형태의 사내 규정이 취업규칙에 해당된다.[12)]

---

12) 임종률, 앞의 책, 349쪽.

2. 취업규칙 불이익변경의 의미

근기법 제94조 소정의 '취업규칙을 근로자에게 불리하게 변경하는 경우'라 함은 기존의 취업규칙 규정을 근로자에게 불리하게 변경하는 경우, 근로자에게 불리한 취업규칙의 규정을 신설하는 경우 등이 모두 포함된다. 예를 들어 대법원 판례 중에는 취업규칙에 정년규정이 없던 회사에서 55세 정년규정을 신설한 경우, 그 회사의 근로자들은 정년제 규정이 신설되기 이전에는 만 55세를 넘더라도 아무런 제한 없이 계속 근무할 수 있었으나, 정년제 규정의 신설로 인하여 만 55세에 정년퇴직을 하게 되었다면 정년제 규정의 신설은 근로자가 가지고 있는 기득의 권리나 이익을 박탈하는 것으로 취업규칙의 불이익변경에 해당한다고 판단한 사례가 있다.[13]

3. 취업규칙 불이익변경의 유효요건으로서의 근로자집단의 동의

취업규칙을 근로자에게 불리하게 변경하는 경우에 해당 사업 또는 사업장에 근로자의 과반수로 조직된 노동조합이 있는 경우에는 그 노동조합, 근로자의 과반수로 조직된 노동조합이 없는 경우에는 근로자의 과반수의 동의를 받아야 한다. 이는 기존의 취업규칙에서 정하고 있는 근로조건을 사용자가 일방적으로 저하시키는 것을 방지하려는 것이다.

판례에 따르면 취업규칙의 변경이 근로자가 가지고 있는 기득의 권리나 이익을 박탈하여 불이익한 근로조건을 부과하는 내용일 때에는 종전 근로조건 또는 취업규칙의 적용을 받고 있던 근로자의 집단적 의사결정방법에 의한 동의를 요한다.[14] 다만 판례는 취업규칙의 불이익변경에 해당하더라도 그 내용이 사회통념상 합리적인 경우에는 근로자의 동의를 받지 않아도 된다고 하고 있다.[15]

또한 판례에 따르면 종전 취업규칙의 적용을 받고 있던 근로자 과반수로 조직된 노동조합이 취업규칙의 변경에 동의하였다면 종전 취업규칙을 적용받고 있던 근로자들 중에서 노조가입자격이 없는 근로자에게도 그의 개별적 동의 여부에 관계없이 변

13) 대법원 1997. 5. 16. 선고 96다2507 판결.

14) 대법원 2008. 2. 29. 선고 2007다85997 판결 등.

15) 대법원 2004. 7. 22. 선고 2002다57362 판결 등.

경된 취업규칙이 적용된다.[16)]

취업규칙의 불이익변경에 대하여 근로자 집단의 동의를 받을 의무를 위반하는 경우 그 변경된 취업규칙은 무효가 된다. 개인적으로 불이익변경에 찬성한 근로자에게도 구속력은 없다. 반면 근로자 집단의 동의를 받았다면 이에 찬성하지 않은 개별 근로자에게도 구속력이 미친다.

Ⅲ. 사안의 해결

1. 해외연수교육규정이 취업규칙에 해당되는지 여부

이 사안에서 해외연수교육규정은 직원의 해외연수 교육기간 중 임금 및 비용 지급과 교육이수 종료 후 일정기간 동안의 근무의무 및 의무위반시의 제재에 대해 규정하고 있다. 따라서 직원들에게 적용되는 근로조건에 관한 사항과 복무규율을 정한 규정으로서 근로기준법 상 취업규칙에 해당된다.

2. 해외연수교육규정의 변경이 취업규칙의 불이익변경에 해당되는지 여부

이 사안에서 종전 해외연수교육규정에는 '회사는 해외연수 교육기간 중에는 통상임금에 더하여 해외연수에 드는 비용 일체를 지급한다.'라고만 규정하고 있었는데 2008년 1월 1일 동 규정을 개정하면서 '해외연수교육 대상자는 해외연수교육 이수 후 국내 귀임 시 해외연수 교육기간에 해당하는 기간만큼 회사에 근무하여야 하며, 이를 위반한 때에는 통상임금을 제외한 연수비용 일체를 반환하여야 한다.'는 내용을 신설하였다.

즉, 규정 개정 전에는 해외연수교육 이수 후에 일정기간 회사에 근무해야 할 의무규정이나 근무의무 위반 시 연수비용 반환 등의 제재 규정이 없었는데 규정 개정을 통해 근무의무 및 의무 위반 시 제재 규정 등 근로자들에게 불리한 내용이 신설되었

16) 대법원 2008. 2. 29. 선고 2007다85997 판결.

다고 할 수 있다. 앞서 살펴본 판례에 따르면 근로자에게 불리한 내용의 규정을 신설하는 경우도 취업규칙의 불이익변경에 해당된다. 따라서 이 사안에서 문제된 해외연수교육규정의 변경은 취업규칙의 불이익변경에 해당된다.

3. 근로자 甲의 동의를 받아야 하는지 여부

규정 개정이 취업규칙 불이익변경에 해당된다면 근로기준법 제94조 제1항 소정의 근로자집단의 동의를 받아야 그 효력이 인정된다. 이 사안에서는 근로자 450명 가운데 280명이 가입되어 있는 노조, 즉, 과반수노조의 동의를 받았다. 그런데 근로자 甲은 자신이 노동조합 가입대상이 아니기 때문에 자신의 동의를 얻지 않은 동 규정이 자신에게는 적용되지 않는다고 주장하고 있다.

그러나 앞서 살펴본 판례의 입장에 따라 해석하면 기존 해외연수교육규정의 적용을 받고 있던 근로자 집단의 과반수로 조직된 노동조합이 동의하였다면 노조가입자격이 없는 근로자 甲이 개별적으로 반대하였는지 여부에 관계없이 甲에게도 당연히 개정된 해외연수교육규정이 적용되어야 한다.

즉, 과반수 노동조합의 동의를 얻어 변경된 해외연수교육규정의 개정은 근로자집단의 유효한 동의를 받은 것으로서 그 효력이 인정되고, 개정에 찬성하지 않은 비조합원, 노조가입자격이 없는 근로자 등 개별 근로자에게도 구속력이 미친다. 따라서 근로자 甲의 동의를 별도로 받지 않았다 하더라도 甲에게는 변경된 해외연수교육규정의 효력이 미친다고 할 것이다.

Ⅳ. 결론

근로자 집단의 과반수로 조직된 노동조합이 동의하였다면 노조가입자격이 없는 근로자 甲의 개별적 반대와 관계없이 甲에게도 개정된 해외연수교육규정이 적용된다. 따라서 기존 해외연수교육규정의 적용을 받던 근로자 과반수로 조직된 노조의 동의를 받았음에도 불구하고 노조 가입대상이 아닌 자신의 동의를 얻지 않았다는 이유로 해외연수교육규정의 변경이 자신에게는 적용되지 않는다고 하는 甲의 주장은 타당하지 못하다.

〈질문 2〉 근로자 甲은 설령 2008년 1월 1일자로 개정된 해외연수교육규정이 자신에게 적용된다고 하더라도 통상임금을 제외한 연수비용 일체를 반환하라고 하는 것은 근로기준법에 위반하여 무효라고 주장한다. 이러한 甲의 주장은 타당한가?

I. 논점의 정리

사용자는 근로계약 불이행에 대한 위약금 또는 손해배상액을 예정하는 계약을 체결하지 못한다(근기법 제20조). 즉, 근로기준법은 위약금 예정을 금지하고 있다. 그런데 이 사안에서의 해외연수교육규정에 따르면 해외연수교육 이수 후에 일정근무기간을 근무하지 않으면 통상임금을 제외한 해외연수교육비용 일체를 반환하도록 하고 있다. 이러한 규정의 내용이 근로기준법상 금지되는 위약금예정 금지에 위반되는 것인지 여부를 검토하여야 한다.

Ⅱ. 관련 법리

1. 위약금 예정의 금지

사용자는 근로계약 불이행에 대한 위약금 또는 손해배상액을 예정하는 계약을 체결하지 못한다. 판례에 따르면 근로자가 일정 기간 동안 근무하기로 하면서 이를 위반할 경우 소정 금원을 사용자에게 지급하기로 약정하는 경우 그 약정이 미리 정한 근무기간 이전에 퇴직하였다는 이유로 마땅히 근로자에게 지급되어야 할 임금을 반환하기로 하는 취지라면 이러한 약정은 효력이 인정되지 않는다.[17]

17) 대법원 2008. 10. 23. 선고 2006다37274 판결.

2. 근로자의 일정기간 근무의무 및 위반 시 연수비용 상환 약정을 하는 경우

일반적으로 기업체에서 비용을 부담, 지출하여 직원을 해외에 파견하여 교육훈련을 시키는 목적은 교육훈련을 마치고 돌아온 직원이 습득한 지식과 기능을 기업체를 위하여 활용하고자 함에 있고 이를 위하여 일정 기간 근무하게 할 필요가 있다고 할 수 있다. 판례는 이러한 관점에 입각하여 기업체에서 비용을 부담 지출하여 직원을 해외에 파견하여 교육을 시키고 이를 이수한 직원이 교육 수료일자로부터 일정한 의무재직기간 이상 근무하지 아니할 때에는 기업체가 부담한 해당 교육비용의 전부 또는 일부를 상환하도록 하되 위 의무재직기간 동안 근무하는 경우에는 이를 면제하기로 한 기업체의 교육훈련규정은 근기법상 금지된 위약금예정의 약정은 아니라고 하고 있다.[18)]

또한 판례에 따르면 그러한 약정이 사용자가 근로자의 교육훈련 또는 연수를 위한 비용을 우선 지출하고 근로자는 실제 지출된 비용의 전부 또는 일부를 상환하는 의무를 부담하기로 하되 장차 일정 기간 동안 근무하는 경우에는 그 상환의무를 면제해 주기로 하는 취지인 경우에는, 그러한 약정의 필요성이 인정된다. 이때 주로 사용자의 업무상 필요와 이익을 위하여 원래 사용자가 부담하여야 할 성질의 비용을 지출한 것에 불과한 정도가 아니라 근로자의 자발적 희망과 이익까지 고려하여 근로자가 전적으로 또는 공동으로 부담하여야 할 비용을 사용자가 대신 지출한 것으로 평가되며, 약정 근무기간 및 상환해야 할 비용이 합리적이고 타당한 범위 내에서 정해져 있는 등 위와 같은 약정으로 인하여 근로자의 의사에 반하는 계속 근로를 부당하게 강제하는 것으로 평가되지 않는다면, 그러한 약정까지 근로기준법에 반하는 것은 아니다. 즉, 교육비용의 전부 또는 일부를 근로자로 하여금 상환하도록 한 부분은 근기법에서 금지하는 위약예정이 아니기 때문에 사용자는 근로자에게 그 반환을 청구할 수 있는 것이다.[19)]

---

18) 대법원 1992. 2. 25. 선고 91다26232 판결.

19) 대법원 2008. 10. 23. 선고 2006다37274 판결.

Ⅲ. 사안의 해결

이 사안에서 문제된 해외연수교육규정에서는 교육 후에 교육기간에 해당되는 기간만큼 근무하도록 하면서(즉 甲의 경우는 1년) 이를 위반한 경우 교육기간 동안 지급된 통상임금은 제외하고, 연수비용만 반환하도록 하고 있다. 앞서 관련 법리에서 살펴본 판례에 따르면 이러한 내용의 규정은 근기법상 금지되는 위약금예정에 해당된다고 보기 어렵다. 더욱이 甲은 미국에서 LLM프로그램을 이수하고 귀국한 후 새롭게 접한 법학에 매력을 느껴 국내 법학전문대학원에 입학하기 위해 퇴직하였다는 사실관계에 비추어 볼 때 A회사가 甲에게 연수기간 동안 연수비용을 지급한 것은 단지 사용자의 업무상 필요와 이익을 위하여 원래 사용자가 부담하여야 할 성질의 비용을 지출한 것이라기보다는 甲의 자발적 희망과 이익을 고려하여 甲이 전부 또는 일부를 부담하여야 할 비용을 사용자가 대신 지출한 것으로 평가할 만 하다.

따라서 이 사안에서 A회사가 해외연수교육규정에서 정하고 있는 연수 이후 근무기간 및 상환해야 할 비용은 합리적이고 타당한 범위 내에서 정해져 있는 것으로서 위약예정에 위반되지 않는다고 볼 수 있고, A회사는 甲에게 통상임금을 제외한 연수비용 일체를 반환하라고 요구할 수 있다.

Ⅳ. 결론

이 사안에서 A회사가 해외연수교육규정에서 정하고 있는 연수 이후 근무기간 및 상환해야 할 비용은 합리적이고 타당한 범위 내에서 정해져 있는 것으로 판단되기 때문에 A회사가 해외연수 이후 의무 근무기간 도중에 퇴직한 甲에게 통상임금을 제외한 연수비용 일체를 반환하도록 하는 것은 근기법상 금지되는 위약예정에 해당되지 않는다. 따라서 근기법에 위반하여 무효라고 하는 甲의 주장은 타당하지 못하다.

사례 3 취업규칙 불이익변경의 의미, 동의 없이 불리하게 변경된 취업규칙의 적용 범위

[사례 3][20)]

A회사는 상시 100명의 직원(근로자)을 사용하여 교육서비스업을 영위하는 주식회사이다. 甲은 1985. 1. 1.에 5급 사무직 직원으로, 乙은 2008. 7. 1.에 2급 관리직 직원으로 A회사에 각각 입사하여 근무하고 있었다.

A회사는 직급별로 이원화되어 있던 정년을 일원화하기로 하고 2007. 12. 1. 자로 인사규정 중 정년조항(제10조)을 아래의표와 같이 개정 · 시행하여 현재에 이르고 있다.

개정 전	개정 후
제10조(정년) ① 관리직(1급, 2급) 직원의 정년은 60세로 한다. ② 사무직(3급, 4급, 5급) 직원의 정년은 53세로 한다.	제10조(정년) ① 모든 직원(1급부터 5급까지)의 정년은 56세로 한다. 해당 직원의 근로관계는 56세가 되는 해의 12월 31일에 종료한다. ② 제1항의 규정에도 불구하고 관리직(1급, 2급) 직원 중 회사에 공헌이 큰 자의 정년은 60세까지 연장할 수 있다.

A회사는 인사규정 개정에 앞서 2007. 11. 15.부터 같은 달 26.까지 위의 정년조항 개정 내용을 기재한 문서를 모든 직원에게 회람시킨 후, 이에 동의하는 직원은 회사가 나누어준 '인사규정 개정 동의서'에 서명하여 소속 부서장에게 제출하도록 하였다. 그 결과 관리직 직원(20명)과 사무직 직원(80명) 모두가 동의서를 작성 · 제출하였다. 인사규정 개정 당시 A회사 직원 중 노동조합에 가입한 자는 없었다.

2011년 4월과 5월에 각각 56세가 된 甲과 乙은 2011. 11. 1.에 A회사로부터 "귀하와 우리 회사와의 근로관계는 인사규정 제10조 제1항에 따라 2011. 12. 31. 자로 종료됩니다."라는 취지의 통지서를 받았다. 2011. 11. 1. 당시 甲과 乙은 모두 1급 관리직 직원이었다.

〈질 문〉

1. A회사는 "2007. 12. 1. 자 정년조항의 개정은 '취업규칙의 불이익변경'에 해당하지 않는

20) 2012년도 시행 제1회 변호사시험 제1문.

다."라고 주장한다. 이 주장이 정당한지 논하시오.

2. 만약 2007. 12. 1. 자 정년조항의 개정이 '취업규칙의 불이익변경'에 해당한다면, 甲과 乙이 정년에 도달하는 연령이 언제인지 근거를 들어 논하시오.

해설

〈질문 1〉 A회사는 "2007. 12. 1. 자 정년조항의 개정은 '취업규칙의 불이익변경'에 해당하지 않는다."라고 주장한다. 이 주장이 정당한지 논하시오.

I. 논점의 정리

근로기준법 제94조 제1항에 따르면 취업규칙을 근로자에게 불리하게 변경하는 경우에는 해당 사업 또는 사업장에 근로자의 과반수로 조직된 노동조합이 있는 경우에는 그 노동조합, 근로자의 과반수로 조직된 노동조합이 없는 경우에는 근로자의 과반수의 동의를 받아야 한다. 따라서 취업규칙의 변경이 이루어지는 경우 근로기준법 소정의 근로자집단의 동의를 요하는 불리한 변경에 해당되는지 여부에 관한 판단이 필요하다.

이 사안에서는 2007. 12. 1.자 정년조항 개정에 따라 사무직 직원의 경우 53세에서 56세로 정년이 연장된 반면 관리직 직원의 경우 60세에서 56세로 정년이 단축되었다. 이와 같이 일부 직원들에 대해서는 정년이 연장되어 유리한 변경이 이루어진 반면, 일부 직원들에 대해서는 정년이 단축되어 불리한 변경이 이루어진 경우 이는 취업규칙의 불이익변경에 해당되는지 여부에 대하여 검토하여야 한다.

Ⅱ. 관련 법리

1. 취업규칙의 의의

취업규칙은 사용자가 다수 근로자에게 획일적으로 적용하기 위하여 근로조건에 관한 사항과 복무규율을 구체화하여 정한 문서를 말한다. 사규, 인사규정, 보수규정, 복무규정 등 다양한 명칭과 형태의 사내 규정이 취업규칙에 해당된다.[21)]

2. 취업규칙의 변경이 일부 근로자에게는 유리하고 일부 근로자에게는 불리한 경우

판례에 따르면 취업규칙의 변경이 일부의 근로자에게는 유리하고 일부의 근로자에게는 불리한 경우, 그러한 변경에 근로자집단의 동의를 요하는지를 판단하는 것은 근로자 전체에 대하여 획일적으로 결정되어야 할 것이고, 또 이러한 경우 취업규칙의 변경이 근로자에게 전체적으로 유리한지 불리한지를 객관적으로 평가하기가 어려우며, 같은 개정에 의하여 근로자 상호간의 이, 불리에 따른 이익이 충돌되는 경우에는 그러한 변경은 근로자에게 불이익한 것으로 취급하여 근로자들 전체의 의사에 따라 결정하게 하는 것이 타당하다고 하고 있다.[22)]

Ⅲ. 사안의 해결

이 사안에서 문제되는 인사규정상의 정년에 관한 조항은 1급부터 5급까지의 전 직원에 대하여 적용되는 규정으로서 취업규칙에 해당된다.

또한 개정된 인사규정은 개정 전 인사규정과 비교해 볼 때 관리직(1급, 2급)직원의 정년은 기존에 60세였으나 이를 56세로 단축하되 다만 회사에 공헌이 큰 자에 한해서만 60세로 연장할 수 있도록 하고 있기 때문에 불리한 변경에 해당된다고 할 수 있다. 반면 사무직(3급, 4급, 5급) 직원의 정년은 기존의 53세에서 56세로 연장되어 유리

---

21) 임종률, 앞의 책, 349쪽.

22) 대법원 1993. 5. 14. 선고 93다1893 판결.

하게 변경되었다. 즉, 이 사안의 취업규칙 변경은 관리직 직원에게는 유리하고 사무직 직원에게는 불리하여 취업규칙의 변경이 근로자에게 전체적으로 유리한지 불리한지를 객관적으로 평가하기 어려우며 근로자 상호간의 유리함과 불리함에 따른 이익이 충돌되는 경우라고 할 수 있다.

따라서 앞서 살펴본 판례의 입장에 따르면 이러한 경우 취업규칙의 변경은 근로자에게 불이익한 변경에 해당된다.

Ⅳ. 결론

이 사안에서 인사규정상의 정년조항의 변경은 관리직 직원에게는 불리하고 사무직 직원에게는 유리한 변경인바, 판례의 입장에 따르면 이러한 경우에는 취업규칙의 불이익변경에 해당된다. 따라서 취업규칙의 불이익변경에 해당되지 않는다는 A회사의 주장은 정당하지 못하다.

〈질문 2〉 만약 2007. 12. 1. 자 정년조항의 개정이 '취업규칙의 불이익변경'에 해당한다면, 甲과 乙이 정년에 도달하는 연령이 언제인지 근거를 들어 논하시오.

I. 논점의 정리

질문 1에서 살펴본 바와 같이 이 사안의 정년조항의 개정은 취업규칙의 불이익변경에 해당된다. 따라서 근기법 제94조 제1항 소정의 근로자의 동의가 있어야 그 효력이 인정될 수 있다.

첫째, 이 사안에서 A사는 정년조항 개정에 앞서 개정 내용을 모든 직원들에게 회람시킨 후, 회사가 나누어준 '인사규정 개정 동의서'에 서명하여 소속 부서장에게 제출하도록 하여 전체 직원들로부터 동의서를 받았다. 이러한 방식으로 동의를 받은 것이 근기법 제94조 제1항 소정의 근로자의 집단적 동의에 해당되는지 여부가 문제된다.

둘째, 이 사안에서 甲과 乙은 모두 1급 관리직 직원이기는 하지만 甲은 정년조항의 변경이 이루어지기 이전에 입사한 직원이고, 乙은 정년조항의 변경이 이루어진 이후에 입사한 직원이라는 점에서 차이가 있다. 만일 정년조항의 변경이 근로자의 유효한 집단적 동의를 통해 이루어졌다면 당해 조항은 효력이 인정되고, 따라서 甲과 乙 모두 변경된 조항의 적용을 받게 된다. 반면, 정년조항의 변경에 대한 근로자의 집단적 동의의 효력이 인정되지 않는 경우 변경된 정년조항은 무효가 되어 甲과 乙에게 모두 변경 전 정년조항이 적용되는 것인지 문제된다. 이러한 문제와 관련하여서는 乙이 정년조항 변경 이후에 입사한 직원이라는 점을 고려하여 乙에 대해서 변경 전 조항과 변경 후 조항 중 어느 것이 적용되는지 여부를 검토해야 한다.

요컨대, 이 사안에서는 첫째, 취업규칙 불이익변경을 위한 근로자의 동의의 방식과 관련하여 효력 유무가 검토되어야 하고, 둘째, 변경된 취업규칙의 효력이 인정되지 않는 경우 취업규칙 변경 이후 입사한 자에게 변경된 취업규칙이 적용되는지, 변경 전 취업규칙이 적용되는지 여부를 검토해야 한다. 이러한 검토를 통해 甲과 乙의 정년 연령이 언제인지를 판단할 수 있다.

Ⅱ. 관련 법리

1. 취업규칙 불이익변경에 있어 유효한 근로자 동의의 방식

근기법 제94조 제1항에 따르면 취업규칙을 근로자에게 불리하게 변경하는 경우에 해당 사업 또는 사업장에 근로자의 과반수로 조직된 노동조합이 있는 경우에는 그 노동조합, 근로자의 과반수로 조직된 노동조합이 없는 경우에는 근로자의 과반수의 동의를 받아야 한다.

판례에 따르면 취업규칙의 작성 · 변경이 근로자가 가지고 있는 기득의 권리나 이익을 박탈하여 불이익한 근로조건을 부과하는 내용일 때에는 종전 근로조건 또는 취업규칙의 적용을 받고 있던 근로자의 집단적 의사결정방법에 의한 동의, 즉 당해 사업장에 근로자의 과반수로 조직된 노동조합이 있는 경우에는 노동조합, 근로자의 과반수로 조직된 노동조합이 없는 경우에는 근로자의 과반수의 동의를 요한다.[23)]

---

23) 대법원 2008. 2. 29. 선고 2007다85997 판결 등 다수.

또한 판례에 따르면 과반수 노동조합이 없는 경우에는 근로자들의 회의방식에 의한 과반수 동의가 이루어져야 한다. 예를 들어 사업 또는 사업장의 기구별 또는 단위 부서별로 사용자측의 개입이나 간섭이 배제된 상태에서 근로자 상호 의견 교환 및 찬반의견을 집약한 후 취합하는 방식은 유효한 동의로 허용된다. 이 경우, 사용자측 개입이나 간섭이라 함은 근로자들의 자율적 · 집단적 의사결정을 저해하는 명시적 · 묵시적인 방법으로 동의를 강요하는 경우를 의미하는데 다만 사용자측이 변경될 취업규칙 내용을 설명 · 홍보하는 경우는 부당한 개입 · 간섭에 해당되지 않는다고 한다. 반면 개별적인 회람과 서명을 통해서 근로자 과반수의 찬성을 받은 것은 근로자 집단의 동의를 받은 것으로 볼 수 없다.[24]

한편 판례는 취업규칙의 불이익변경에 해당하더라도 그 내용이 사회통념상 합리적인 경우에는 근로자의 동의를 받지 않아도 된다고 하고 있다.[25] 즉, 취업규칙의 변경이 근로자의 집단적 동의 없이 이루어졌다 하더라도 당해 조항의 법적 규범성을 시인할 수 있을 정도로 사회통념상 합리성이 있다고 인정되면 근로자의 집단적 동의가 없다는 이유만으로 취업규칙의 적용을 부정할 수는 없다. 사회통념상 합리성 유무는 취업규칙의 변경에 따라 근로자가 입게 될 불이익의 정도, 사용자측의 변경 필요성의 내용과 정도, 변경 후의 취업규칙 내용의 상당성, 대상조치 등을 포함한 다른 근로조건의 개선 상황, 노동조합 등과의 교섭 경위 및 노동조합이나 다른 근로자의 대응, 같은 종류의 사항에 관한 국내의 일반적인 상황 등을 종합적으로 고려하여 판단해야 한다. 단, 사회통념상 합리성에 의해 근로자의 동의없는 변경을 인정하는 것은 취업규칙 불이익 변경 시 동의를 받도록 한 근로기준법을 사실상 배제하는 것이므로 제한적으로 엄격하게 해석해야 한다. 실제 판례에서 근로자의 동의를 받지 않아도 될 정도의 사회통념상 합리성이 있다고 인정된 사례는 많지 않다.

2. 취업규칙이 근로자 집단의 유효한 동의 없이 불리하게 변경된 이후에 입사한 근로자에게 적용되는 취업규칙

사용자가 취업규칙의 불이익변경에 대하여 근로기준법 소정의 근로자 집단의 동

24) 대법원 2010. 1. 28. 선고 2009다32362 판결.
25) 대법원 2004. 7. 22. 선고 2002다57362 판결 등 다수.

의를 받아야 할 의무를 위반하는 경우 그 변경된 취업규칙은 무효가 된다. 단, 근로자 집단의 동의를 받지 않고 불리하게 변경된 취업규칙이 변경 이후 입사자에게도 무효가 되는지 여부에 대해서는 견해의 대립이 있다.

먼저, 과거 판례[26)]와 대법원 전원합의체 판결의 소수의견에 따르면 취업규칙은 그 자체가 법규범으로서 그 효력발생요건을 결한 이상 변경 후 입사자에 대해서도 무효로 보아야 한다고 해석한다(절대적 무효설). 절대적 무효설에 따르면 취업규칙은 그 자체가 법규범으로서 그 효력발생요건을 결한 이상 변경 후 입사자에 대해서도 무효로 보아야 하며 그렇지 않으면 종전 근로자와 변경 후 입사자의 근로조건이 달라짐으로써 취업규칙의 근로조건 획일화의 기능이 상실된다는 문제가 있다고 한다.

반면, 대법원전원합의체판결[27)] 다수의견에 따르면 사용자가 취업규칙에서 정한 근로조건을 근로자에게 불리하게 변경함에 있어서 근로자의 동의를 얻지 않은 경우에 그 변경으로 기득이익이 침해되는 기존의 근로자에 대한 관계에서는 변경의 효력이 미치지 않게 되어 종전 취업규칙의 효력이 그대로 유지되지만, 변경 후에 변경된 취업규칙에 따른 근로조건을 수용하고 근로관계를 갖게 된 근로자에 대한 관계에서는 당연히 변경된 취업규칙이 적용되어야 한다고 본다. 기득이익의 침해라는 효력배제 사유가 없는 변경 후의 취업근로자에 대해서까지 변경의 효력을 부인하여 종전 취업규칙이 적용되어야 한다고 볼 근거가 없다고 판단한 것이다(상대적 무효설). 즉, 상대적 무효설에 따르면 취업규칙 변경 이후 입사자는 근로자의 유효한 동의 없이 변경된 취업규칙이라 하더라도 당해 취업규칙의 적용을 받게 된다. 상대적 무효설에 따르면 변경된 취업규칙만이 현행 취업규칙이지만 기득이익 침해 문제로 그 효력이 종전 근로자에게 미치지 않을 뿐 이 때문에 신 · 구 취업규칙이 병존한다고 볼 수는 없다고 한다. 이로 인하여 취업규칙의 근로조건 획일화의 기능이 상실되는 것은 아니며 경영상 사정 변화에 대응하여 부득이 불리하게 변경한 취업규칙을 신규채용자에게 적용하는 것은 계약자유의 원칙에 합치된다는 것이다. 대법원 전원합의체 판결이 내려진 이후의 판례들은 대법원 전원합의체 판결의 다수입장을 따르고 있다.[28)]

---

26) 대법원 1992. 12. 22. 선고 91다 45165 전원합의체 판결이 나오기 이전에 내려진 판결들이다(대법원 1990. 4. 27. 선고 89다카7754 판결; 대법원 1990. 7. 10. 선고 89다카31443 판결 등).

27) 대법원 1992. 12. 22. 선고 91다 45165 전원합의체 판결.

28) 대법원 1993. 1. 15. 선고 92다39778 판결, 대법원 1996. 4. 26. 선고 94다30638 판결 등 다수. 학설도 대체적으로 이 입장에 찬성하고 있다(김형배, 앞의 책, 311~312쪽; 임종률, 앞의 책, 360쪽 등).

Ⅲ. 사안의 해결

1. 근로자 동의의 유효성 여부

이 사안에서는 노동조합에 가입한 직원이 없기 때문에 근로자들의 회의방식에 의한 과반수 동의가 이루어졌는지 여부를 검토해야 한다. A회사는 정년조항 개정 내용을 기재한 문서를 직원들에게 회람시킨 후 회사가 나누어준 동의서에 서명하여 부서장에게 제출하도록 하였고, 이에 따라 100명의 직원 전원이 모두 동의서를 제출하였다. 판례에 따르면 이러한 개별 회람 및 동의서 제출 방식은 유효한 집단적 동의로 인정되기 어렵다.

이 사안에서는 근로자의 자유로운 의견 교환이 이루어졌다는 정황이 전혀 제시되고 있지 않고, 특히 한명도 반대나 포기의사를 밝히지 않았다는 점에 비추어 볼 때 취업규칙의 불이익 변경을 위한 유효한 동의가 있었다고 볼 수 없다. 또한, 근로자의 집단적 동의 없이 이루어졌다 하더라도 당해 조항의 법적 규범성을 시인할 수 있을 정도로 사회통념상 합리성이 인정된다고 판단할 만한 다른 정황도 제시되고 있지 않다. 따라서 본 사안에서 문제된 인사규정의 개정은 유효한 근로자 집단의 동의가 없는 취업규칙의 불이익변경에 해당된다.

한편 이 사안에서 직접적인 쟁점이 되지는 않았지만 A회사에는 노동조합에 가입한 직원이 없고 근로자 전체가 동일한 인사규정의 적용을 받고 있기 때문에 관리직 직원에게만 불리한 변경이 이루어진다 하더라도 근로자 과반수의 동의는 전체 근로자 100명중 과반수의 동의를 의미한다. 하나의 근로자 집단에 대하여 적용되어 오던 취업규칙의 개정으로 인하여 일부 근로자들에게 불이익 변경이 이루어진 경우에 해당되기 때문이다.

2. 甲과 乙이 정년에 도달하는 연령

이 사안에서 甲은 1985.1.1. 입사자로서 인사규정상 정년조항이 변경되기 이전, 즉, 취업규칙이 불리하게 변경되기 이전에 입사하였다. 반면 乙은 정년조항이 불리하게 변경된 이후에 입사하였다. 따라서 甲에 대해서는 개정 전 정년조항이 적용되므로

甲의 정년은 60세가 된다. 반면 乙에 대해서는 개정 전 정년조항이 적용되어야 하는지, 개정 후 정년조항이 적용되어야 하는지 해석상 다툼이 있으나 대법원 전원합의체 판결의 다수의견 및 이후의 판례들의 입장에 따라 해석한다면 정년조항이 변경된 이후에 입사한 乙에 대해서는 변경 후 조항, 즉, 개정된 인사규정상의 정년조항을 적용하여 乙의 정년은 56세가 된다.

Ⅳ. 결론

이 사안에서 문제된 인사규정의 개정은 동의 방식에 있어 유효한 집단적 동의로 볼 수 없기 때문에 근로자의 유효한 동의 없이 이루어진 취업규칙의 불이익변경에 해당되어 개정된 인사규정은 효력이 없다. 이 경우 인사규정 개정 전에 입사한 甲은 개정 전 인사규정에 따라 60세에 정년에 도달하게 된다. 반면 유효한 동의 없이 취업규칙이 변경된 이후에 입사한 근로자에게는 변경된 취업규칙이 적용된다는 판례의 입장에 따르면 인사규정 개정 후에 입사한 乙은 개정 후 인사규정에 따라 56세에 정년에 도달하게 된다.

사례 4 연차유급휴가 부여를 위한 출근율 계산, 평균임금 산정 방식

[사례 4][29)]

근로자 甲은 2004. 7. 1. A회사에 영업직 사원으로 입사하여 근무하던 중, 2012. 7. 1.부터 7. 15.까지 15일간 불법파업을 주도하였고, 이 사실로 인해 같은 해 9. 15.부터 11. 14.까지 2개월간 정직 처분을 받았다. 2013년도 연차휴가와 관련하여, A회사는 "8할 이상 출근한 사원에게는 15일의 연차유급휴가를 준다."라는 취업규칙 제20조 제1항 및 "제1항의 출근율 계산에서 결근, 휴직 또는 정직 등 근로자 본인의 귀책사유로 근무하지 못한 날은 결근으로 본다."라는 같은 조 제6항에 따라 정직 기간을 결근으로 처리하였다.

한편, 근로자 甲은 2013. 8. 15. 간통죄로 구속 수감되자[30)] 그 때부터 같은 해 9. 14.까지는 무급휴가를 신청하고, 같은 해 9. 15.부터는 휴직을 하였다가 2014. 1. 15. 퇴직하였다. A회사의 취업규칙 제30조 제1항에서는 영업직 사원의 퇴직금에 대하여 "퇴직금은 평균 월급여에 근속년수를 곱한 금액으로 산출하되, 평균 월급여는 퇴직 전 3개월간 지급된 월급여를 3등분한 금액으로 산정한다."라고 규정하고 있다. 또한, 같은 조 제2항에서는 "영업직 사원의 월급여는 정액의 기본급여(150만원)와 영업실적에 따라 지급되는 능률급여로 구성된다."라고 규정하고 있다. 근로자 甲은 2013. 8. 15. 이전에는 통상적으로 매월 350~400만원의 월급여를 지급받았고 그 중 200~250만원은 능률급여였다. 그러나 근로자 甲은 2013. 8. 15. 이후에는 영업실적이 없었기 때문에 능률급여를 전혀 받지 못하였다. A회사는 근로자 甲의 퇴직금을 산정함에 있어 평균 월급여를 150만원으로 계산하였다.

〈질 문〉

1. A회사가 2013년도 연차휴가와 관련하여 근로자 甲의 정직기간을 결근으로 처리한 것은 「근로기준법」상 타당한가?

2. A회사가 근로자 甲의 퇴직금을 산정함에 있어 능률급여를 제외하고 기본급여(150만원)만으로 계산한 것은 노동법적으로 타당한가?

---

29) 2014년도 시행 제2회 법학전문대학원협의회 모의시험 제1문.

30) 이 문제는 헌법재판소 2015. 2. 26. 2009헌바17 등 결정에 의해 형법 제241조 소정의 간통죄가 위헌으로 결정되기 이전에 작성되어 시행된 시험 문제인데 문제를 변경하지 않고 그대로 인용하였다.

해설

〈질문 1〉 A회사가 2013년도 연차휴가와 관련하여 근로자 甲의 정직기간을 결근으로 처리한 것은 「근로기준법」상 타당한가?

Ⅰ. 논점 정리

근기법 제60조 제1항에 따르면 사용자는 1년간 80퍼센트 이상 출근한 근로자에게 15일의 유급휴가를 주어야 한다. 또한 동조 제6항에 따르면 연차유급휴가 부여를 위한 출근율 계산과 관련하여 근로자가 업무상의 부상 또는 질병으로 휴업한 기간 및 임신 중의 여성이 근기법 제74조 제1항부터 제3항까지의 규정에 따른 출산전후휴가, 유산휴가 및 사산휴가로 휴업한 기간은 출근한 것으로 간주된다.

이 사안에서 甲은 불법파업 주도로 인하여 2개월의 정직처분을 받았고 연차유급휴가와 관련하여 취업규칙 규정에 따라 위 정직기간은 결근으로 처리되었는바, 이와 같이 연차유급휴가 부여를 위한 출근율 계산 시 정직기간의 결근 처리에 관하여 규정하고 있는 A회사 취업규칙 제20조 제6항에 근거한 결근처리가 근로기준법 제60조에 따라 법적으로 유효하게 인정될 수 있는지 여부가 문제된다.

Ⅱ. 관련 법리

1. 근기법상 연차유급휴가 제도의 의의

사용자는 1년간 80퍼센트 이상 출근한 근로자에게 15일의 유급휴가를 주어야 한다(근기법 제60조 제1항). 판례에 따르면 근기법상 연차유급휴가제도는 근로자에게 일정기간 근로의무를 면제함으로써 정신적·육체적 휴양의 기회를 제공하고 문화적 생활의 향상을 기하려는 데 그 의의가 있다.[31)]

31) 대법원 2008. 10. 9. 선고 2008다41666 판결.

2. 연차유급휴가 부여를 위한 출근율 계산 시 정직기간의 처리

연차유급휴가 부여를 위하여 출근율을 계산하는 경우, 근기법 제60조 제6항에 따르면 근로자가 업무상 재해로 휴업한 기간, 임신 중의 여성이 출산전후휴가, 유산 · 사산휴가로 휴업한 기간은 출근한 것으로 간주하고 있으나 그 밖의 사유로 근로자가 출근하지 아니한 기간에 대해서는 어떻게 처리할 것인지에 관하여 법으로 정한 바가 없다. 즉, 정직으로 인하여 출근하지 아니한 기간을 연차유급휴가 부여의 기초가 되는 출근일수에 포함시킬 것인지 여부에 대해서 법에서 규정하고 있는 내용은 없다.

판례에 따르면 정직이나 직위해제 등의 징계를 받은 근로자는 징계기간 중 근로자의 신분을 보유하면서도 근로의무가 면제되므로 사용자는 취업규칙에서 근로자의 정직 또는 직위해제 기간을 소정 근로일수에 포함시키되 그 기간 중 근로의무가 면제되었다는 점을 참작하여 연차유급휴가 부여에 필요한 출근일수에 포함하지 않는 것으로 규정할 수 있고 이러한 취업규칙 규정이 근로기준법 제60조에 반하여 근로자에게 불리한 것이라고 보기는 어렵다고 한다. 즉, 연차유급휴가기간을 산정함에 있어서 취업규칙 규정에 따라 정직 및 직위해제 기간을 출근일수에 산입하지 아니한 것은 부당하지 않다고 본 것이다.[32)]

다만, 위와 같은 판례의 입장에 대해서는 근로자가 스스로 무단결근한 경우와 징계처분으로 인하여 출근할 수 없었던 경우를 동일하게 결근으로 취급할 수 있는 것인지가 문제될 수 있고, 근로자가 징계사유에 대해서 이미 정직이라는 징계처분을 받았음에도 불구하고 다시 연차유급휴가상의 불이익처분을 받는 것은 이중의 불이익처분에 해당되는 것은 아닌지 등에 대한 비판이 제기될 수 있다.[33)]

---

32) 대법원 2008. 10. 9. 선고 2008다41666 판결. 한편 판례에 따르면 근로자가 부당해고로 출근하지 못한 기간은 출근한 것으로 본다(대법원 2014. 3. 13. 선고 2011다95519 판결).

33) 하갑래, 앞의 책, 341쪽에 따르면 연차유급휴가 부여를 위한 출근율 계산 시 징계성 정직이나 직위해제기간에 대해 판례의 입장과 같이 해석하는 경우, 근로자로서는 징계를 받은 상태에서 다시 불이익을 받게 되고, 근로자의 의사와 관계없이 사용자가 근로제공의무를 부여하지 않았으므로 출근율을 계산할 때 소정근로일에서 제외하는 것이 타당해 보인다고 하고 있다.

Ⅲ. 사안의 해결

A회사는 "8할 이상 출근한 사원에게는 15일의 연차유급휴가를 준다."라는 취업규칙 제20조 제1항 및 "제1항의 출근율 계산에서 결근, 휴직 또는 정직 등 근로자 본인의 귀책사유로 근무하지 못한 날은 결근으로 본다."라는 같은 조 제6항에 따라 불법파업 주도로 인한 甲의 2개월 정직기간을 결근으로 처리하였다. 즉, A회사는 취업규칙상 근거규정에 따라 정직기간을 결근으로 처리한 것이다.

이 경우 앞서 살펴본 대법원 판례의 입장에 따라 해석한다면 결근, 휴직 또는 정직 등 근로자 본인의 귀책사유로 근무하지 못한 날을 결근으로 본다고 규정하고 있는 A회사의 취업규칙 제20조 제6항은 근기법 제60조에 반하여 근로자에게 불리한 것이라고 볼 수 없고, 따라서 甲이 불법파업 주도라는 본인의 귀책사유로 인하여 정직처분을 받게 되어 근무하지 못하게 된 기간을 결근으로 처리한 것은 근기법에 위반되지 않는다.

Ⅳ. 결론

판례에 입장에 따르면 연차휴가와 관련하여 출근율 계산에서 결근, 휴직 또는 정직 등 근로자 본인의 귀책사유로 근무하지 못한 날은 결근으로 본다고 규정하고 있는 A회사의 취업규칙 제20조 제6항에 따라 근로자 甲의 정직기간을 결근으로 처리한 것은 근기법상 타당하다.

〈질문 2〉 A회사가 근로자 甲의 퇴직금을 산정함에 있어 능률급여를 제외하고 기본급여(150만원)만으로 계산한 것은 노동법적으로 타당한가?

Ⅰ. 논점 정리

이 사안에서 근로자 甲은 간통죄로 인한 구속 수감이라는 자신의 귀책사유로 인하여 무급휴가를 사용한 후, 다시 휴직을 하다가 퇴직하게 되었는바, 이러한 사정으로 인하여 퇴직 전 3개월 이상의 기간 동안 영업실적이 없어 능률급여를 전혀 받지 못하게 되었다. 이에 A회사는 甲이 퇴직 전 3개월간 영업실적이 없어 능률급여를 받지 못한 점을 고려하여 능률급여를 제외한 기본급여 150만원만으로 甲의 평균 월급여를 계산하였다. 평소 甲은 200~250만원의 능률급여를 받았기 때문에 통상 매월 350~400만원의 월급여를 받았었지만 평소 받던 통상 월급여 금액에 비하여 현저하게 적은 금액인 150만원을 기준으로 퇴직금이 산정된 것이다.

따라서 이 사안을 해결하기 위해서는 근로자가 자신의 개인적 범죄 등의 귀책사유로 인하여 3개월 이상을 휴직하다가 퇴직하게 되어 퇴직 전 3개월간의 평균임금의 금액이 평소의 평균임금 금액보다 현저하게 적어지게 된 경우 퇴직 전 3개월간의 평균임금을 어떻게 산정하는 것이 노동법적으로 타당한가를 검토하여야 한다.

Ⅱ. 관련 법리

1. 퇴직금 계산을 위한 평균임금 산정 관련 법 규정

사용자는 근로자의 계속근로기간 1년에 대하여 30일분 이상의 평균임금을 퇴직금으로 퇴직 근로자에게 지급할 수 있는 제도를 설정하여야 하고(근로자퇴직급여 보장법 제8조 제1항), 이 경우 평균임금이라 함은 이를 산정하여야 할 사유가 발생한 날 이전 3개월 동안에 그 근로자에게 지급된 임금의 총액을 그 기간의 총일수로 나눈 금액을 말한다.(근기법 제2조 제1항 제6호).

다만 이와 같이 산출된 금액이 그 근로자의 통상임금보다 적으면 그 통상임금액을 평균임금으로 하게 되고(근기법 제2조 제2항), 근기법과 그 시행령에 따라 평균임금을 산정할 수 없는 경우에는 노동부 장관이 정하는 바에 따른다(근기법 시행령 제4조).

한편, 근기법 시행령 제2조 제1항에 따르면 평균임금 산정기간 중에 수습 사용 중인 기간, 귀책사유로 휴업한 기간, 출산전후휴가기간, 업무상 부상 또는 질병으로 요양하기 위하여 휴업한 기간, 육아휴직 기간, 쟁의행위기간, 병역의무, 향토예비군 또는 민방위 의무를 이행하기 위하여 휴직하거나 근로하지 못한 기간, 업무 외 부상이나 질병, 그 밖의 사유로 사용자의 승인을 받아 휴업한 기간 등과 그 기간 중에 지급

된 임금은 평균임금 산정기준이 되는 기간과 임금의 총액에서 빼도록 하고 있다.[34)]

2. 평균임금이 평소보다 현저히 적은 경우의 평균임금 산정 방법

근로자 개인의 귀책사유 때문에 퇴직 전 3개월간의 임금이 통상의 경우보다 현저하게 적은 경우 그 특별한 사유가 있는 기간을 어떻게 처리하여야 하는지가 문제된다.

이러한 문제에 대한 해석방식과 관련하여서는 서로 다른 입장의 두 개의 대법원 판결들이 발견되고 있다. 먼저 대법원 판결 중에는 근로자의 개인적인 범죄(혼인빙자간음죄)로 인한 구속이라는 특별한 사유 때문에 퇴직 전 3개월간의 임금이 통상의 경우보다 현저하게 적은 경우 그 특별한 사유가 있는 기간을 제외하고 그 이전 3개월간의 임금을 기준으로 평균임금을 산정하여야 한다고 판단한 경우가 있다.[35)]

이 판결에 따르면 근기법시행령 제4조는 근기법과 그 시행령의 규정에 의하여 평균임금을 산정할 수 없는 경우에는 노동부장관이 정하는 바에 의한다고 규정하고 있는바, 아직까지 그 기준이나 방법 등은 정한 바가 없다고 하면서, 여기서 평균임금을 산정할 수 없다는 것에는 문자 그대로 그 산정이 기술상 불가능한 경우에만 한정할 것이 아니라 근로기준법의 관계 규정에 의하여 그 평균임금을 산정하는 것이 현저하게 부적당한 경우까지도 포함하는 것이라고 하고 있다. 즉, 평균임금은 근로자의 통상의 생활임금을 사실대로 산정하는 것을 그 기본원리로 하는 것으로서 특별한 사유

---

34) 근기법 시행령 제2조(평균임금의 계산에서 제외되는 기간과 임금) ①「근로기준법」(이하 "법"이라 한다) 제2조제1항제6호에 따른 평균임금 산정기간 중에 다음 각 호의 어느 하나에 해당하는 기간이 있는 경우에는 그 기간과 그 기간 중에 지급된 임금은 평균임금 산정기준이 되는 기간과 임금의 총액에서 각각 뺀다.
1. 법 제35조제5호에 따른 수습 사용 중인 기간
2. 법 제46조에 따른 사용자의 귀책사유로 휴업한 기간
3. 법 제74조에 따른 출산전후휴가 기간
4. 법 제78조에 따라 업무상 부상 또는 질병으로 요양하기 위하여 휴업한 기간
5.「남녀고용평등과 일 · 가정 양립 지원에 관한 법률」 제19조에 따른 육아휴직 기간
6.「노동조합 및 노동관계조정법」 제2조제6호에 따른 쟁의행위기간
7.「병역법」,「향토예비군 설치법」 또는「민방위기본법」에 따른 의무를 이행하기 위하여 휴직하거나 근로하지 못한 기간. 다만, 그 기간 중 임금을 지급받은 경우에는 그러하지 아니하다.
8. 업무 외 부상이나 질병, 그 밖의 사유로 사용자의 승인을 받아 휴업한 기간

35) 대법원 1999. 11. 12. 선고 98다49357 판결.

로 인하여 통상의 경우보다 현저하게 적거나 많을 경우에는 이를 그대로 평균임금 산정의 기초로 삼을 수 없고, 퇴직금 제도는 근로자의 통상의 생활을 종전과 같이 보장하려는 데 그 취지가 있다고 할 것이므로 퇴직금 산정의 기초인 평균임금이 특별한 사유로 인하여 통상의 경우보다 현저하게 적거나 많을 경우에는 평균임금의 기본원리와 퇴직금 제도의 취지에 비추어 근로자의 통상의 생활임금을 사실대로 반영하는 방법으로 그 평균임금을 산정하여야 한다는 것이다.

한편 마찬가지로 근로자의 개인적인 범죄(특정범죄가중처벌법 위반의 도주차량 및 도로교통법 위반)로 인하여 구속기소되어 직위해제되었다가 퇴직하게 된 경우의 평균임금 산정이 문제된 또 다른 대법원 판결에 따르면, 직위해제 되었던 기간의 일수와 그 기간 중에 지급받은 임금액은 근기법 제2조 제6호에 따른 평균임금 산정기초에서 제외될 수 없고, 만일 그 기간과 임금을 포함시킴으로 인하여 평균임금액수가 낮아져 평균임금이 통상임금을 하회하게 되는 경우에는 근기법 제2조 제2항에 따라 통상임금을 평균임금으로 하여 퇴직금을 계산하여야 한다고 판시하였다.[36] 이 판결에서는 개인적인 범죄로 구속기소되어 직위해제되었던 기간은 근기법시행령 제2조 소정의 어느 기간에도 해당하지 않으므로 그 기간의 일수와 그 기간 중에 지급받은 임금액은 평균임금 산정기초에서 제외될 수 없다고 보았다.

Ⅲ. 사안의 해결

이 사안에서 A회사의 취업규칙에 따르면 영업직 사원의 퇴직금은 평균 월급여에 근속년수를 곱한 금액으로 산출하되, 평균 월급여는 퇴직 전 3개월간 지급된 월급여를 3등분한 금액으로 산정하고, 이 경우 월급여는 정액의 기본급여(150만원)와 영업실적에 따라 지급되는 능률급여로 구성된다. 따라서 A회사 영업직 사원의 퇴직금은 기본급여와 능률급여로 구성되는 월급여를 기초로 산정됨을 알 수 있고, 이러한 월급여가 퇴직금 산정을 위한 甲의 평균임금에 해당된다고 할 것이다.

---

36) 대법원 1994. 4. 12. 선고 92다20309 판결. 이 판결에서 대법원은 퇴직 전 3개월의 임금이 통상적인 경우의 임금과 현저하게 차이가 있는지 여부에 대한 판단은 하지 않았고, 다만 산정 대상 기간 동안의 평균임금이 통상임금보다 적으면 통상임금을 평균임금으로 하여 퇴직금을 계산하여야 한다고 판시하였다.

甲은 간통죄로 인한 구속이라는 개인적 귀책사유로 인하여 퇴직 전에 3개월 이상 무급휴가 사용 및 휴직을 하게 되었다. 그런데 甲의 월급여는 기본급여와 능률급여로 구성되고 능률급여는 영업실적에 따라 지급되기 때문에 휴직기간 중 甲은 능률급여를 전혀 못 받다가 바로 퇴직을 함에 따라 퇴직 전 3개월 간의 평균임금액이 평소보다 현저히 낮아지는 문제가 발생하였다.

앞서 살펴본 바와 같이 개인적인 귀책사유로 인하여 퇴직 전 3개월간의 평균임금이 현저하게 적어진 경우, 평균임금 산정방법과 관련된 사건에서 대법원 판결은 두 가지 입장을 보여주고 있다. 첫 번째 입장은, 특별한 사유가 있는 기간(즉, 이 사안의 경우에는 퇴직 전 무급휴가 및 휴직 기간)을 제외하고 그 이전 3개월간의 임금을 기준으로 평균임금을 산정하여야 한다고 본 입장이고, 두 번째 입장은 평균임금이 통상임금보다 적으면 통상임금을 평균임금으로 하여야 한다는 입장이다.

첫 번째 입장을 취한 대법원 판결은 보험회사의 영업소장이 혼인빙자간음죄로 인하여 3개월 이상 휴직을 하다가 퇴직함에 따라 영업소장의 급여의 대부분은 실적급인 능률급여로 구성되어 있지만 휴직으로 인하여 3개월간 능률급여를 받지 못한 것이 문제된 사건이다. 이 사건에서 대법원은 퇴직금 산정기준으로서의 평균임금은 원칙적으로 근로자의 통상의 생활임금을 사실대로 반영하는 것을 그 기본원리로 하고, 이는 장기간의 휴직 등과 같은 특수한 사정이 없었더라면 산정될 수 있는 평균임금 상당액이라 할 것인 바, 평균임금은 그 휴직 전 3개월 간의 임금을 기준으로 산정하여야 한다고 보았다. 이 사건에서 능률급여를 평균임금에서 제외하게 되면 평균임금 금액이 휴직 전 평균임금의 3분의 1에도 미치지 못하게 될 뿐만 아니라 평균임금 산정 시 능률급여를 포함시키도록 규정하고 있는 회사의 퇴직금규정의 취지에도 반하게 된다는 점이 고려되었다.

근로자의 통상의 생활임금을 반영하고 통상의 생활수준을 보장하고자 하는 평균임금과 퇴직금제도의 기본원리 및 취지에 비추어 볼 때 위의 첫 번째 입장의 판결이 근로자의 통상의 생활임금을 사실대로 반영하는 방법으로 평균임금을 산정하여야 한다는 법리를 잘 반영하고 있다고 볼 수 있다.

특히 이 사안의 경우, 甲은 평소 350~400만원의 월급여를 받았는데 만일 두 번째 입장과 같이 통상임금을 평균임금으로 하게 된다면 매월 고정적으로 지급되는 150만원만 평균임금에 포함시키게 될 것이고, 이는 평소 甲이 받던 월급여의 절반에도 훨

씬 못미치는 현저히 적은 금액이기 때문에 통상의 생활임금을 반영한다는 평균임금의 기본원리에 부합하지 못한다는 문제가 발생된다. 또한, 150만원만으로 평균 월급여를 계산하게 되면 능률급여를 포함한 평균 월급여를 기준으로 퇴직금을 산정하도록 규정하고 있는 A회사의 취업규칙 제30조 제1항 및 제2항에 위반되는 문제도 발생된다.

따라서 甲이 간통죄로 구속 수감되어 무급 휴가 및 휴직을 하게 된 기간을 제외하고 2013.8.15. 이전 3개월간 甲이 받은 기본급여와 능률급여를 포함하는 평균 월급여를 기준으로 甲의 퇴직금을 산정하는 방식이 보다 타당하다고 본다.

Ⅳ. 결론

근로자의 개인적인 귀책사유로 인하여 평균임금이 평소보다 적어지는 경우의 평균임금 산정 방법에 관하여 대법원은 두 개의 판결에서 서로 다른 해석방식을 보여주고 있다. 이 중 A회사가 근로자 甲의 퇴직금을 산정함에 있어 능률급여를 제외하고 기본급여(150만원)만으로 계산한 것은 평균임금이 통상임금보다 적으면 통상임금을 평균임금으로 하여야 한다는 입장에 따라 해석한 것으로 보인다. 그러나 이러한 방식은 평균임금과 퇴직금제도의 취지에 비추어볼 때 노동법적으로 타당하지 못하다.

따라서 평균임금이 현저하게 낮아지게 되는 특별한 사유가 있는 기간을 제외하고 그 이전 3개월간의 임금을 기준으로 평균임금을 산정하여야 한다고 판단한 대법원 판결의 입장에 따라 甲의 영업실적이 없었던 2013.8.15. 이후의 기간은 제외하고, 그 이전 3개월간 甲이 받은 기본급여와 능률급여로 구성되는 평균 월급여를 기준으로 퇴직금을 산정하는 것이 근로자의 통상의 생활임금을 사실대로 반영해야 한다는 평균임금의 취지에 비추어 보다 타당한 해석이라고 할 것이다.

사례 5 전직의 정당성, 해고절차의 정당성

[사례 5][37)]

A회사는 상시 근로자 300명을 고용하여 사무용품의 판매업을 영위하는 회사로서, 서울에 본점이 있고 대전·부산·제주에 지점을 두고 있다. 甲은 A회사의 서울본점에서 영업부 과장으로 근무하고 있었다.

甲의 근로계약서에는 근무장소가 기재되어 있지 않으며, A회사의 취업규칙에는 회사는 업무상 필요한 경우 직원을 본사 및 지점에 근무할 것을 명할 수 있다고 규정되어 있다. 또한 위 취업규칙에는 과장이 차장으로 승진하기 위한 요건으로 서울 이외의 지점에서 1년 이상 근무할 것이 규정되어 있다.

A회사는 대전지점의 영업부 과장 乙이 사직을 하자 차장 승진이 유력한 甲이 가장 적합하다고 판단하여 甲의 의사는 묻지 않고 甲을 대전지점의 영업부 과장으로 전근을 명령하였다. 위 취업규칙에는 연고가 없는 지역에 근무하는 직원에 대해서는 회사의 비용으로 사택을 제공하고 매월 기본급의 100%에 해당하는 지역근무수당을 추가하여 지급한다고 규정되어 있다. 그러나 甲은 자신은 서울에서만 살았고 대전에는 연고가 전혀 없으며 사진 동호회의 정기 모임이 매월 첫째 주 일요일에 서울에서 열리는데 자신이 동호회의 회장이라는 이유로 대전에서 근무할 수 없다고 하소연하면서 대전지점에 부임하지 않고 1개월간 출근을 거부하였다.

A회사는 甲이 계속 출근을 거부하자 위 취업규칙상 10일 이상 무단결근을 하는 때 또는 정당한 업무 명령을 거부하는 때에는 징계를 할 수 있다는 규정에 근거하여 甲을 적법하게 구성된 징계위원회에 회부하였다. 한편, 위 취업규칙에는 징계위원회 개최일 5일 전까지 징계대상자에게 징계사유와 징계위원회 개최 일시를 통보하고 소명의 기회를 주어야 한다고 규정되어 있다. 그러나 A회사는 甲의 징계사유가 명백하다고 판단하여 甲에게 징계위원회 개최사실을 알리지 아니하였고, 소명의 기회도 부여하지 아니하였다. 징계위원회는 甲의 전근명령 거부 및 무단결근을 사유로 하여 징계해고처분을 결정하였다.

이에 A회사의 대표이사는 2012년 11월 4일 甲을 직접 불러 전근명령 거부 및 무단결근을 이유로 2012년 12월 5일자로 징계해고될 것임을 구두로 통보하였고, 이에 따라 甲은 2012년 12월 5일에 해고되었다.

37) 2013년 시행 제2회 변호사시험 제1문.

〈질 문〉

1. A회사의 甲에 대한 전근명령은 정당한가?

2. 甲은 자신에 대한 징계해고사유가 인정되더라도 (1) 징계절차에 하자가 있어 해고가 무효이고, (2) 해고통지가 위법하여 해고가 무효라고 주장하고 있다. 이러한 甲의 (1)과 (2)의 각 주장은 타당한가?

해설

〈질문 1〉 A회사의 甲에 대한 전근명령은 정당한가?

Ⅰ. 논점의 정리

사용자는 근로자에게 정당한 이유 없이 전직을 할 수 없다(근기법 제23조 제1항). 전직은 일반적으로 근로자의 직무내용이나 근무지를 변경하는 인사처분을 말하고, 전직, 전근, 전보 등의 용어가 동일 또는 유사한 의미로 혼용된다.[38] 법리적으로 중요한 것은 전직 내지 전근명령 등은 정당하게 이루어진 것이어야 그 유효성이 인정된다는 점이다.

이 사안에서 甲의 근로계약서에는 근무장소가 기재되어 있지 않고, A회사의 취업규칙에는 회사는 업무상 필요한 경우 직원을 본사 및 지점에 근무할 것을 명할 수 있다고 규정되어 있는바, 취업규칙상 근거규정이 있다 하더라도 사용자는 전직명령권을 남용해서는 안 되고, 사용자가 전직명령권을 남용하여 부당전직에 해당되는지 여부는 전직의 업무상 필요성과 그에 따른 근로자의 생활상의 불이익과의 비교교량, 근로자와의 협의 등 전직을 하는 과정에서 신의칙상 요구되는 절차를 거쳤는지 여부 등에 따라 결정된다.[39]

---

38) 임종률, 앞의 책, 492쪽.

39) 대법원 1995. 10. 13. 선고 94다52928 판결, 대법원 1997. 12. 12. 선고 97다36316 판결 등 다수.

Ⅱ. 관련 법리

판례에 따르면 근로자에 대한 전보나 전직은 원칙적으로 인사권자인 사용자의 권한에 속하므로 업무상 필요한 범위 내에서는 사용자는 상당한 재량을 가지며 그것이 근로기준법에 위반되거나 권리남용에 해당되는 등의 특별한 사정이 없는 한 유효하다.[40]

또한 전보처분이 권리남용에 해당하는지 여부는 전보처분 등의 업무상의 필요성과 전보 등에 따른 근로자의 생활상의 불이익을 비교·교량하여 결정되어야 할 것이고, 업무상의 필요에 의한 전보 등에 따른 생활상의 불이익이 근로자가 통상 감수하여야 할 정도를 현저하게 벗어난 것이 아니라면 이는 정당한 인사권의 범위 내에 속하는 것으로서 권리남용에 해당하지 않는다고 한다. 한편, 전보 등에 따른 근로자의 생활상의 불이익의 정도를 판단할 때에는 통근차량이나 숙소제공, 수당지급, 직급 상향 조정 등 불이익을 완화하기 위한 조치를 했는지 여부도 고려된다.[41]

다만, 이 경우 전보처분 등을 함에 있어서 근로자 본인과 성실한 협의절차를 거쳤는지 여부는 정당한 인사권의 행사인지 여부를 판단하는 하나의 요소라고는 할 수 있으나 그러한 절차를 거치지 아니하였다는 사정만으로 전보처분 등이 권리남용에 해당하여 당연히 무효가 된다고는 할 수 없다고 본다.

한편, 근로계약상 근로의 장소를 특정되어 있는 경우에 사용자가 이를 변경하는 전직이나 전보명령을 하려면 근로자의 동의가 있어야 한다.[42]

Ⅲ. 사안의 해결

이 사안에서 甲의 근로계약서에는 근무장소가 특정되어 있지 않다. 따라서 A회사가 甲에 대하여 내린 대전지점으로의 전근명령이 정당, 유효하기 위해서 甲의 동의를 필요로 하는 것은 아니다.

A회사의 취업규칙에 따르면 회사는 업무상 필요한 경우 직원을 본사 및 지점에 근

---

40) 대법원 1995. 10. 13. 선고 94다52928 판결.

41) 대법원 1997. 7. 22. 선고 97다18165, 18172 판결; 임종률, 앞의 책, 493쪽.

42) 대법원 1992. 1. 21. 선고 91누5204 판결.

무할 것을 명할 수 있다고 규정되어 있기는 하나 이와 같이 취업규칙에 따른 전근명령은 근기법 제23조 제1항에 따라 그 정당성 여부를 검토하여야 한다. 앞서 살펴본 판례 법리에 근거하여 이 사안에서 문제된 전근명령의 정당성 여부를 살펴보면 다음과 같다.

첫째, 전근명령의 업무상 필요성과 관련하여, A회사의 취업규칙에는 회사는 업무상 필요한 경우 직원을 본사 및 지점에 근무할 것을 명할 수 있다고 규정되어 있고, A회사는 대전지점의 영업부 과장 乙이 사직을 하여 그 자리의 보충이 필요한 상황이다. 또한 甲은 지방지점에서 근무한 경험이 없는 상황인데, 취업규칙에는 과장이 차장으로 승진하기 위한 요건으로 서울 이외의 지점에서 1년 이상 근무할 것이 규정되어 있는 점과 관련하여 A회사가 차장 승진이 유력한 甲이 대전지점의 영업부 과장에 가장 적합하다고 판단한 것이다. 이러한 점을 종합하여 볼 때 A회사가 甲에 대해 내린 대전지점으로의 전근명령은 업무상의 필요성이 인정된다고 할 것이다.

둘째, 甲의 생활상 불이익과 관련하여, 甲은 자신은 서울에서만 살았고 대전에는 연고가 전혀 없는 점, 사진 동호회의 정기 모임이 매월 첫째주 일요일에 서울에서 열리는데 자신이 동호회의 회장이라는 점 등을 전근명령의 거부 이유로 들고 있고, 이러한 점들은 생활상의 불이익이라고 볼 수 있을 것이다. 그러나 취업규칙에는 연고가 없는 지역에 근무하는 직원에 대해서 회사의 비용으로 사택을 제공하고 매월 기본급의 100%에 해당하는 지역근무수당을 추가하여 지급한다고 규정되어 있는 점, 사진 동호회의 정기모임이 1월에 1회에 불과하며 휴일에 열린다는 점, 대전과 서울은 비교적 단시간에 이동할 수 있는 대도시인 점 등을 고려한다면 甲이 대전지점으로의 전근으로 인해 입게 되는 생활상의 불이익이 근로자가 통상 감수하여야 할 정도를 현저하게 벗어난 것으로는 볼 수는 없을 것이다.

따라서 이 사안에서의 전근명령의 업무상 필요성과 전근에 따른 甲의 생활상 불이익을 비교·교량하여 볼 때, 甲에 대한 전근명령은 정당한 인사권의 범위 내에 속하는 것으로서 권리남용에 해당하지 않는다.

한편, A회사는 甲의 의사는 묻지 않고 대전지점으로의 전근명령을 내렸으므로 전근명령을 함에 있어 갑과 성실한 협의절차는 거치지 않았다. 그러나 판례에 따르면 근로자와의 협의절차를 거치지 아니하였다는 사정만으로 전보처분 등이 권리남용에 해당하여 당연히 무효가 되는 것은 아니다.

Ⅳ. 결론

이 사안에서 A회사의 甲에 대한 전근명령은 업무상 필요성이 인정되며, 甲이 전근으로 인하여 입게 되는 생활상의 불이익이 있기는 하지만 甲에게 주어지는 불이익 완화조치(사택제공 및 지역근무수당의 지급)를 고려하여 전근명령의 업무상 필요성과 전근에 따른 생활상 불이익을 비교 · 교량하여 보면, 甲이 주장하는 생활상의 불이익은 근로자가 통상 감수하여야 할 정도를 현저하게 벗어나지 않는다. 비록 A회사가 甲과 전근에 대해 협의하지는 않았지만, 그러한 사정만으로 이 사건 전보처분이 인사권의 남용이라고 할 수는 없다. 따라서 A회사의 甲에 대한 전근명령은 정당하다.

〈질문 2〉 甲은 자신에 대한 징계해고사유가 인정되더라도 (1) 징계절차에 하자가 있어 해고가 무효이고, (2) 해고통지가 위법하여 해고가 무효라고 주장하고 있다. 이러한 甲의 (1)과 (2)의 각 주장은 타당한가?

Ⅰ. 논점의 정리

1. 주장 (1) 관련

A회사의 취업규칙에는 징계위원회 개최일 5일 전까지 징계대상자에게 징계사유와 징계위원회 개최 일시를 통보하고 소명의 기회를 주어야 한다고 규정되어 있다. 그러나 A회사는 甲의 징계사유가 명백하다고 판단하여 甲에게 징계위원회 개최사실을 알리지 아니하였고, 소명의 기회도 부여하지 아니하였다. 이와 같은 징계절차상의 하자를 이유로 甲에 대한 해고가 무효인지 여부가 검토되어야 한다.

2. 주장 (2) 관련

A회사의 대표이사는 2012년 11월 4일 甲을 직접 불러 전근명령 거부 및 무단결근을 이유로 2012년 12월 5일자로 징계해고될 것임을 구두로 통보하였는데, 이와 같이

구두로 해고통지가 이루어진 경우 해고는 무효인지 여부를 검토하여야 한다.

Ⅱ. 관련 법리

1. 단체협약 또는 취업규칙에 징계절차가 규정되어 있는 경우

근기법상 징계절차 또는 징계해고절차와 관련하여서는 특별히 규정하고 있는바가 없다. 다만 판례에 따르면 단체협약이나 취업규칙에서 징계절차를 규정한 것은 징계권의 공정한 행사를 확보하고 징계제도의 합리적인 운영을 도모하기 위한 것으로서 중요한 의미를 갖는 것인 바, 징계규정에서 징계대상자에게 징계위원회에 출석하여 변명과 소명자료를 제출할 기회를 부여하도록 되어 있음에도 불구하고 이러한 징계절차를 위배하여 징계해고를 하였다면 이러한 징계권의 행사는 징계사유가 인정되는지 여부에 관계없이 절차에 있어서의 정의에 반하는 처사로서 무효라고 본다.[43)]

다만, 판례는 단체협약이나 취업규칙 등에 징계절차에 관한 규정이 없는 경우에는 사용자가 징계절차에서 소명의 기회를 부여하지 않거나 징계절차를 사전에 통고하지 않은 채 징계처분을 하였다고 하더라도 그 징계처분을 무효라고 볼 수 없다고 한다.[44)]

2. 해고통지의 형식

근기법 제27조 제1항에 따르면 사용자는 근로자를 해고하려면 해고사유와 해고시기를 서면으로 통지하여야 한다. 또한 동조 제2항에서는 근로자에 대한 해고는 동조 제1항에 따라 서면으로 통지하여야 효력이 있다고 규정하고 있다. 따라서 해고사유와 해고시기를 서면으로 통지하지 않은 해고는 무효이다.

---

43) 대법원 1991. 7. 9. 선고 90다8077 판결.

44) 대법원 1992. 4. 14. 선고 91다4775 판결.

Ⅲ. 사안의 해결

1. 주장 (1) 관련

A회사의 취업규칙에는 징계위원회 개최일 5일 전까지 징계대상자에게 징계사유와 징계위원회 개최 일시를 통보하고 소명의 기회를 주어야 한다고 규정되어 있다. 그러나 A회사는 甲의 징계사유가 명백하다고 판단하여 甲에게 징계위원회 개최사실을 알리지 아니하였고, 소명의 기회도 부여하지 아니하였다. 앞서 살펴본 판례에 따르면 취업규칙상의 징계절차를 위배하여 징계해고를 한 경우 이러한 징계권의 행사는 무효이다. 따라서 甲에 대한 징계해고는 징계절차에 하자로 인하여 무효가 된다.

2. 주장 (2) 관련

A회사의 대표이사는 2012년 11월 4일 甲을 직접 불러 전근명령 거부 및 무단결근을 이유로 2012년 12월 5일자로 징계해고될 것임을 구두로 통보하였다. 근기법 제27조 제1항에 따르면 해고의 통지는 서면으로 하여야 하는데 갑에 대한 해고는 구두로 통보하여 동 조항의 위반에 해당된다. 따라서 갑에 대한 해고는 근기법 제27조 제2항에서는 적법한 해고통지를 하여야 해고의 효력이 있다고 규정하는데 적법한 해고통지가 없으므로 해고는 무효이다.

Ⅳ. 결론

주장 (1): A회사는 甲을 징계해고함에 있어 甲에게 징계위원회 개최사실을 알리지 아니하고 소명의 기회도 부여하지 아니하여 취업규칙상의 징계절차를 위반한 것으로 그러한 징계해고는 무효이다. 따라서 징계절차에 하자가 있어 해고가 무효라는 甲의 주장은 타당하다.

주장 (2): A회사의 대표이사는 해고통보를 구두로 하여 서면으로 통지하여야 한다는 근기법 제27조 제1항을 위반하였으므로 동조 제2항에 따라 甲에 대한 해고는 효력이 없다. 따라서 해고통지가 위법하여 해고가 무효라는 甲의 주장은 타당하다.

사례 6 계열회사간 전적, 근무지 변경

[사례 6][45)]

A그룹은 그 산하에 A전자, A백화점 등의 계열회사를 두고 있다. A그룹은 대졸관리직 사원을 그룹차원에서 일괄채용한 후에 각 계열회사에 배정하며, 계열회사간 인사이동을 실시하여 왔다. A그룹의 각 계열회사의 취업규칙에서는 "회사는 근로자를 계열회사간 인사이동을 시킬 수 있다"는 규정을 두고 있고, A그룹은 근로자가 입사할 때 "전근, 출장 기타 귀사의 명령에 대해서는 불평없이 절대 복종하겠습니다"라는 서약서를 받아 왔다. 甲은 2002. 3. 2.에 A전자에 위의 서약서를 제출하고 대졸 관리직 사원으로 입사하여 근무하고 있다.

한편, A그룹의 각 계열회사들은 대졸관리직 이외의 근로자들에 대해서는 개별적으로 채용하고 있다. 상시 1,000명의 근로자를 고용하고 있는 A전자는 구미시, 광주시, 수원시에 공장을 두고 있는데, 구미시 공장에서는 공장 설립 이후 구내식당 조리원을 모두 구미시에 거주하는 40대의 기혼여성으로 채용하여 왔다. 43세 기혼여성인 乙은 2011. 3. 2. A전자 구미시 공장의 구내식당 조리원으로 채용되어 근무하고 있다.

A전자는 2012. 3. 1. 자 인사에서 甲을 A백화점에서 종전과 같은 직급으로 근무하도록 발령하였고, 乙에 대해서는 광주시 공장의 구내식당 조리원으로 발령하였다.

〈질 문〉

1. 甲은 2012. 3. 1. 자 인사발령이 계열회사간 전적의 요건을 갖추지 않은 것으로 부당하다고 주장한다. 이 주장은 타당한가?

2. 乙은 2012. 3. 1. 자 인사발령이 부당하다고 주장한다. 이 주장은 타당한가?

해 설

〈질문 1〉 甲은 2012. 3. 1. 자 인사발령이 계열회사간 전적의 요건을 갖추지 않은 것으로 부당하다고 주장한다. 이 주장은 타당한가?

45) 2012년도 시행 제3회 법학전문대학원협의회 모의시험 제1문.

I. 논점의 정리

이 사안에서는 취업규칙에서 계열회사 간 인사이동을 시킬 수 있다는 규정을 두고 있고, 근로자가 입사할 때에는 전근 명령에 대해 절대 복종하겠다는 서약서를 받았는데, 이러한 취업규칙 규정과 서약서를 근거로 근로자로부터 별도의 동의를 받지 않고 계열회사에 전적시키는 것이 정당한 전적으로 인정될 수 있는지 여부가 문제된다. 문제를 해결하기 위해서는 전적의 의의와 정당성의 요건에 대하여 살펴보아야 하고, 특히 전적에 대한 근로자의 동의 요건에 대하여 검토하여야 한다.

Ⅱ. 관련 법리

1. 전적의 의의

전적이란 근로자의 근로계약 상대방을 변경하여 새로운 사용자의 업무에 종사하도록 하는 인사처분이다. 근로자가 종래에 종사하던 기업과의 근로계약을 합의해지하고 이적하게 될 기업과 새로운 근로계약을 체결하거나 근로계약상 기존 사용자의 지위를 새로운 사용자에게 양도하는 것이다.[46] 전적은 기업 외부로의 인사이동으로 기존 사용자의 사업에서 새로운 사용자의 사업으로 적을 옮기게 된다.

근기법 제23조에 따르면 사용자는 근로자에게 정당한 이유 없이 해고, 휴직, 정직, 전직, 감봉, 그 밖의 징벌을 하지 못한다. 즉, 근기법은 사용자의 정당한 이유 없는 인사권의 행사를 제한한다. 근기법 제23조 제1항은 '해고, 휴직, 정직, 전직, 감봉 그 밖의 징벌'이라고 명시하고 있기는 하지만 이는 예시에 불과한 것이며 전출, 전적, 그 밖의 인사처분에도 이 조항이 적용된다고 해석된다.

2. 근로자의 명시적 동의의 필요성

전적은 근로계약 그 자체의 상대방을 변경하는 것이다. 따라서 사용자가 근로자에

---

46) 대법원 1993. 1. 26. 선고 92다11695 판결.

게 전적을 명할 수 있는 권한을 가지려면 기존 사용자와 새로운 사용자 사이에 전적 근로자를 보내고 받는다는 합의가 있어야 한다. 또한 전적에 대한 근로자의 동의가 있어야 한다.

즉, 판례에 따르면 전적은, 종래에 종사하던 기업과의 근로계약을 합의해지하고 이적하게 될 기업과 새로운 근로계약을 체결하는 것이거나 근로계약상의 사용자의 지위를 양도하는 것이므로, 동일 기업 내의 인사이동인 전근이나 전보와 달라, 특별한 사정이 없는 한 근로자의 동의를 얻어야 효력이 생긴다.[47)]

3. 포괄적 동의의 유효성과 관행에 따른 전적 가능성

1) 포괄적 동의의 근거와 유효성 인정 요건

원칙적으로 근로자의 동의 없이 한 전적은 부당한 것으로 인정되지만, 예외적으로 근로자의 포괄적 동의만으로도 가능한지 여부가 문제된다.

판례는 예외적으로 포괄적 동의의 효력을 인정한다. 즉, 근로자의 동의를 전적의 요건으로 하는 이유는 근로관계에 있어서 업무지휘권의 주체가 변경됨으로 인하여 근로자가 받을 불이익을 방지하려는 데에 있다고 하면서 계열기업간의 전적의 경우에는 근로자의 포괄적인 사전 동의의 유효성을 인정하고 있다.[48)]

이는 계열기업 간 전적의 특수성을 고려한 해석이다. 다양한 업종과 업태를 가진 계열기업들이 기업그룹을 형성하고 있는 경우 그 그룹 내부에서 계열기업간의 인사교류가 동일 기업 내의 인사이동인 전보나 전근 등과 다름없이 일상적 · 관행적으로 빈번하게 행하여져 온 경우, 그룹 내의 기업에 고용된 근로자를 다른 계열기업으로 전적시키는 것은, 비록 형식적으로는 사용자의 법인격이 달라지게 된다고 하더라도 실질적으로 업무지휘권의 주체가 변동된 것으로 보기 어려운 면이 있기 때문이다.[49)]

따라서 사용자가 기업그룹 내부의 전적에 관하여 미리 근로자가 입사할 때 또는 근무하는 동안 근로자의 포괄적인 동의를 얻어 두면 그때마다 근로자의 동의를 얻지 아니하더라도 근로자를 다른 계열기업으로 유효하게 전적시킬 수 있다. 다만, 취업규

47) 대법원 1993. 1. 26. 선고 92다11695 판결.
48) 대법원 1993. 1. 26. 선고 92다11695 판결.
49) 대법원 1993. 1. 26. 선고 92다11695 판결.

칙에 전적을 명할 수 있다는 취지의 포괄적 근거규정이 있다는 것만으로는 포괄적인 사전적 동의로 인정되지 않는다.[50)]

또한, 근기법 제17조와 동법 시행령 제8조 제1호에 의하면 사용자는 근로계약 체결시에 근로자에 대하여 임금 · 근로시간 · 취업 장소와 종사해야 할 업무에 관한 사항 등의 근로조건을 명시하여야 되도록 규정되어 있는바, 근로자의 특정기업에의 종속성을 배려하여 근로자의 보호를 도모하고 있는 위 규정에 취지에 비추어 볼 때 사용자가 기업그룹 내의 전적에 관하여 근로자의 포괄적인 사전 동의를 받는 경우에는 전적할 기업을 특정하고 그 기업에서 종사해야 할 업무에 관한 사항 등의 기본적인 근로조건을 명시하여 근로자의 동의를 얻어야 한다.[51)]

2) 일방적인 전적관행의 유효성 인정 요건

한편, 근로자의 동의 없이 사용자가 일방적으로 근로자를 전적시킬 수 있는지 여부가 문제된다.

판례에 따르면 사용자가 근로자의 동의를 얻지 않고 기업그룹 내의 다른 계열회사로 근로자를 전적시키는 관행이 있어서 그 관행이 근로계약의 내용을 이루고 있다고 인정되는 경우에 근로자의 동의 없이 전적시킬 수 있는 가능성을 인정한다. 다만, 그와 같은 관행은 기업사회에서 일반적으로 근로관계를 규율하는 규범적인 사실로서 명확히 승인되거나 기업의 구성원이 일반적으로 아무런 이의도 제기하지 아니한 채 당연한 것으로 받아들여 기업 내에서 사실상의 제도로서 확립되어 있어야 한다.[52)]

Ⅲ. 사안의 해결

이 사안에서 A그룹은 대졸관리직 사원을 그룹차원에서 일괄채용한 후에 각 계열회사에 배정하며, 계열회사 간 인사이동을 실시하여 왔다. A그룹의 각 계열회사의 취업규칙에서는 “회사는 근로자를 계열회사 간 인사이동을 시킬 수 있다”는 규정을 두고 있고, A그룹은 근로자가 입사할 때 “전근, 출장 기타 귀사의 명령에 대해서는 불

---

50) 대법원 1993. 1. 25. 선고 92누8200 판결; 대법원 1994. 6. 28. 선고 93누22463 판결.

51) 대법원 1993. 1. 26. 선고 92다11695 판결.

52) 대법원 1993. 1. 26. 선고 92다11695 판결.

평 없이 절대 복종하겠습니다"라는 서약서를 받아 왔다.

근로자 甲을 계열회사 간 전적시키고자 한다면, 甲의 명시적 동의가 있거나, 혹은 포괄적인 사전 동의로서 유효성이 인정되어야 한다. 만일 이러한 동의의 유효성이 인정되지 않는 경우, 전적 관행이 규범적인 사실로서 명확히 승인되었거나 사실상의 제도로서 확립되어 있어야 甲에 대한 전적의 유효성이 인정될 수 있다.

1. 포괄적인 사전적 동의가 인정되는지 여부

먼저, 취업규칙에 전적을 명할 수 있다는 취지의 포괄적 근거규정이 있다는 것만으로는 전적명령권은 발생하지 않는다. 따라서 A그룹 각 계열회사의 취업규칙상의 규정은 전적에 관한 포괄적 사전 동의로 인정되지 않는다.

다음으로 甲이 제출한 서약서가 전적에 관한 포괄적 사전 동의로 인정될 수 있는지 여부를 검토해야 한다. 판례에 따르면 "전근, 출장 기타 귀사의 명령에 대해서는 불평 없이 절대 복종하겠습니다"라고 기재된 부분이 있다 하더라도 이는 회사의 업무지휘권에 따르겠다는 의사를 표시한 것일 뿐, 전적에 관하여 포괄적으로 동의를 한 것이라고는 볼 수 없다고 한다.[53)] 포괄적인 사전 동의를 받더라도 최소한 전적할 기업을 특정하고 종사할 업무 등 기본적인 근로조건을 명시하여 근로자의 동의를 얻어야 하기 때문이다. 또한 그룹차원에서 직원을 일괄채용한 후 각 계열회사에 배정, 계열회사간의 전출입을 관리하는 등의 인사관리방식 실태와 사원 채용 경위만으로 해당 사원이 전적에 대해 포괄적인 사전 동의를 했다고 인정되기도 어렵다고 한다.[54)] 이러한 판례의 입장에 따르면 이 사안의 경우 甲이 전적에 대해 포괄적으로 동의한 것이라고 볼 수 없을 것이다.

2. 전적 관행이 인정되는지 여부

유효한 동의가 없었다면 다음으로는 전적 관행이 규범적인 사실로서 명확히 승인되었거나 사실상의 제도로서 확립되었는지 여부를 검토해야 한다. 이 사안과 유사한

---

53) 대법원 1993. 1. 26. 선고 92다11695 판결.

54) 대법원 1993. 1. 26. 선고 92다11695 판결.

사건이 문제된 판례의 사실관계를 살펴보면, 계열회사간의 전적이 20여년 간 계속 시행되어 왔고 현존 관리직사원의 30% 이상이 전적된 경력을 가지고 있다 하더라도 사용자가 근로자 동의 없이 일방적으로 전적시키는 관행이 규범적인 사실로서 명확히 승인되었거나 사실상의 제도로서 확립되어 있다고 단정하기 어렵다고 보았다.[55] 또 다른 판례에 따르면 직원을 다른 기업으로 전적시키는 관행이 있었다 하더라도 그러한 점만으로 사용자가 근로자 동의 없이 일방적으로 전적시키는 관행이 규범적인 사실로서 명확히 승인되었거나 사실상의 제도로서 확립되어 있다고 단정할 수는 없고, 특히 인사교류를 한다는 인사규정을 두고 있었다는 사정만으로 직원의 동의 없는 일방적인 전적의 관행이 규범적인 사실로서 명확히 승인되었거나 사실상의 제도로서 확립되어 있었다고 볼 수도 없다고 하였다.[56]

이 사안의 경우, 직원의 동의 없는 일방적인 전적의 관행이 규범적인 사실로서 명확히 승인되었거나 사실상의 제도로서 확립되어 있었다고 볼만한 사실관계가 드러나지 않기 때문에 근로자의 동의 없는 일방적인 전적의 유효성은 인정되기 어렵다.

Ⅳ. 결론

이 사안에서는 전적에 대하여 甲의 유효한 명시적 동의나 포괄적 사전 동의가 없었고, 직원의 동의 없는 일방적인 전적의 관행이 규범적인 사실로서 명확히 승인되었거나 사실상의 제도로서 확립되어 있었다고 보기도 어렵다. 따라서 2012. 3. 1. 자 인사발령이 부당하다고 하는 甲의 주장은 타당하다.

〈질문 2〉 乙은 2012. 3. 1. 자 인사발령이 부당하다고 주장한다. 이 주장은 타당한가.

55) 대법원 1993. 1. 26. 선고 92다11695 판결.

56) 대법원 2006. 1. 12. 선고 2005두9873 판결.

I. 논점의 정리

이 사안에서 A전자는 구미, 광주, 수원에 있는 공장 구내식당 조리원을 그 해당지역에 거주하는 40대 기혼여성으로 채용하여 왔고 乙 역시 43세 기혼여성으로서 구미시 공장 구내식당 조리원으로 근무해 왔는데 광주시 공장의 구내식당 조리원으로 발령받게 되었다. 이와 같이 사용자가 乙의 근무장소를 일방적으로 변경한 인사발령이 정당한지 여부에 대해서는 기업 내 전직의 정당성 요건에 대하여 검토하여야 한다.

Ⅱ. 관련 법리

1. 전직의 의의와 정당성 판단 요건

전직이란 인력을 사업 목적에 적합하게 배치하기 위하여 근로자의 직무내용이나 근무지를 상당한 기간에 걸쳐 변경하는 인사처분을 말한다. 근로기준법 제23조 제1항에 따르면 정당한 이유 없이 사용자가 해고, 휴직, 정직, 전직, 감봉, 그 밖의 징벌을 하는 것을 금지하고 있다. 즉, 전직은 근로기준법상 정당한 이유가 있어야 한다. 판례에 따른 기업 내 전직의 정당성 요건에 관하여 살펴보면 아래와 같다.[57]

근로자에 대한 전직은 원칙적으로 인사권자인 사용자의 권한에 속하므로 업무상 필요한 범위 내에서는 사용자는 상당한 재량을 가지고 그것이 근로기준법에 위반되거나 권리남용에 해당되는 등의 특별한 사정이 없는 한 유효하다.

사용자의 전직처분이 권리남용에 해당하는지 여부는 전직의 업무상의 필요성과 전직에 따른 근로자의 생활상의 불이익을 비교 · 교량하여 결정되어야 할 것이고, 업무상의 필요에 의한 전직에 따른 생활상의 불이익이 근로자가 통상 감수하여야 할 정도를 현저하게 벗어난 것이 아니라면 이는 정당한 인사권의 범위 내에 속하는 것으로서 권리남용에 해당하지 않는다 한다.

이 경우 전직처분을 함에 있어서 근로자 본인과 성실한 협의절차를 거쳤는지 여부는 정당한 인사권의 행사인지 여부를 판단하는 하나의 요소라고는 할 수 있으나 그러

57) 대법원 1995. 10. 13. 선고 94다52928 판결.

한 절차를 거치지 아니하였다는 사정만으로 전직처분이 권리남용에 해당하여 당연히 무효가 된다고는 할 수 없다고 본다.

2. 근로의 장소나 내용이 명시적 또는 묵시적으로 특정된 경우

당사자 사이에 근로계약 체결 시 또는 이행 중에 직무내용이나 근무지를 명시적 또는 묵시적으로 한정한 경우에는 사용자는 전직명령권을 가지지 않는다.

판례에 따르면 먼저 근로계약에서 근로의 내용이 장소를 특별히 한정하고 있는 경우에는 사용자가 이를 변경하는 인사명령을 하려면 근로자의 동의가 있어야 한다. 근로자의 동의 없이 일방적으로 근로의 내용이나 장소를 변경할 수 없다.[58]

한편, 도서, 벽지 등 지리적특성이나 아르바이트 주부 또는 학생 등을 고용하는 등의 고용형태의 특성 때문에 현지 채용이 원칙으로 되어 있는 경우에는 비록 근로계약상 근무의 장소에 관한 명시적인 특정이 없었더라도 현지 근무에 관한 묵시적인 약정이 있었던 것으로 해석할 수 있다.[59] 그러한 경우, 근로자의 동의 없이 일방적으로 다른 장소로 근무지를 변경하는 것은 정당성이 인정될 수 없다. 다만 그러한 특별한 사정이 없는 경우에는 같은 지역이나 장소에 장기간 근무한 사정만으로는 근무의 장소가 묵시적으로 특정되었다고 보기 어렵다.

Ⅲ. 사안의 해결

이 사안의 경우, 乙의 근로계약상 명시적으로 근무장소를 구미시공장으로 특정하고 있다는 점은 사실관계에 나타나 있지 않다. 그러나 구미시 공장에서는 공장 설립 이후 구내식당 조리원을 모두 구미시에 거주하는 40대 기혼여성으로 채용해 왔기 때문에 해당지역 주부를 채용한다는 특성상 현지 근무에 관한 묵시적 약정이 있었다고 해석된다.

따라서 乙의 동의 없이 일방적으로 乙의 근무지를 광주시 공장 구내식당으로 변경하는 인사발령은 부당하다고 할 것이다.

---

58) 대법원 1992. 1. 21. 선고 91누5204 판결; 대법원 1994. 2. 8. 선고 92다893 판결.

59) 조용만 · 김홍영, 앞의 책, 219쪽; 임종률, 앞의 책, 495쪽.

Ⅳ. 결론

구미시 공장에서는 공장 설립 이후 구내식당 조리원을 모두 구미시에 거주하는 40대 기혼여성으로 채용해 왔기 때문에 乙의 근무지는 구미 공장이라는 점에 관한 묵시적 약정이 있었다고 판단된다. 따라서 乙의 동의 없이 근무지를 광주시 공장 구내식당으로 변경하는 2012. 3. 1. 자 인사발령이 부당하다는 乙의 주장은 타당하다.

사례 7 대기발령, 징계해고 사유의 정당성

[사례 7][60)]

A회사와 B회사의 합병계획을 전해들은 A회사의 근로자 甲은 회사가 합병되면 대대적인 감원이 생길 수밖에 없기 때문에 이에 반대한다는 글을 A회사 홈페이지 게시판에 올렸다. A회사는 근로자 甲의 행위가 A회사의 구조조정을 방해할 것으로 판단하여 근로자 甲에게 3개월의 자택대기발령을 명령하였다. A회사가 제시한 자택대기발령 사유는 '사내질서를 어지럽힘'이었으나 A회사의 취업규칙에는 자택대기발령에 관한 아무런 규정이 없었다. A회사는 자택대기발령 기간 중 근로자 甲에게 평소 3분의 2에 해당하는 월급만 지급하였다.

한편, 근로자 甲은 A회사에 입사하면서 대학중퇴 사실을 이력서에 기재하지 아니하였는데, A회사는 입사 당시부터 이 사실을 알고도 7년의 재직기간 동안 아무런 문제를 삼지 않았다. 그런데 근로자 甲이 자택대기발령기간 중에도 합병반대의 글을 A회사 홈페이지 게시판에 계속 올리자, A회사는 근로자 甲이 대학중퇴의 사실을 이력서에 기재하지 아니한 것을 이유로 징계해고를 하였다. A회사의 취업규칙에는 '이력서에 학력이나 경력을 허위 또는 부실하게 기재한 경우'를 징계해고 사유 중의 하나로 규정하고 있다.

〈질 문〉

1. 근로자 甲은 A회사의 자택대기발령이 근로기준법 제23조 제1항에 위반한 징계로서 무효라고 주장한다. 이 주장은 타당한가?

2. 근로자 甲은 자신에 대한 징계해고의 사유가 부당하다고 주장한다. 이 주장은 타당한가?

해 설

〈질문 1〉 근로자 甲은 A회사의 자택대기발령이 근로기준법 제23조 제1항에 위반한 징계로서 무효라고 주장한다. 이 주장은 타당한가?

60) 2014년 시행 제3회 법학전문대학원협의회 모의시험 제1문.

Ⅰ. 논점의 정리

A회사는 근로자 甲이 회사의 합병을 반대한다는 글을 회사 홈페이지 게시판에 올리자 甲이 사내질서를 어지럽혔다는 이유로 甲에게 자택대기발령을 명령하였는데 甲은 이러한 자택대기발령이 근기법 제23조 제1항에 위반한 징계로서 무효라고 주장한다.

근기법 제23조 제1항은 "사용자는 근로자에게 정당한 이유 없이 해고, 휴직, 정직, 전직, 감봉, 그 밖의 징벌을 하지 못한다"고 규정하고 있다. 따라서 '자택대기발령'이 근기법 제23조 제1항에서 말하는 '그 밖의 징벌'에 해당되는지 여부, 대기발령의 정당성 판단 기준 등이 검토되어야 한다.

Ⅱ. 관련 법리

1. 대기발령의 법적 성격

대기발령은 근로자가 장래에 계속 직무를 담당하게 될 경우 예상되는 업무상의 장애 등을 예방하기 위한 잠정적 인사조치이다. 판례는 대기발령이 근로자의 과거 비행에 대한 징벌적 제재로서의 징계와는 그 성질이 다르고, 업무상 필요한 범위 안에서 사용자에게 상당한 재량을 인정해야 하며 근로기준법 등에 위반되거나 권리남용에 해당하는 등의 특별한 사정이 없는 한 위법한 것으로 볼 수 없다고 한다.[61)]

2. 대기발령의 정당성 판단 기준

판례는 대기발령의 정당성 판단기준에 관하여 ① 근로자에게 해당 대기발령사유가 존재하는지 여부나 대기발령에 관한 절차규정의 위반 여부 및 그 정도에 의하여 판단하여야 한다고 판시한 경우와[62)] ② 대기발령의 업무상 필요성과 그에 따른 근로

---

61) 대법원 2007. 5. 31. 선고 2007두1460 판결. 한편, 대기발령은 실무상으로 직위해제와 혼용되기도 하고, 노동법 관련 문헌에서도 동일한 의미로 사용되고 있는 경우가 많다(김형배, 앞의 책, 585쪽, 임종률, 앞의 책, 503쪽 등 참조).

62) 대법원 2011. 10. 13. 선고 2009다86246 판결.

자의 생활상 불이익과의 비교교량, 근로자와의 협의 등 대기발령을 하는 과정에서 신의칙상 요구되는 절차를 거쳤는지 여부 등에 의하여 결정되어야 한다고 판시한 경우[63]가 있다. 일반적으로 법원은 대기발령의 정당성을 넓게 인정하는 경향을 보여주고 있다.[64] 다만 대기발령의 사유가 정당하더라도 사회통념상 합리성이 없을 정도로 부당하게 장기간 동안 대기발령 조치를 유지하는 것은 특별한 사정이 없는 한 무효라고 본 사례가 있다.[65]

또한 판례에 따르면 취업규칙 등에 대기발령이 징계처분의 하나로 규정되어 있지 아니한 이상 대기발령처분을 함에 있어서 해당 근로자에게 변명의 기회를 부여하는 등의 징계절차를 거칠 필요는 없다고 한다.[66] 다만, 취업규칙 등에 징계절차와는 구분되는 대기발령에 관한 특별한 절차규정이 있는 경우에는 그에 따라야 한다고 하고 있다.[67]

한편, 학설 중에는 대기발령도 개별 근로자에 대한 인사상 불이익처분인 이상 근기법 제23조 제1항의 적용에 따라 대기발령의 정당한 이유가 있어야 하고 실체적 · 절차적 정당성에 대한 판단이 모두 이루어져야 한다고 보는 견해가 있다.[68]

Ⅲ. 사안의 해결

이 사건의 경우 A회사의 취업규칙에는 자택대기발령에 관한 아무런 규정이 없는데 A회사는 甲이 회사의 합병을 반대하는 글을 회사 홈페이지 게시판에 올렸다는 이유로 甲에게 대기발령명령을 내렸고, A회사는 자택대기발령 기간 중 근로자 甲에게 평소 3분의 2에 해당하는 월급만 지급하였다.

앞서 살펴본 바와 같이 판례의 경향에 따르면 대기발령은 원칙적으로 근기법 제23조에 따른 징계에 해당되지 않는다. 또한 일반적으로 판례는 대기발령의 정당성을 널리 인정하는 경향을 보여주고 있다. 다만 판례는 대기발령의 정당성 판단기준을 제시

63) 대법원 2005. 2. 18. 선고 2003다63029 판결.
64) 조용만 · 김홍영, 앞의 책, 308쪽.
65) 대법원 2007. 2. 23. 선고 2005다3991 판결.
66) 대법원 2000. 6. 23. 선고 98다54960 판결.
67) 대법원 1996. 10. 29. 선고 95누15926 판결.
68) 김성진, "대기발령 · 직위해제의 법리", 「노동판례백선」, 박영사, 2014, 112쪽.

하고 있는 바, ① 근로자에게 해당 대기발령사유가 존재하는지 여부나 대기발령에 관한 절차규정의 위반 여부 및 그 정도에 의하여 판단하여야 한다고 보는 경우와 ② 대기발령을 인사명령의 일종으로 보아, 대기발령의 업무상 필요성과 그에 따른 근로자의 생활상 불이익과의 비교교량, 근로자와의 협의 등 대기발령을 하는 과정에서 신의칙상 요구되는 절차를 거쳤는지 여부 등에 의하여 결정되어야 한다고 보는 경우가 있다. 이러한 기준에 따라 각각 이 사건 대기발령의 정당성 여부를 판단하여 보기로 한다.

먼저 ①의 기준에 따라 판단하는 경우, 합병되면 대대적인 감원이 생길 수밖에 없기 때문에 이에 반대한다는 글을 A회사 홈페이지 게시판에 올렸다는 것만으로 A회사가 제시하는 바와 같이 사내질서를 어지럽혔다고 보기는 어렵다. 더욱이 이러한 경우가 대기발령 사유에 해당되는지 여부에 관한 취업규칙상 근거 규정이 없으며 징계사유에 해당되는지 여부도 사실관계에 나타난 바로는 알 수 없다. 따라서 대기발령의 정당성이 인정되기 어렵다고 할 것이다.

다음으로 ②의 기준에 따라 판단하는 경우, 근로자가 단지 회사 홈페이지에 회사의 합병계획에 반대한다는 글을 올렸다는 것만으로 당해 근로자에게 대기발령명령을 내릴 업무상 필요성이 있다고 보기는 어렵고 근로자 甲은 대기발령 기간 동안 평소 월급의 3분의 2만 받았기 때문에 생활상 불이익이 발생하였으며 회사가 근로자 甲과 협의를 거쳤다는 사실관계는 전혀 보이지 않는다. 따라서 ②의 기준에 의하더라도 대기발령의 정당성이 인정되기 어려울 것이다.

한편 대기발령의 절차적 정당성과 관련하여 판례는 취업규칙 등에 대기발령이 징계처분의 하나로 규정되어 있지 아니한 이상 대기발령처분을 함에 있어서 해당 근로자에게 변명의 기회를 부여하는 등의 징계절차를 거칠 필요는 없다고 하고 있다. 이 사안에서는 취업규칙상 대기발령에 관하여 아무런 규정을 두고 있지 아니하므로 절차 위반의 문제는 특별히 제기되지 않는다.

Ⅳ. 결론

이 사건 대기발령의 경우 판례에 따르면 근기법 제23조 소정의 징계와는 성격이 다르다. 다만, 판례에 의해 제시되고 있는 대기발령의 정당성 판단기준에 비추어 볼 때 대기발령 사유와 업무상 필요성, 근로자에게 가해지는 불이익 등을 고려하면 비록 절차 위반의 문제는 없지만 전체적으로 정당한 대기발령으로 보기는 어렵다. 따라서 근로자 甲이 A회사의 자택대기발령이 근기법 제23조 제1항에 위반한 징계로서 무효라고 주장하는 것은 타당하지 못하다고 판단된다.

〈질문 2〉 근로자 甲은 자신에 대한 징계해고의 사유가 부당하다고 주장한다. 이 주장은 타당한가?

I. 논점의 정리

甲은 A회사에 입사하면서 대학중퇴 사실을 이력서에 기재하지 아니하였는데, A회사는 입사 당시부터 이 사실을 알고도 7년의 재직기간 동안 아무런 문제를 삼지 않다가 甲이 자택대기발령기간 중에 합병반대의 글을 A회사 홈페이지 게시판에 계속 올리자, 비로소 근로자 甲이 대학중퇴의 사실을 이력서에 기재하지 아니한 것을 이유로 징계해고를 하였다. A회사의 취업규칙에는 '이력서에 학력이나 경력을 허위 또는 부실하게 기재한 경우'를 징계해고 사유 중의 하나로 규정하고 있다.

따라서 근로자가 입사시 학력 등을 은폐하거나 허위 또는 부실하게 기재한 것이 정당한 해고사유에 해당되는지 여부가 검토되어야 한다.

Ⅱ. 관련 법리

1. 해고의 정당성 판단 기준

해고의 정당한 이유란 사회통념상 고용관계를 계속할 수 없을 정도로 근로자에게 책임 있는 사유가 있거나 부득이한 경영상의 필요가 있는 경우로서, 고용관계를 계속할 수 없는 정도인지 여부는 사업의 목적 · 성격, 사업장의 여건, 근로자의 지위 · 직무의 내용, 비위행위의 동기 · 경위, 그 행위의 기업질서에 대한 영향, 과거의 근무태

도 등 여러 사정을 종합하여 판단하여야 한다.[69]

2. 학력은폐가 해고의 정당한 사유가 되는지 여부

판례에 따르면 근로자가 입사 당시 제출한 이력서 등에 학력 등을 허위로 기재한 행위를 이유로 징계해고를 하는 경우, 사회통념상 고용관계를 계속할 수 없을 정도인지는 사용자가 사전에 그 허위 기재 사실을 알았더라면 근로계약을 체결하지 아니하였거나 적어도 동일 조건으로는 계약을 체결하지 않았으리라는 등 고용 당시의 사정뿐 아니라 고용 이후 해고에 이르기까지의 여러 사정을 종합적으로 고려하여 판단하여야 한다.[70]

따라서 고용 후 해고에 이르기까지 근로자가 종사한 근로 내용과 기간, 허위기재를 한 학력 등이 종사한 근로의 정상적인 제공에 지장을 가져오는지 여부, 사용자가 학력 등 허위 기재 사실을 알게 된 경위, 알고 난 후 당해 근로자의 태도 및 사용자의 조치 내용, 학력 등이 종전에 알고 있던 것과 다르다는 사정이 드러남으로써 노사간 및 근로자 상호간 신뢰관계 유지와 안정적인 기업경영과 질서유지에 미치는 영향 기타 여러 사정을 종합적으로 고려하여 판단하여야 한다고 하고 있다.

다만 사용자가 이력서에 근로자의 학력 등의 기재를 요구하는 것은 근로능력 평가 외에 근로자의 진정성과 정직성, 당해 기업의 근로환경에 대한 적응성 등을 판단하기 위한 자료를 확보하고 나아가 노사간 신뢰관계 형성과 안정적인 경영환경 유지 등을 도모하고자 하는 데에도 목적이 있는 것으로, 이는 고용계약 체결뿐 아니라 고용관계 유지에서도 중요한 고려요소가 된다고 볼 수 있다고 한다. 따라서 취업규칙에서 근로자가 고용 당시 제출한 이력서 등에 학력 등을 허위로 기재한 행위를 징계해고사유로 특히 명시하고 있는 경우에 이를 이유로 해고하는 것은, 고용 당시 및 그 이후 제반 사정에 비추어 보더라도 사회통념상 현저히 부당하지 않다면 정당성이 인정된다는 것이다.

또한 판례에 따르면 사용자가 근로자의 학력 또는 경력 사칭을 알았음에도 이를 이유로 근로자를 징계하지 않을 것으로 신뢰할 만한 상당한 기간이 지난 때에는 학력

---

69) 대법원 2006. 11. 23. 선고 2006다48069 판결.

70) 대법원 2012. 7. 5. 선고 2009두16763 판결.

또는 경력 사칭을 이유로 하는 징계해고는 부당한 것으로 판단될 수 있다.[71)]

Ⅲ. 사안의 해결

이 사안에서 甲은 입사 시 대학중퇴 사실을 이력서에 기재하지 않았으므로 이는 학력의 허위 내지 부실기재에 해당된다고 할 수 있다. 그러나 앞서 살펴본 판례 법리에 따라 판단하여 본다면 甲이 비록 학력을 속이기는 했지만 A회사는 甲을 채용하던 당시 이미 이 사실을 알고 있으면서도 甲을 채용하였으므로 사용자가 사전에 허위기재 사실을 알았더라면 근로계약을 체결하지 아니하였거나 적어도 동일 조건으로는 계약을 체결하지 않았으리라는 사정은 인정될 수 없을 것이다.

또한 판례에 따르면 고용 이후 해고에 이르기까지의 여러 사정을 종합적으로 고려하여 해고의 정당성 여부를 판단하여야 하는바, 이 사건의 경우 甲이 입사 이후 7년간 별다른 문제 없이 근무하다가 회사의 합병계획에 반대한다는 글을 회사 게시판에 올린 이후 해고된 것이므로 甲이 입사 당시 학력을 속인 것이 정상적 근로제공에 지장을 초래하였다거나 노사간 및 근로자 상호간의 신뢰관계 유지와 안정적 기업경영 및 질서유지에 악영향을 미친다고 보기도 어렵다. 따라서 이 사안에서 甲이 입사하면서 대학중퇴 사실을 이력서에 기재하지 않은 것만으로는 정당한 해고사유에 해당되지 않는다고 판단된다.

한편, 甲이 해고된 실질적인 이유는 회사가 합병되면 대대적인 감원이 생길 수밖에 없기 때문에 이에 반대한다는 글을 A회사 홈페이지 게시판에 올린 것이라고 볼 수 있는데, 판례에 따르면 근로자가 사내 전자게시판에 문서를 게시한 목적이 근로조건의 유지 · 개선과 근로자의 복지증진 기타 경제적 · 사회적 지위의 향상을 도모하기 위한 것으로서 문서 내용이 전체적으로 보아 진실한 것이라면 이는 근로자의 정당한 활

---

71) 학력 · 경력을 사칭한 근로자가 수년 동안 성실하게 근무한 경우 학력 등 사칭이 징계사유가 되는지 여부와 관련하여, 범죄사실을 은폐한 근로자가 13년 동안 성실하게 근무한 경우 경력 사칭을 이유로 징계해고할 수 없다고 판단한 사례가 있다(대법원 1993. 10. 8. 선고 93다30921 판결). 반면 사용자가 근로자의 학력은폐 사실을 알고도 그로부터 약 1년 3개월 동안 징계를 하지 않았다 하여 이를 이유로 징계권을 행사하지 아니할 것으로 신뢰할만한 정당한 기대를 가지게 된 경우에 해당되지는 않는다고 보아 근로자에 대한 징계가 정당하다고 본 사례도 있다(대법원 1994. 1. 28. 선고 92다45230 판결).

동범위에 속하는 것으로서 이러한 활동을 이유로 근로자를 징계해고하는 것은 정당성이 인정되지 않는다고 한다.[72)]

Ⅳ. 결론

A회사가 甲이 입사 당시 학력을 속인 것을 이유로 해고하는 것은 정당한 징계해고 사유에 해당되지 아니하므로 자신에 대한 징계해고의 사유가 부당하다고 하는 甲의 주장은 타당하다.

---

72) 대법원 2012. 1. 27. 선고 2010다100919 판결.

사례8 징계해고의 사유 및 절차

[사례 8][73)]

A회사는 상시 근로자 약 500명을 사용하여 제조업을 영위하고 있다. 甲은 A회사에 1990년 2월 1일에 입사하여 근무하던 중 2011년 6월 2일에 해고되었다. A회사가 甲에게 교부한 해고통지문에는 "취업규칙 제73조의 징계사유인 회사에 대한 손해발생(제5호) 및 직장질서의 문란(제7호)에 따른 징계해고"라고 기재되어 있다.

甲은 2011년 4월 12일 작업 도중 자신의 실수로 기계를 고장 내고 원자재를 훼손하여 A회사에 300만원 상당의 손해를 입혔다. 이에 대하여 총무부장 乙은 같은 달 13일 甲에게 사고발생의 경위서를 작성하여 같은 달 15일까지 제출하도록 지시하였다. 甲이 경위서를 제출하지 않자 같은 달 16일 오후 3시경 乙은 작업을 하고 있던 甲을 직접 찾아가 "야! ××야! 왜 경위서를 내지 않는 거야?"라고 추궁하였다. 甲은 자기보다 어린 乙이 갑자기 나타나 욕설과 반말로 추궁하자 울컥한 마음에 乙을 가볍게 밀치며 마찬가지로 욕설을 하였고(당시 甲은 46세, 乙은 40세), 이 때문에 5분 정도 서로 간에 고성이 오가는 다툼이 있었다. 甲은 당일 자신의 작업을 마치고 오후 7시경에 총무부에 4월 12일의 사고발생에 관한 경위서를 제출하였다.

A회사는 甲의 4월 12일의 사고발생 및 4월 16일의 총무부장 乙과의 다툼과 관련하여 甲을 징계하기로 하고 징계위원회에 회부하였다. A회사의 취업규칙 제75조에는 "① 징계위원회는 징계대상자에게 징계위원회 개최 7일전에 징계사유 및 징계위원회의 출석을 통지한다. ② 징계위원회는 징계를 의결하기 전에 징계대상자에게 소명할 기회를 부여한다."고 규정되어 있다. A회사의 징계위원회는 4월 29일 甲을 해고하기로 의결하였다. 이 과정에서 징계위원회는, ⅰ) 甲이 4월 12일의 사고에 대한 경위서를 4월 16일에 총무부에 제출하였고, ⅱ) 4월 16일의 甲과 乙의 다툼에 대해 징계위원회에서 직접 乙로부터 사정을 청취하였으므로, 별도로 甲을 징계위원회에 출석시켜 소명을 들을 필요가 없다고 판단하여 甲에게 징계위원회의 출석통지를 하지 않았다.

〈질 문〉

1. "제 실수로 회사에 손해를 끼쳤고 총무부장에 대하여 언성을 높인 잘못은 있지만 제가 해고될 정도의 잘못은 아니라고 생각합니다."라는 甲의 주장에 대한 법적 의견은?

73) 2011년도 시행 제1회 법학전문대학원협의회 모의시험 제1문.

2. "징계위원회에 출석하여 사건의 경위를 제대로 설명하고 싶었으나 그럴 기회가 없었으므로 해고는 무효라고 생각합니다."라는 甲의 주장에 대한 법적 의견은?

해설

〈질문 1〉 "제 실수로 회사에 손해를 끼쳤고 총무부장에 대하여 언성을 높인 잘못은 있지만 제가 해고될 정도의 잘못은 아니라고 생각합니다."라는 甲의 주장에 대한 법적 의견은?

I. 논점의 정리

甲은 실수로 기계를 고장 내고 원자재를 훼손하여 A회사에 300만원 상당의 손해를 입혔고 총무부장 乙이 경위서 제출을 지시하였으나 이에 응하지 않았다. 이에 대해 총무부장 乙이 甲에게 화를 내며 욕설을 하자 甲 역시 乙을 가볍게 밀치고 욕설을 하는 등 다툼이 있었다. 이후 甲은 사고발생에 대한 경위서를 제출하였다. A회사는 위와 같은 甲의 행위와 관련하여 취업규칙 제73조의 징계사유에 근거하여 甲을 징계해고 하였고, 甲은 해고될 정도의 잘못은 아니라고 주장하고 있다. 이러한 주장의 타당성을 검토하기 위해서는 취업규칙상의 징계 사유가 근기법 제23조 제1항에 따른 정당한 해고의 사유에 해당되는지, 징계양정이 적정했는지 여부를 살펴보아야 한다.

Ⅱ. 관련 법리

1. 해고 및 징계의 정당성 판단

근기법 제23조 제1항에 따르면 사용자는 근로자에게 정당한 이유 없이 해고하지 못한다. 그리고, 판례에 따르면 해고는 사회통념상 고용관계를 계속할 수 없을 정도로 근로자에게 책임 있는 사유가 있는 경우에 행하여져야 그 정당성이 인정된다. 이 경우, 사회통념상 당해 근로자와의 고용관계를 계속할 수 없을 정도인지의 여부는 당해 사용자의 사업의 목적과 성격, 사업장의 여건, 당해 근로자의 지위 및 담당직무의 내용, 비위행위의 동기와 경위, 이로 인하여 기업의 위계질서가 문란하게 될 위험성 등 기업질서에 미칠 영향, 과거의 근무태도 등 여러 가지 사정을 종합적으로 검토하여 판단하여야 한다.[74)]

2. 취업규칙상 해고사유가 정당한 해고의 이유가 되는지 여부

한편, 취업규칙에서 해고할 수 있는 사유를 열거하여 규정하는 경우, 규정된 사유는 사용자가 주관적으로 설정한 것이므로 취업규칙상 해고사유에 해당된다 하여 반드시 그것이 근로기준법상 정당한 해고의 이유가 된다고 단정할 수 없다. 즉, 징계해고의 경우에는 사회통념상 근로계약을 계속시킬 수 없을 정도로 근로자에게 책임 있는 사유가 있어야 하기 때문에 취업규칙에 징계해고사유가 규정되어 있다는 점만으로 당연히 그 징계해고처분이 정당한 이유가 있다고는 볼 수 없고 구체적인 사정을 참작하여 위와 같은 의미의 정당한 이유가 있다고 인정되는 경우여야 한다는 것이 판례의 입장이다. 예를 들어, 판례는 취업규칙에서 '과실에 따른 중대한 사고를 일으킨 경우'를 징계사유로 규정하고 있어도 이는 중대한 과실에 따른 사고로 인하여 인명피해와 물적 손해가 중대한 경우로 한정해석 해야 한다고 하였다.[75)]

3. 징계양정의 적정성 판단

판례에 따르면 취업규칙 등에서 동일한 징계사유에 대하여 여러 종류의 징계가 가능한 것으로 규정한 경우, 어떤 징계처분을 선택할 것인지는 징계권자의 재량이나, 이러한 재량은 자의적이고 편의적인 것이 아니기 때문에 징계사유와 징계처분 간에 사회통념상 상당하다고 인정되는 균형의 존재가 요구되고 경미한 징계사유에 대하여

74) 대법원 2006. 11. 23. 선고 2006다48069 판결; 대법원 2008. 7. 10. 선고 2007두22498 판결 등.
75) 대법원 1997. 4. 8. 선고 96다33556 판결.

가혹한 제재를 과하는 것은 징계권의 남용으로서 무효라고 하고 있다.[76] 또한 징계종류를 선택하기 위한 자료로서 피징계자의 평소 소행과 근무성적, 당해 징계처분 사유 전후에 저지른 비위행위 사실 등은 징계양정을 하면서 참작자료로 삼을 수 있다고 한다.[77]

Ⅲ. 사안의 해결

이 사안의 경우 첫째, 甲이 회사에 손해를 발생시킨 행위, 둘째 경위서 제출 지시에 응하지 않고 상사와 다툰 행위가 취업규칙 및 근로기준법에 따라 정당한 징계 사유에 해당되는지 여부를 검토하여야 한다.

1. 甲의 실수로 회사에 손해를 발생시킨 행위(취업규칙 제73조 제5호 "회사에 대한 손해발생" 위반 관련)

취업규칙상의 징계사유는 근기법 제23조 제1항 소정의 해고의 정당한 이유에 해당되어야 정당한 해고 사유로 인정된다. A회사의 취업규칙 제73조 제5호는 "회사에 대한 손해발생"을 징계사유에 해당된다고 규정하고 있는바, 이에 위반한 甲의 행위가 정당한 해고 사유가 되는지 여부를 검토해야 한다.

甲은 작업 도중 자신의 실수로 기계를 고장 내고 원자재를 훼손하여 A회사에 300만원 상당의 손해를 발생시켰다. 만일 근로자가 회사에 대하여 고의로 위법행위를 하여 직접적으로 중대한 손해를 입혔다면 이는 정당한 징계사유가 될 수 있을 것이다. 그러나 甲의 경우 고의가 아닌 과실로 300만원 상당의 손해를 발생시켰고, 500명의 근로자를 고용하고 있는 A회사 규모를 고려할 때 300만원 상당의 손해는 중대한 손해라고 보기는 어려울 것이다.

---

76) 대법원 1991. 10. 25. 선고 90다20428 판결.

77) 대법원 2011. 3. 24. 선고 2010다21962 판결.

2. 상사의 경위서 제출 지시에 응하지 않고 상사와 다툰 행위(취업규칙 제73조 제7호 "직장질서의 문란" 위반 관련)

甲이 총무부장 乙의 사고발생 경위서 제출 지시에 응하지 않고, 이를 추궁하며 甲에게 욕설을 한 乙을 밀치고 욕설을 한 행위, 5분간 고성을 지르며 乙과 다툰 행위 등은 일응 A회사 취업규칙 소정의 징계사유인 "직장질서의 문란"에 해당된다.

먼저, 乙이 甲에게 사고발생 경위서 제출을 지시한 것은 업무명령에 해당된다. 일반적으로 근로자가 사용자의 정당한 업무명령을 거부하는 행위는 징계사유에 해당되는데 판례에 따르면 시말서제출 지시에 불응하여 이를 거부한 것은 사용자의 업무상 정당한 명령을 거부한 것으로서 징계사유가 된다고 한다. 다만 시말서의 성격은 단순히 사건의 경위를 보고하는 것을 의미한다. 그런데 이에 그치지 않고 잘못을 반성하고 사죄한다는 내용이 포함된 반성문 제출을 요구하는 것이라면 그러한 시말서 제출은 헌법이 보장하는 양심의 자유를 침해하는 것이 되어 헌법에 위반되고 이러한 시말서 제출을 명령할 수는 없다.[78]

이 사안의 경우 단순히 사고발생의 경위서를 제출하도록 지시한 것이기 때문에 이는 정당한 업무명령에 해당된다. 따라서 2011년 4월 15일까지 경위서를 제출하라는 乙의 지시를 따르지 아니한 甲의 행위는 징계사유에 해당될 수 있다. 다만, 甲은 비록 乙이 지시한 경위서 제출시기를 도과한 이후이기는 하나 2011년 4월 16일 근무를 마친 후 경위서를 제출하였다는 점이 고려되어야 할 것이다.

한편, 甲이 경위서 제출을 하지 않자 乙이 甲에게 욕설과 반말을 하며 추궁하였고 이에 화가 난 甲 역시 욕설과 반말을 하며 다투게 되었는데 일반적으로 상사에게 폭언과 욕설을 하는 것은 징계사유가 될 수 있다. 다만 이 사안의 경우 乙이 상사이기는 하지만 甲보다 나이가 6세나 어리고 먼저 욕설과 반말을 하였다는 점, 甲만 일방적으로 乙에게 폭언과 욕설을 한 것이 아니라 상호간에 서로 고성을 지르며 다투었다는 점 등에 비추어 볼 때 乙이 甲에게 행한 태도에도 문제가 있다는 점이 고려되어야 할 것이다.

---

78) 대법원 2010. 1. 14. 선고 2009두6605 판결.

3. 甲이 20년 이상 근무한 직원이라는 점에 대한 고려

대법원 판결 중에는 근로자를 징계해고 함에 있어서 당해 근로자가 입사 시부터 해고 시까지 약 16년간 성실히 근무하면서 아무런 징계처분을 받은 적이 없다는 점을 징계양정에서 고려하여야 한다는 입장을 취한 경우가 있다.[79)]

甲의 경우 1990년에 입사하여 2011년에 해고될 때까지 20년 이상 근무한 장기근속자인데 사실관계에는 근무기간 동안 징계처분을 받은 전력이 있다는 사실은 드러나지 않고 있다. 이처럼 甲이 20년 이상 장기간 별다른 문제없이 근무한 직원이라는 점이 징계양정에서 고려되어야 한다.

4. 소결

甲이 과실에 의해 손해를 발생시킨 것은 회사 규모에 비추어 볼 때 중대한 손해라고 보기는 어렵다. 또한 甲이 상사인 乙의 경위서 지시 제출을 어기고 乙을 밀치고 욕설과 고성을 지른 행위는 징계사유가 될 수 있지만 乙 역시 자신보다 나이가 많은 甲에게 먼저 욕설과 반말을 하였다는 점을 고려할 때 乙에게도 甲의 행위를 유발한 데 대한 일정 정도의 책임이 있다고 할 수 있다. 전체적으로 종합하여 보면 甲에 대한 해고사유는 일응 징계사유에는 해당된다고 할 수는 있겠으나 사회통념상 고용관계를 계속할 수 없을 정도로 근로자에게 책임 있는 사유, 즉, 해고가 정당화될 수 있을 정도의 사유라고 보기는 어렵다. 또한 甲의 행위가 징계사유에 해당된다 하더라도 甲이 20년 이상 근무한 장기근속자라는 점을 고려할 때 가장 무거운 징계처분인 징계해고에 처하는 것은 지나치게 과도한 징계양정이라고 판단된다. 따라서 甲에 대한 해고는 사회통념상 현저하게 타당성을 잃어 징계권자의 재량권을 남용한 것이라고 할 것이다.

Ⅳ. 결론

甲에 대한 징계해고는 사회 통념상 고용관계를 계속할 수 없을 정도로 근로자에게

---

79) 대법원 1991. 10. 25. 선고 90다20428 판결.

책임 있는 사유에 의한 해고라고 보기는 어렵다. 또한, 징계사유가 인정된다 하더라도 징계해고에 처하는 것은 지나치게 과도한 징계양정이다. 따라서 甲에 대한 징계해고는 지나치게 가혹한 제재를 과한 것으로 징계권자의 재량권을 남용하였으므로 "회사에 손해를 끼쳤고 총무부장에 대하여 언성을 높인 잘못은 있지만 해고될 정도의 잘못은 아니라고 생각한다"는 甲의 주장은 타당하다.

〈질문 2〉 "징계위원회에 출석하여 사건의 경위를 제대로 설명하고 싶었으나 그럴 기회가 없었으므로 해고는 무효라고 생각합니다."라는 甲의 주장에 대한 법적 의견은?

I. 논점의 정리

A회사 취업규칙 제75조에는 "① 징계위원회는 징계대상자에게 징계위원회 개최 7일전에 징계사유 및 징계위원회의 출석을 통지한다. ② 징계위원회는 징계를 의결하기 전에 징계대상자에게 소명할 기회를 부여한다."고 규정되어 있다. 그러나 A회사는 甲으로부터 경위서를 받았고, 甲과 乙의 다툼에 대해 징계위원회에서 乙로부터 사정을 청취하였다는 이유로 甲에게 징계위원회의 출석통지를 하지 않았으며, 甲에게 소명기회를 주지 않은 채 甲을 해고하였다. 甲은 자신에게 소명기회가 부여되지 않은 채 해고된 것은 무효라고 주장하고 있다. 이 경우, 취업규칙 소정의 징계절차에 관한 규정을 위반하여 징계해고한 것이 절차 위반의 해고로서 무효가 되는지 여부가 문제된다.

Ⅱ. 관련 법리

판례에 따르면 취업규칙이나 단체협약에서 피징계자에 대한 소명기회 부여, 징계위원회 구성 등 징계절차에 관한 규정을 두고 있는 경우, 이러한 절차를 거치지 아니한 징계는 원칙적으로 효력이 없다. 특히 징계시 사전통지와 진술권부여를 의무조항으로 규정하고 있다면 이는 징계의 객관성과 공정성을 확보하기 위한 것으로서 징계의 유효요건이라고 할 것이므로 그 징계사유의 내용이 객관적으로 명확하다거나 징계 대상자가 다른 절차에서 자신의 행위의 정당성을 이미 주장한바 있다고 하여도 사전통지를 결한 이상 그 징계는 무효라고 한다.[80)]

Ⅲ. 사안의 해결

이 사안에서 A회사는 甲으로부터 경위서를 받았고, 乙로부터 다툼에 대한 사정을 청취하였다는 이유를 내세워 甲에게는 사전에 징계위원회의 출석통지를 하지 않았고 소명기회도 부여하지 않았다.

그러나 판례 법리에 따라 판단하면, A회사의 취업규칙 제75조에 위반하여 출석통지와 소명기회 부여 없이 이루어진 甲에 대한 해고는 징계절차 위반의 해고로서 무효이다.

Ⅳ. 결론

甲에 대한 해고는 취업규칙 소정의 징계절차를 위반한 해고에 해당되어 무효이고 따라서 "징계위원회에 출석하여 사건의 경위를 제대로 설명하고 싶었으나 그럴 기회가 없었으므로 해고는 무효"라는 甲의 주장은 타당하다.

---

80) 대법원 1992. 7. 28. 선고 92다14786 판결.

사례 9 영업양도와 근로관계의 승계, 징계해고의 사유

[사례 9][81)]

A회사는 상시 500명의 근로자를 사용하여 각종 전자부품을 제조·판매하는 회사이고, B회사는 상시 100명의 근로자를 사용하여 자동차용 오디오를 제조·판매하는 회사이다. A회사는 2014. 3.경부터 자동차용 전자장비 생산부를 확장하기로 하고, 그 일환으로 B회사를 양수하기로 결정하였다.

두 회사가 2014. 5. 1. 체결한 영업양도계약 제25조는 "① B회사는 2014. 7. 31.자로 A회사에 그 건물과 시설 및 설비 등 영업에 필요한 재산 일체를 양도한다. ② A회사는 2014. 8. 1.자로 B회사 근로자들의 고용을 모두 승계한다. 다만, 근로 연수 20년 이상인 근로자의 고용은 승계하지 않을 수 있다."라고 규정하고 있다. B회사의 모든 근로자들은 영업양도 절차에 협조하기 위하여 A회사의 요청에 따라 B회사에 사직서와 A회사로의 재취업신청서를 함께 제출하였다. 그러나 A회사는 2014. 8. 1. B회사의 근로 연수 20년 이상인 근로자 10명 중에서 인사고과 점수가 낮은 甲 등 5명의 고용을 승계하지 않았다.

한편, A회사의 근로자 乙은 2014. 5. 6.부터 2주 동안 두 회사 사이의 영업양도계약의 부당성과 A회사를 비방하는 취지의 다수 문건을 A회사 홈페이지에 게시하였다. A회사는 전체 근로자들에게 영업양수의 필요성을 홍보하는 한편, 乙에게도 공문이나 인사부장과의 면담 등을 통해 회사에 대한 비방을 중단하지 않으면 징계할 수 있음을 여러 차례 경고하였다. 그러나 그후에도 乙은 자신의 행위는 회사의 발전을 위한 것으로 비방이 아니라면서 동일한 행위를 계속하였다. 이에 A회사는 乙의 행위가 취업규칙 제12조(징계해고의 사유) 제5호 '고의적이거나 계속적으로 회사를 비방하는 행위'에 해당한다고 판단하여 필요한 모든 징계절차를 거쳐 2014. 8. 15. 乙을 징계해고하였다.

〈질 문〉

1. A회사가 2014. 8. 1.자로 甲 등 5명의 고용을 승계하지 않은 행위는 정당한가?

2. A회사가 2014. 8. 15.자로 乙을 징계해고한 것은 정당한가?

---

81) 2015년 시행 제4회 변호사시험 제1문.

해설

〈질문 1〉 A회사가 2014. 8. 1.자로 甲 등 5명의 고용을 승계하지 않은 행위는 정당한가?

I. 논점의 정리

이 사안에서는 먼저 A회사와 B회사 간에 2014. 5. 1. 체결한 영업양도계약에 따라 그 법적 효과로서 B회사 근로자들의 근로관계가 모두 A회사로 승계되는지 여부를 검토하여야 한다. 다음으로 위 영업양도계약에서 A회사는 근로 연수 20년 이상인 근로자의 고용을 승계하지 않을 수 있다는 조항을 두고 있는바, 이러한 조항에 근거하여 A회사가 甲 등 5명의 고용을 승계하지 않은 것이 정당한지 여부를 검토하여야 한다. 또한 B회사의 모든 근로자들은 영업양도 절차에 협조하기 위하여 A회사의 요청에 따라 B회사에 사직서와 A회사로의 재취업신청서를 제출하였는바, 이는 근로자들이 B회사를 퇴직하거나 A회사로의 인수를 거부한다는 의사로 해석될 수 있는지 여부도 검토하여야 한다.

Ⅱ. 관련 법리

1. 영업양도의 의의와 근로관계의 승계

현행법은 영업양도가 이루어지는 경우 양도기업 근로자들의 근로관계가 양수기업에 승계되는지 여부에 관하여 규정하고 있지 않다.

그러나 판례에 따르면 영업의 양도라 함은 일정한 영업목적에 의하여 조직화된 업체, 즉 인적 · 물적 조직을 그 동일성은 유지하면서 일체로서 이전하는 것으로서 영업의 일부만의 양도도 가능하고, 이러한 영업양도가 이루어진 경우에는 반대의 특약이 없는 한 양도인과 해당 근로자들의 근로관계가 양수하는 기업에 포괄적으로 승계된

다고 한다.[82)]

여기서 영업의 동일성 여부는 일반 사회관념에 의하여 결정되어져야 할 사실인정의 문제이기는 하지만, 문제의 행위(양도계약관계)가 영업의 양도로 인정되느냐 안 되느냐는 단지 어떠한 영업재산이 어느 정도로 이전되어 있는가에 의하여 결정되어져야 하는 것이 아니고 거기에 종래의 영업조직이 유지되어 그 조직이 전부 또는 중요한 일부로서 기능할 수 있는가에 의하여 결정되어져야 하는 것이므로, 예컨대 영업재산의 전부를 양도했어도 그 조직을 해체하여 양도했다면 영업의 양도는 되지 않는 반면에 그 일부를 유보한 채 영업시설을 양도했어도 그 양도한 부분만으로도 종래의 조직이 유지되어 있다고 사회관념상 인정되면 그것을 영업의 양도로 볼 것이라고 한다.[83)]

2. 영업양도에 있어 근로관계의 일부를 승계 대상에서 제외하는 특약의 효력

판례는 영업양도 당사자 사이에 근로관계의 일부를 승계의 대상에서 제외하기로 하는 특약이 있는 경우에는 그에 따라 근로관계의 승계가 이루어지지 않을 수 있지만 그러한 특약은 실질적으로 해고나 다름이 없으므로 근로기준법 제23조 제1항 소정의 정당한 이유가 있어야 유효하며, 영업양도 그 자체만을 사유로 삼아 근로자를 해고하는 것은 정당한 이유가 있는 경우에 해당한다고 볼 수 없다고 한다.[84)] 즉, 정당한 해고사유가 있는 근로자의 경우에 한하여 양도 당사자 사이의 특약으로 그 근로관계의 승

82) 대법원 2002. 3. 29. 선고 2000두8455 판결. 한편, 판례에 따르면 영업양도에 의하여 근로계약 관계가 포괄적으로 승계된 경우에 근로자의 종전 근로계약상의 지위도 그대로 승계되는 것이다. 예를 들어 근로관계 승계 후의 취업규칙상 퇴직금규정이 승계 전의 취업규칙상 퇴직금규정보다 근로자에게 불리한 경우, 해당 근로자집단의 동의가 없다면 승계 전의 유리한 퇴직금규정이 그대로 적용되고 이는 퇴직금차등제도 설정 금지의 원칙에 위배되지 않는다고 보았다. 따라서, 근로관계 승계 이후 근로조건을 단일화하는 유효한 변경이나 조정이 없는 한 종전 근로조건은 그대로 종전과 같이 유지되는 것이다. 근로조건을 변경하는 경우에 종전 근로조건보다 불리하게 변경된다면 근로기준법 제94조 제1항에 따라 해당 사업 또는 사업장에 근로자의 과반수로 조직된 노동조합이 있는 경우에는 그 노동조합, 근로자의 과반수로 조직된 노동조합이 없는 경우에는 근로자의 과반수의 동의를 받아야 한다(대법원 1995. 12. 26. 선고 95다41659 판결).

83) 대법원 2002. 3. 29. 선고 2000두8455 판결.

84) 대법원 2002. 3. 29. 선고 2000두8455 판결.

계를 제외할 수 있는 것이다. 정당한 해고사유가 없는 근로자의 근로관계는 양수인의 의사에 관계없이 양수인에게 승계되어야 한다.

3. 영업양도에 있어 승계거부 또는 퇴직의 의사표시

판례에 따르면 영업양도에 의하여 양도인과 근로자 사이의 근로관계는 원칙적으로 양수인에게 포괄승계되는 것이지만 근로자가 반대의 의사를 표시함으로써 양수기업에 승계되는 대신 양도기업에 잔류하거나 양도기업과 양수기업 모두에서 퇴직할 수도 있는 것이라고 한다. 또한, 영업이 양도되는 과정에서 근로자가 일단 양수기업에의 취업을 희망하는 의사를 표시하였다고 하더라도 그 승계취업이 확정되기 전이라면 취업희망 의사표시를 철회하는 방법으로 위와 같은 반대의사를 표시할 수 있는 것으로 보아야 할 것이라고 한다.[85)]

Ⅲ. 사안의 해결

1. 이 사안의 계약이 근로관계 승계의 효과가 발생되는 영업양도 계약에 해당되는지 여부

이 사안에서 A회사와 B회사가 체결한 영업양도계약 제25조 제1항에서는 B회사는 A회사에 그 건물과 시설 및 설비 등 영업에 필요한 재산 일체를 양도한다고 하고 있고, 동조 제2항 본문에서는 A회사는 B회사 근로자들의 고용을 모두 승계한다고 하고 있다. 따라서 두 회사 간의 계약은 판례에서 말하는 인적・물적 조직을 그 동일성은 유지하면서 일체로서 이전하는 영업양도 계약에 해당된다고 판단되기 때문에 B회사 근로자들의 근로관계는 원칙적으로 A회사에 포괄적으로 승계된다.

85) 대법원 2002. 3. 29. 선고 2000두8455 판결.

2. A회사가 甲 등 5명의 고용을 승계하지 않은 것이 정당한지 여부

이 사안에서 A회사와 B회사 간에 체결된 영업양도계약 제25조 제2항 단서에 따르면 근로 연수 20년 이상인 근로자의 고용은 승계하지 않을 수 있다고 하여 근로관계 일부를 승계 대상에서 제외할 수 있도록 하는 특약을 하고 있다. 그리고 실제로는 근로 연수 20년 이상인 근로자 10명 중에서 인사고과 점수가 낮은 甲 등 5명의 고용을 승계하지 않았다.

앞서 살펴본 바와 같이 판례에 따르면 영업양도 당사자 사이에 근로관계의 일부를 승계의 대상에서 제외하기로 하는 특약은 실질적으로 해고나 다름없기 때문에 근기법 제23조 제1항 소정의 정당한 이유가 있어야 한다. 甲 등 5명에 대한 해고 사유는 근로 연수가 20년 이상인 근로자 중에서 인사고과 점수가 낮다는 것이었다. 따라서 이러한 사유가 해고의 정당한 사유가 되는지 여부에 대해 검토해 보아야 한다.

먼저 근로 연수가 일정 기간 이상이라는 것은 정당한 해고 사유가 될 수 없다. 다음으로 인사고과 점수가 낮다는 것이 정당한 해고 사유가 되는지 여부가 문제된다. 판례에 따르면 근무성적 불량을 이유로 하는 해고의 정당성이 문제되는 경우, 근무성적 불량은 상당한 기간에 걸쳐 현저한 것이어야 하고, 객관적으로 확인 가능한 것이어야 하며 근무성적 평가기준은 추상적, 자의적인 것이 아니라 평가대상 근로자들 간에 공정한 것이어야 하고 특정 근로자에게 부당하게 차별적이거나 과중한 것이어서는 안 된다.[86] 또한 상대평가 기준에 기초한 평정의 결과로서 근무성적이 하위등급에 속한다는 이유만으로는 해고의 정당성이 인정되기 어렵다. 상대적인 근무성적 불량이 곧바로 직무수행능력의 결여나 불성실한 근무태도 또는 업무지시 불이행 등에 해당된다고 단정할 수 없기 때문이다.[87] 다만 근로자의 직위, 보수, 근무경력, 다른 근로자의 전반적인 근로성적, 회사의 경영실태 등 제반사정을 참작하여 근로자로서 최소한도의 직무수행능력이 결여되었다고 인정되는 경우라면 징계규정에 따라 해고한 데에 정당한 이유가 있다고 한다. 예를 들어 판례는 근로자의 실적이 중요한 보험업을 영위하는 기업에서 어느 근로자의 장기간의 거수실적이 단지 다른 근로자에 비하여 상

86) 대법원 1991. 3. 27. 선고 90다카25420 판결.

87) 조용만 · 김홍영, 앞의 책, 301쪽에 따르면 대법원 1991. 3. 27. 선고 90다카25420 판결의 의의를 이와 같이 해석하고 있다.

대적으로 다소 낮은 정도가 아니라 당해 근로자의 직위와 보수에 비추어 보면 일반적으로 기대되는 최저한의 실적에도 미치지 못하는 정도였다면 해고의 정당성이 인정된다고 보았다.[88)]

이 사안에서 甲 등 5명이 고용승계 대상에서 제외된 이유는 근속 연수 20년 이상인 근로자로서 인사고과 점수가 낮은 것이라고만 하고 있을 뿐 이들의 인사고과가 어떠한 기준에 따라 이루어진 것인지, 이들의 직위, 보수, 근무경력, 다른 근로자의 전반적인 근로성적 등은 어떠한지, 이들은 근로자로서 최소한도의 직무수행능력이 결여되어 있는 것인지에 관해서는 알 수 없다. 따라서 甲 등 5명의 고용승계를 거부한 것은 정당한 사유가 없는 해고로서 부당해고에 해당된다고 판단된다.

3. 甲 등의 근로자들이 고용승계거부 또는 퇴직의 의사표시를 하였는지 여부

甲 등 5명의 근로자들은 B회사의 모든 근로자들과 마찬가지로 영업양도 절차에 협조하기 위하여 A회사의 요청에 따라 B회사에 사직서와 A회사로의 재취업신청서를 제출하였을 뿐, 스스로 고용승계거부나 퇴직을 희망한 것이라고 볼 수 없다.

Ⅳ. 결론

이 사안의 A회사와 B회사 간의 계약은 근로관계 승계의 효과가 발생되는 영업양도 계약에 해당되고 따라서 원칙적으로 B회사 근로자들의 근로관계는 A회사에 포괄적으로 승계된다. 다만 두 회사 간의 특약을 통해 A회사는 甲 등 5명이 근로 연수 20년 이상인 근로자로서 인사고과 점수가 낮다는 이유로 고용승계를 거부하였는데 이는 실질적으로 정당한 사유가 없는 부당해고에 해당된다. 따라서 A회사가 甲 등 5명의 고용을 승계하지 않은 행위는 정당하지 못하다.

88) 대법원 1991. 3. 27. 선고 90다카25420 판결.

〈질문 2〉 A회사가 2014. 8. 15.자로 乙을 징계해고한 것은 정당한가?

Ⅰ. 논점의 정리

A회사의 근로자 乙은 두 회사 사이의 영업양도계약의 부당성과 A회사를 비방하는 취지의 다수 문건을 A회사 홈페이지에 게시한 것을 이유로 해고되었다. 이러한 乙의 행위가 정당한 징계해고 사유가 되는지, 징계양정이 적정한지 여부가 검토되어야 한다. 한편, 징계해고를 함에 있어 징계에 필요한 모든 절차를 거쳤다고 하고 있으므로 이 사안에서 징계 절차의 정당성은 문제되지 않는다.

Ⅱ. 관련 법리

1. 징계해고의 정당성 판단 법리

근기법 제23조 제1항에 따르면 사용자는 근로자에게 정당한 이유 없이 해고하지 못한다.

판례에 따르면 해고는 사회통념상 고용관계를 계속할 수 없을 정도로 근로자에게 책임 있는 사유가 있는 경우에 행하여져야 그 정당성이 인정된다. 이 경우, 사회통념상 당해 근로자와의 고용관계를 계속할 수 없을 정도인지의 여부는 당해 사용자의 사업의 목적과 성격, 사업장의 여건, 당해 근로자의 지위 및 담당직무의 내용, 비위행위의 동기와 경위, 이로 인하여 기업의 위계질서가 문란하게 될 위험성 등 기업질서에 미칠 영향, 과거의 근무태도 등 여러 가지 사정을 종합적으로 검토하여 판단하여야 한다.[89]

또한 근로자에게 징계사유가 있어 징계처분을 하는 경우 어떠한 처분을 할 것인가는 원칙적으로 징계권자의 재량에 맡겨져 있는 것이므로, 그 징계처분이 위법하다고 하기 위하여서는 징계권자가 재량권을 행사하여 한 징계처분이 사회통념상 현저하게

89) 대법원 2006. 11. 23. 선고 2006다48069 판결; 대법원 2008. 7. 10. 선고 2007두22498 판결 등.

타당성을 잃어 징계권자에게 맡겨진 재량권을 남용한 것이라고 인정되는 경우에 한하고, 그 징계처분이 사회통념상 현저하게 타당성을 잃은 처분이라고 하려면 구체적인 사례에 따라 직무의 특성, 징계의 사유가 된 비위사실의 내용과 성질 및 징계에 의하여 달하려는 목적과 그에 수반되는 제반 사정을 참작하여 객관적으로 명백히 부당하다고 인정되는 경우라야 한다.[90]

2. 근로자가 회사를 비판하는 글을 게시하는 행위가 징계사유에 해당되는지 여부

근로자가 회사의 정책 등을 비판하는 글을 사내 게시판 등에 게시하는 행위와 관련하여, 판례는 사내 전자게시판에 게시된 문서에 기재되어 있는 문언에 의하여 타인의 인격, 신용, 명예 등이 훼손 또는 실추되거나 그렇게 될 염려가 있고, 또 문서에 기재되어 있는 사실관계 일부가 허위이거나 표현에 다소 과장되거나 왜곡된 점이 있다고 하더라도, 문서를 배포한 목적이 타인의 권리나 이익을 침해하려는 것이 아니라 근로조건의 유지 · 개선과 근로자의 복지증진 기타 경제적 · 사회적 지위의 향상을 도모하기 위한 것으로서 문서 내용이 전체적으로 보아 진실한 것이라면 이는 근로자의 정당한 활동범위에 속한다고 한다.[91]

다만, 판례는 근로자가 회사의 방침에 불만이 있을 경우에는 회사가 정한 정당한 절차에 따라 이의를 제기해야 하는 것인데 근로자가 저속한 표현을 쓰면서 근거 없이 회사의 방침을 비판하는 내용의 게시글을 사내 전자게시판에 게시한 경우 이는 징계사유에 해당된다고 한다.[92]

---

90) 대법원 2000. 10. 13. 선고 98두8858 판결; 대법원 2002. 9. 24. 선고 2002두4860 판결; 대법원 2008. 7. 10. 선고 2007두22498 판결 등.

91) 대법원 2012. 1. 27. 선고 2010다100919 판결. 이 사례의 주요 참조 판례인 대법원 2012. 1. 27. 선고 2010다100919 판결에서 제시된 판단기준은 본래 근로자의 유인물 배포행위가 근로자 내지 노동조합의 정당한 활동범위에 속하는지 여부가 문제된 사안들에서 판시되었던 기준들이다(대법원 1997. 12. 23. 선고 96누11778 판결 등 다수).

92) 대법원 2012. 1. 27. 선고 2010다100919 판결.

3. 징계양정의 적정성 판단

사용자가 취업규칙 등에 근거하여 근로자에게 징계처분을 하는 경우 어떠한 종류의 징계를 할 것인가는 원칙적으로 사용자의 재량에 속하지만 경미한 징계사유에 대하여 지나치게 가혹한 징계처분을 하는 것은 징계권 남용으로 무효가 된다.

Ⅲ. 사안의 해결

이 사안에서 A회사는 乙이 영업양도계약의 부당성과 A회사를 비방하는 취지의 다수 문건을 회사 홈페이지에 게시한 행위에 대해 비방을 중단하지 않으면 징계할 수 있음을 수 차례 경고하였으나 乙은 자신의 행위가 회사의 발전을 위한 것이라고 하면서 동일한 행위를 계속하였고, A회사는 乙의 행위가 취업규칙 소정의 징계해고 사유인 '고의적이거나 계속적으로 회사를 비방하는 행위'에 해당된다고 보아 乙을 징계해고 하였다.

1. 징계해고 사유에 해당되는지 여부

乙이 회사 홈페이지에 글을 게시한 행위는 전체적으로 근로자들의 고용 및 근로조건과 관련된 영업양도계약에 관하여 이의를 제기하고 비판하는 근로자의 정당한 활동으로 판단되므로 이를 이유로 하는 징계해고는 정당하지 못하다. 영업양도계약은 근로자들의 고용 및 근로조건과 밀접한 관련이 있고, 더욱이 질문 1에서 살펴본 바와 같이 이 사안에서 영업양도계약과 관련하여 부당한 해고가 이루어졌다는 점을 고려할 때 乙이 영업양도계약의 부당성을 알리고자 회사 홈페이지에 글을 게시한 행위가 사회통념상 고용관계를 계속할 수 없을 정도로 근로자에게 책임 있는 사유라고 볼 수는 없을 것이다.

2. 징계양정이 적정한지 여부

A회사는 乙에 대해 공문이나 인사부장과의 면담 등을 통해 회사에 대한 비방을 중

단하지 않으면 징계할 수 있음을 여러 차례 경고했다. 만일 乙이 근거 없이 계속 회사의 방침을 비방하기만 한 것이라면 이는 A회사 취업규칙 제12조 제5호 소정의 징계해고 사유인 '고의적이거나 계속적으로 회사를 비방하는 행위'에 해당될 수 있다. 또한 고의적인 비방행위는 아니라고 하더라도 회사의 여러 차례의 경고를 무시하고 동일한 행위를 계속하였다는 점도 문제될 수 있다.

그러나 乙이 영업양도계약을 계속적으로 비판한 것은 그 목적이 단지 타인의 권리나 이익을 침해하려는 것이 아니라 영업양도계약과 관련하여 문제될 수 있는 근로자의 지위 내지 근로조건의 보호를 도모하기 위한 것으로 볼만한 동기가 엿보인다. 또한, 乙의 비판행위에도 불구하고 이 사건 영업양도계약의 이행 및 근로관계 승계 등이 정상적으로 진행된 것으로 보이기 때문에 乙의 비판행위가 기업의 활동이나 기업질서에 미친 영향이 크다고 보기도 어렵다. 따라서 乙의 계속적인 비판행위가 징계해고에 이를 정도의 비위행위라고 볼 수는 없을 것이다.

Ⅳ. 결론

乙이 영업양도계약의 부당성과 A회사를 비방하는 취지의 글을 회사 홈페이지에 게시한 것은 전체적으로 근로자들의 고용 및 근로조건과 관련된 영업양도계약에 관하여 이의를 제기하고 비판하는 근로자의 정당한 활동범위에 속하는 것으로 판단되므로 이를 이유로 하는 징계해고는 정당하지 못하다고 판단된다. 설령 乙의 행위가 징계사유가 될 수 있다고 하더라도 징계해고처분을 할 정도의 비위행위라고 볼 수는 없어 징계양정이 적정하지 못하여 부당하다.

사례 10 부당해고의 불법행위성, 평균임금 해당 여부 판단

[사례 10][93)]

A회사는 상시 300명의 근로자를 사용하여 자동차를 판매하는 주식회사이다. A회사는 자동차를 판매하는 영업사원들에게 기본급 외에 매월 자동차 판매 실적에 따른 특별인센티브(판매차량 1대당 10만원)를 지급하는 급여제도를 취업규칙(보수규정)에서 규정하여 운영하여 오고 있다.

2010년 3월 1일 A회사에 입사한 영업사원 甲은, 영업사원들이 A회사의 영업방침에 따라 2012년 10월 1일부터 법정근로시간을 초과하여 연장근로를 주 2회 하여 오고 있음에도 불구하고, A회사가 영업사원들에게 연장근로수당을 지급하지 않고 있는 것을 2013년 2월 중순경에 관할 고용노동관서에 신고하였다. 이로 인해 A회사는 관할 고용노동관서의 조사를 받았고, 그 후 관할 법원으로부터 근로기준법 위반을 이유로 벌금형을 선고받았으며, 이러한 사실은 언론에 보도되기도 하였다.

A회사의 취업규칙(인사규정)에는 근로자가 회사의 명예나 신용을 실추시킨 경우를 징계사유로 규정하고 있다. A회사는 위와 같은 신고를 한 甲이 회사의 명예와 신용을 실추시켰다는 이유로 甲을 징계위원회에 회부하여 해고하였다.

한편, A회사는 위 특별인센티브는 실적에 따라 그 지급 여부 및 지급액이 달라지는 금품으로서 임금에 해당하지 않는다고 보아서, 甲이 해고 직전 3개월 동안 수령한 특별인센티브 금액 300만원을 평균임금 계산의 기초인 임금총액에서 제외하고 甲의 퇴직금을 계산·지급하려고 한다.

〈질 문〉

1. 甲은 위 징계해고가 위법하게 자신에게 정신적 고통을 가하는 것이어서 위자료가 지급되어야 하는 불법행위를 구성한다고 주장한다. 이러한 甲의 주장은 타당한가?

2. A회사가 甲에게 지급한 위 특별인센티브 금액 300만원을 평균임금 계산의 기초인 임금총액에서 제외하는 것이 타당한가?

---

93) 2013년도 시행 제2회 법학전문대학원협의회 모의시험 제1문.

해설

〈질문 1〉 甲은 위 징계해고가 위법하게 자신에게 정신적 고통을 가하는 것이어서 위자료가 지급되어야 하는 불법행위를 구성한다고 주장한다. 이러한 甲의 주장은 타당한가?

Ⅰ. 논점의 정리

甲은 A회사가 근로기준법을 위반하여 법정근로시간을 초과하여 근로를 시키고 연장근로수당을 지급하지 않고 있는 것을 고용노동관서에 신고하여 회사의 명예와 신용을 실추시켰다는 이유로 징계해고 되었고, 甲은 이러한 징계해고가 불법행위를 구성한다고 주장하고 있다. 따라서 이 사안에서는 근로자가 회사의 법위반 사실을 관계기관에 신고하였다는 이유로 근로자를 해고하는 것이 정당한 해고로 인정될 수 있는지, 만일 해고가 정당하지 않다면 당해 해고는 민법상 불법행위에 해당되어 위자료 청구가 인정될 수 있는지 여부를 검토하여야 한다.

Ⅱ. 관련 법리

1. 관련 법 규정

근기법 제23조 제1항에 따르면 사용자는 근로자에게 정당한 이유 없이 해고하지 못한다. 또한, 동법 제104조에 따르면 사업 또는 사업장에서 근로기준법 또는 근로기준법 시행령을 위반한 사실이 있으면 근로자는 그 사실을 고용노동부장관이나 근로감독관에게 통보할 수 있는데, 이 경우 사용자는 근로자가 이러한 통보를 했다는 이유로 근로자에게 해고나 그 밖에 불리한 처우를 하지 못한다.

2. 관련 판례

판례에 따르면 해고는 사회통념상 고용관계를 계속할 수 없을 정도로 근로자에게 책임 있는 사유가 있는 경우에 행하여져야 그 정당성이 인정되는 것이다. 이 경우, 사회통념상 당해 근로자와의 고용관계를 계속할 수 없을 정도인지의 여부는 당해 사용자의 사업의 목적과 성격, 사업장의 여건, 당해 근로자의 지위 및 담당직무의 내용, 비위행위의 동기와 경위, 이로 인하여 기업의 위계질서가 문란하게 될 위험성 등 기업질서에 미칠 영향, 과거의 근무태도 등 여러 가지 사정을 종합적으로 검토하여 판단하여야 한다.[94)]

그리고 판례는 징계권의 남용이 우리의 건전한 사회통념이나 사회상규상 용인될 수 없음이 분명한 경우에는 그 해고가 근로기준법상 정당성을 갖지 못하여 효력이 부정되는 데 그치는 것이 아니라, 위법하게 상대방에게 정신적 고통을 가하는 것이 되어 근로자에 대한 관계에서 민법상 불법행위를 구성한다고 본다. 사용자가 근로자를 징계해고할 만한 사유가 전혀 없는데도 오로지 근로자를 사업장에서 몰아내려는 의도하에 고의로 어떤 명목상의 해고사유를 만들거나 내세워 징계라는 수단을 동원하여 해고한 경우나(즉, 고의요건 해당 부당해고), 해고의 이유로 된 어느 사실이 취업규칙 등 소정의 해고사유에 해당되지 아니하거나 해고사유로 삼을 수 없는 것임이 객관적으로 명백하고 또 조금만 주의를 기울이면 이와 같은 사정을 쉽게 알아볼 수 있는데도 그것을 이유로 징계해고에 나아간 경우(즉, 과실요건 해당 부당해고) 등이 이에 해당된다.[95)]

Ⅲ. 사안의 해결

이 사안에서 甲은 A회사가 영업사원들에게 법정근로시간을 초과하여 연장근로를 시켰고 연장근로수당도 지급하지 않고 있는 것을 관할 고용노동관서에 신고하였고, 이로 인하여 A회사는 근기법 위반을 이유로 벌금형을 선고받았으며 언론에 보도되기도 하였다. 이에 A회사는 甲이 회사의 명예와 신용을 실추시켰다는 이유로 甲을 해고

94) 대법원 2006. 11. 23. 선고 2006다48069 판결.
95) 대법원 1999. 2. 23. 선고 98다12157 판결.

하였다.

그러나 근기법 제104조에서는 근로자가 회사의 근로기준법 위반 사실을 고용노동부에 통보하였다는 이유로 당해 근로자를 해고해서는 안 된다는 점을 규정하고 있다. 따라서 甲에 대한 해고는 근기법에 위반되는 해고임이 명백하다.

이와 같이 해고사유로 삼을 수 없는 것임이 객관적으로 명백하고 조금만 주의를 기울이면 이를 쉽게 알 수 있음에도 불구하고 징계해고를 한 경우, 이는 징계권의 남용으로서 건전한 사회통념이나 사회상규상 용인될 수 없음이 분명한 경우에 해당된다고 할 것이다. 이는 사용자가 근로자에게 정신적 고통을 가하는 것이 되어 민법상 불법행위를 구성하게 된다. A회사와 같이 상시 300명의 근로자를 사용할 정도의 회사라면 근로기준법에 명시되어 있는 해고 금지 규정은 쉽게 알 수 있음에도 불구하고 이를 위반하여 이루어진 甲에 대한 해고는 근기법상 부당해고에 해당될 뿐만 아니라 민법상 불법행위에 해당되어 甲의 정신적 고통에 대한 위자료가 지급되어야 한다고 판단된다.

Ⅳ. 결론

甲에 대한 징계해고 사유는 해고사유로 삼을 수 없는 것임이 객관적으로 명백하고 사용자가 조금만 주의를 기울이면 이를 쉽게 알 수 있음에도 불구하고 해고사유로 삼은 것이다. 따라서 甲에 대한 징계해고는 위법하게 정신적 고통을 가하는 것이어서 위자료가 지급되어야 하는 불법행위를 구성한다는 甲의 주장은 타당하다.

〈질문 2〉 A회사가 甲에게 지급한 위 특별인센티브 금액 300만원을 평균임금 계산의 기초인 임금총액에서 제외하는 것이 타당한가?

Ⅰ. 논점의 정리

A회사는 보수규정에 근거하여 자동차를 판매하는 영업사원들에게 기본급 외에 매

월 자동차 판매 실적에 따른 특별인센티브로 판매차량 1대당 10만원을 지급하고 있는데 A회사는 이러한 특별인센티브를 평균임금에서 제외하려고 하고 있다. 따라서 판매 실적에 따라 지급되는 금품이 근기법상 평균임금에 해당되는지 여부가 검토되어야 한다.

Ⅱ. 관련 법리

1. 관련 법 규정

근기법 제2조 제1항 제5호에 따르면, "임금"이란 사용자가 근로의 대가로 근로자에게 임금, 봉급, 그 밖에 어떠한 명칭으로든지 지급하는 일체의 금품을 말한다. 또한 "평균임금"이란 이를 산정하여야 할 사유가 발생한 날 이전 3개월 동안에 그 근로자에게 지급된 임금의 총액을 그 기간의 총일수로 나눈 금액을 말한다(근기법 제2조 제1항 제6호).

2. 관련 판례

판례에 따르면 평균임금 산정의 기초가 되는 임금총액에는 사용자가 근로의 대상으로 근로자에게 지급하는 일체의 금품으로서, 근로자에게 계속적 · 정기적으로 지급되고, 그 지급에 관하여 단체협약, 취업규칙 등에 의하여 사용자에게 지급의무가 지워져 있으면 그 명칭 여하를 불문하고 모두 포함되는 것이다. 또한 비록 현물로 지급되었다 하더라도 근로의 대가로 지급하여 온 금품이라면 평균임금의 산정에 있어 포함되는 임금으로 본다.[96]

한편, 어떤 금품이 근로의 대가로 지급된 것인지를 판단함에 있어서는 그 금품지급의무의 발생이 근로제공과 직접적으로 관련되거나 그것과 밀접하게 관련된 것으로 볼 수 있어야 하고, 이러한 관련 없이 그 지급의무의 발생이 개별 근로자의 특수하고 우연한 사정에 의하여 좌우되는 경우에는 그 금품의 지급이 단체협약, 취업규칙, 근로계약 등이나 사용자의 방침 등에 의하여 이루어진 것이라 하더라도 그러한 금품은

96) 대법원 2005. 9. 9. 선고 2004다41217 판결.

근로의 대가로 지급된 것으로 볼 수 없다.[97)]

Ⅲ. 사안의 해결

이 사안에서 A회사가 영업사원들에게 지급한 특별인센티브는 보수규정상 근거 규정에 따라 자동차 판매 1대당 10만원씩 지급되는 금품이다. 따라서 차량판매라는 근로제공과 밀접한 관련성이 있는 근로의 대가라고 할 수 있고 보수규정에 근거하여 정기적, 계속적으로 지급되는 금품이라고 할 것이다. 따라서 특별인센티브금액은 평균임금에 포함된다.

특히 이 사안과 같이 차량판매회사의 인센티브가 평균임금에 해당되는지 여부가 문제된 판례에서 차량판매회사에서 인센티브 지급규정이나 영업 프로모션 등으로 정한 지급기준과 지급시기에 따라 인센티브를 지급한 경우, 영업사원들이 차량판매를 위하여 하는 영업활동은 회사에 대하여 제공하는 근로의 일부라 볼 수 있어 인센티브는 근로의 대가로 지급된 것이라고 보았다. 이 경우 매월 정기적, 계속적으로 이루어지는 인센티브의 지급이 개인근로자의 특수하고 우연한 사정에 의하여 좌우되는 우발적, 일시적 급여라고 할 수 없고, 지급기준 등의 요건에 맞는 실적을 달성하였다면 회사로서는 그 실적에 따른 인센티브 지급을 거절할 수 없으므로 이를 은혜적 급부라고도 할 수 없어 결국 퇴직금 산정의 기초가 되는 평균임금에 해당된다고 하였다. 또한, 인센티브를 일률적으로 임금으로 보지 않을 경우 인센티브만으로 급여를 지급받기로 한 근로자는 근로를 제공하되 근로의 대상으로서의 임금은 없는 것이 되고 퇴직금도 전혀 받을 수 없게 되는 불합리한 결과가 초래될 것이라는 점도 지적되었다.[98)]

요컨대, 이 사안에서 문제된 특별인센티브는 근로의 대가에 해당되고 취업규칙에 근거하여 정기적, 계속적으로 지급된 금품으로서 평균임금 계산의 기초인 임금 총액에 포함되어야 한다.

---

97) 대법원 2011. 3. 10. 선고 2010다77514 판결.

98) 대법원 2011. 7. 14. 선고 2011다23149 판결.

Ⅳ. 결론

이 사안에서 문제된 특별인센티브는 근로의 대가에 해당되고 취업규칙에 근거하여 정기적, 계속적으로 지급된 금품으로서 평균임금에 포함되어야 함에도 불구하고, A회사가 甲에게 지급한 특별인센티브 금액 300만원을 평균임금 계산의 기초인 임금 총액에서 제외하는 것은 근로기준법에 위반되어 타당하지 못하다.

사례 11 경영상 이유에 의한 해고

[사례 11][99)]

2012년 7월 A사는 누적적자로 인한 경영의 악화로 회사의 생존이 어렵게 되자 자산매각 조치와 명예퇴직자 모집 등 충분한 자구노력을 하였다. 이러한 자구노력에도 불구하고 경영악화가 지속되어 A사는 어쩔 수 없이 A사 노동조합과 9회에 걸쳐 정리해고에 관한 구체적 협의를 진행하였다. 이러한 협의를 통해 도출된 합의에 따라 합리적 기준에 의거 근로자 30명을 2012년 8월 30일자로 정리해고하기로 하였고 이에 대해 별다른 의견대립이 없었다. 그 결과 2006월 3월 20일자에 입사하여 그 동안 노무관리를 담당하여 오던 행정직 근로자 甲과 乙도 2012년 8월 30일자로 정리해고 되었다.

A사 노동조합의 조합원 수는 근로자 과반수에 미치지 아니하였으나, 1987년 A사 노동조합 설립 이후 회사와 노동조합 사이에 체결된 단체협약의 내용은 노동조합에 가입하지 아니한 A사의 다른 모든 근로자들에게도 적용되었으며, 그 단체협약 제26조에는 회사 경영상 종업원의 감원이 불가피할 시 노동조합과 협의하여 인원을 정리한다고 규정되어 있었다. 또한 A사가 정리해고를 위하여 A사노동조합과 9회에 걸쳐 협의하는 동안 A사노동조합은 조합원인 근로자뿐만 아니라 비조합원인 근로자의 의견까지도 수렴하고 정리해고 대상자 수를 당초 50명에서 30명으로 줄이는 등 실질적으로 근로자 전체를 위한 협상을 수행하였던 바가 있었다. 그 과정에서 노동조합에 가입하지 아니한 근로자들이 노동조합의 대표성을 문제 삼은 흔적은 전혀 보이지 아니하고, 정리해고 대상자로 선정된 근로자들이 모두 노사협의 결과를 수용하여 희망퇴직에 응하였던 바가 있었다.

이후 2013년 6월 A사는 경기가 좋아져 경영이 정상화되면서, 영업직 근로자 10명을 신규채용하게 되었는데, 이때 갑과 을은 A사에 다시 취업하고자 하였으나 재고용되지 아니하였다.

〈질 문〉

1. A사의 2012년 8월 30일자 정리해고의 정당성에 대하여 판단함.

2. A사가 갑과 을을 재고용하여야 할 의무가 있는지에 대하여 설명함.

---

99) 2013년도 시행 제3회 법학전문대학원협의회 모의시험 제1문.

해설

〈질문 1〉 A사의 2012년 8월 30일자 정리해고의 정당성에 대하여 판단함.

I. 논점의 정리

근기법 제24조에 따르면 정리해고(경영상 이유에 의한 해고)의 경우에는 ① 긴박한 경영상의 필요가 있어야 하고(이 경우 경영악화를 방지하기 위한 사업의 양도, 인수, 합병은 긴박한 경영상의 필요가 있는 것으로 본다), ② 해고를 피하기 위한 노력을 다해야 하며, ③ 합리적이고 공정한 해고의 기준을 정하고 이에 따라 그 대상자를 선정해야 하며(이 경우 남녀의 성을 이유로 차별해서는 안 된다), ④ 해고를 피하기 위한 방법과 해고의 기준 등에 관하여 해당 사업 또는 사업장의 근로자대표에게 해고를 하려는 날의 50일 전까지 통보하고 성실하게 협의해야 한다. 이러한 요건을 이른바 정리해고의 4요건이라고 한다(근기법 제24조 제1항 내지 제3항).

따라서 A사의 2012년 8월 30일자 정리해고의 정당성은 정리해고가 위의 근기법 제24조 소정의 요건을 충족하였는지 여부를 검토하여 판단해야 한다.

Ⅱ. 관련 법리

1. 정리해고의 정당성 판단의 요건

정리해고의 정당성을 판단하기 위해서는 ① 긴박한 경영상의 필요성, ② 해고회피노력, ③ 합리적이고 공정한 해고기준 및 해고대상자 선정, ④ 근로자대표와의 협의라는 네 가지 요건에 관하여 판단해야 한다(근기법 제24조 제1항 내지 제3항 및 제5항). 사용자가 이러한 네 가지 요건을 갖추어 근로자를 정리해고한 경우에는 근기법 제23조 제1항에 따른 정당한 이유가 있는 해고를 한 것으로 본다(근기법 제24조 제5항).[100] 반면 이들 네 가지 요건을 갖추지 못

100) 한편, 근기법 제24조 제4항에 따르면 사용자는 대통령령으로 정하는 일정한 규모 이상의 인원을 해고하려면 대통령령으로 정하는 바에 따라 노동부장관에게 신고해야 한다. 이는 대량해고에 대한 행

하면 정당한 이유가 없는 해고로서 부당해고가 된다.

판례는 이러한 각 요건의 구체적 내용은 확정적 · 고정적인 것이 아니라 구체적 사건에서 다른 요건의 충족 정도와 관련하여 유동적으로 정해지는 것이므로 구체적 사건에서 경영상 이유에 의한 당해 해고가 위 각 요건을 모두 갖추어 정당한지 여부는 위 각 요건을 구성하는 개별사정들을 종합적으로 고려하여 판단하여야 한다고 본다.[101]

2. 각 요건에 대한 판단 법리

1) 긴박한 경영상의 필요성

과거 판례에 따르면 해고를 하지 않으면 기업경영이 위태로울 정도의 급박한 경영상의 필요가 있어야 한다고 보았다(이른바 "도산회피설").[102] 반면 최근의 판례는 반드시 기업의 도산을 회피하기 위한 경우에 한정되지 아니하고, 장래에 올 수도 있는 위기에 미리 대처하기 위하여 인원삭감이 객관적으로 보아 합리성이 있다고 인정되는 경우도 포함되는 것으로 본다(이른바 "인원삭감의 객관적 합리성설").[103]

한편, 최근 판결에서 대법원은 기업의 전체 경영실적이 흑자를 기록하고 있더라도 일부 사업부문이 경영악화를 겪고 있는 경우, 그러한 경영악화가 구조적인 문제 등에 기인한 것으로 쉽게 개선될 가능성이 없고 해당 사업부문을 그대로 유지한다면 결국 기업 전체의 경영상황이 악화될 우려가 있는 등 장래 위기에 대처할 필요가 있다는 사정을 인정할 수 있다면 해당 사업부문을 축소 또는 폐지하고 이로 인하여 발생하는 잉여인력을 감축하는 것이 객관적으로 보아 불합리한 것이라고 볼 수 없다고 판시한 바 있다.[104]

2) 해고회피노력

사용자가 해고를 피하기 위한 노력을 다해야 한다는 것은 긴박한 경영상 필요가

정적 감독, 지도를 하고 고용안정을 지원하기 위한 것일 뿐이다. 즉, 신고는 정리해고의 요건이 아니므로 신고하지 않았다 하더라도 그 해고가 부당한 것은 아니다. 신고의무 위반에 대한 벌칙도 없다.

101) 대법원 2002. 7. 9. 선고 2001다29452 판결.

102) 대법원 1989. 5. 23. 선고 87다카2132 판결.

103) 대법원 2002. 7. 9. 선고 2001다29452 판결.

104) 대법원 2012. 2. 23. 선고 2010다3735 판결.

있더라도 과잉인원을 해고하지 않고 근로관계를 유지할 수 있는 방안을 최대한 모색해야 하고 해고는 그러한 방안이 강구될 수 없는 경우에 보충적 수단으로서만 허용된다는 의미이다.[105] 해고회피의 방안으로는 경영경비의 절감, 경영방침이나 작업방식의 합리화, 외주나 도급의 해약, 신규채용의 중단, 일시휴직, 희망퇴직자 모집, 전직, 조업시간 단축 등이 있다.

한편, 판례에서는 사용자가 정리해고를 실시하기 전에 다하여야 할 해고회피노력의 방법과 정도는 확정적 · 고정적인 것이 아니라 당해 사용자의 경영위기의 정도, 정리해고를 실시하여야 하는 경영상의 이유, 사업의 내용과 규모, 직급별 인원상황 등에 따라 달라지는 것이고, 사용자가 해고를 회피하기 위한 방법에 관하여 노동조합 또는 근로자대표와 성실하게 협의하여 정리해고 실시에 관한 합의에 도달하였다면 이러한 사정도 해고회피노력의 판단에 참작되어야 한다고 판시하고 있다.[106]

3) 합리적이고 공정한 해고의 기준 및 해고대상자 선정

사용자는 합리적이고 공정한 해고의 기준을 정하고 이에 따라 그 대상자를 선정해야 한다. 근로자의 근속기간, 연령, 부양 의무, 재산 정도, 건강 상태 등 근로자의 이익을 보호할 수 있는 요소와 근무 성적, 경력, 업무 능력, 숙련도 등을 사용자측의 이익을 보호할 수 있는 요소 중 어떤 것을 어느 정도 고려하는 선정기준인지 여부가 문제된다. 근로자측 요소와 사용자측 요소를 종합적으로 고려하여야 하는데 이는 문제되는 해고의 동기, 목적, 규모, 그 밖의 구체적인 사정에 따라 개별적으로 판단할 수밖에 없다.[107]

판례는 해고당시의 사회경제상황에 따라 해고대상자 선정기준을 다르게 판단하는 경향을 보여주고 있다. 즉, 판례에 따르면 해고대상자 선정기준에 관한 요건 역시 확정적 · 고정적인 것은 아니고 당해 사용자가 직면한 경영위기의 강도와 정리해고를 실시하여야 하는 경영상의 이유, 정리해고를 실시한 사업 부문의 내용과 근로자의 구성, 정리해고 실시 당시의 사회경제상황 등에 따라 달라지는 것이라고 하고, 사용자가 해고의 기준에 관하여 노동조합 또는 근로자대표와 성실하게 협의하여 해고의 기

105) 임종률, 앞의 책, 530쪽.
106) 대법원 2002. 7. 9. 선고 2001다29452 판결.
107) 임종률, 앞의 책, 531쪽.

준에 관한 합의에 도달하였다면 이러한 사정도 해고의 기준이 합리적이고 공정한 기준인지의 판단에 참작되어야 한다고 본다.[108)]

4) 근로자대표와의 협의

사용자는 해고를 피하기 위한 방법 및 해고의 기준 등에 관하여 당해 사업 또는 사업장에 근로자의 과반수로 조직된 노동조합이 있는 경우에는 그 노동조합, 근로자의 과반수로 조직된 노동조합이 없는 경우에는 근로자의 과반수를 대표하는 자(근로자대표)에 대하여 미리 통보하고 성실하게 협의하여야 한다.

판례에 따르면 위와 같은 정리해고의 절차적 요건을 규정한 것은 근기법 제24조 제1항 및 제2항에서 규정하고 있는 정리해고의 실질적 요건의 충족을 담보함과 아울러 비록 불가피한 정리해고라 하더라도 협의과정을 통한 쌍방의 이해 속에서 실시되는 것이 바람직하다는 이유 때문이라고 한다.[109)]

판례는 근로자 과반수로 조직되지 아니한 노조와 정리해고에 관한 협의를 한 경우라 하더라도 실질적으로 근로자의 의사를 반영할 수 있는 대표자라고 볼 수 있는 사정이 있다면 정리해고의 절차적 요건이 충족되었다고 보고 있다.[110)]

Ⅲ. 사안의 해결

1. 긴박한 경영상의 필요성

A사는 누적적자로 인한 경영의 악화로 회사의 생존이 어렵게 되자 자산매각조치와 명예퇴직자 모집 등 충분한 자구노력을 하였다. 이러한 자구노력에도 불구하고 경영악화가 지속되어 A사는 어쩔 수 없이 정리해고를 실시하게 되었다. 따라서 이 사안에서 정리해고를 위한 긴박한 경영상의 필요성이 인정된다고 판단된다.

---

108) 대법원 2002. 7. 9. 선고 2001다29452 판결.
109) 대법원 2002. 7. 9. 선고 2001다29452 판결.
110) 대법원 2012. 5. 24. 선고 2010두15964 판결.

2. 해고회피노력

이 사안에서 A사는 정리해고를 실시하기에 앞서 자산매각조치와 명예퇴직자 모집 등의 자구노력을 하였는데 이는 사용자가 해고회피노력을 다한 것으로 인정될 수 있다.

3. 합리적이고 공정한 해고기준 및 해고대상자 선정

자구노력에도 불구하고 경영악화가 지속되어 A사는 어쩔 수 없이 A사 노동조합과 9회에 걸쳐 정리해고에 관한 구체적 협의를 진행하였다. 이러한 협의를 통해 도출된 합의에 따라 합리적 기준에 의거 근로자 30명을 정리해고하기로 하였고 이에 대해 별다른 의견대립이 없었다. 판례에 따르면 사용자가 해고의 기준에 관하여 노동조합 또는 근로자대표와 성실하게 협의하여 해고의 기준에 관한 합의에 도달하였다면 이러한 사정은 해고의 기준이 합리적이고 공정한 기준인지의 판단에 참작되어야 한다. 이와 같은 판례의 입장에 비추어 보더라도 이 사안에서 A사와 노동조합이 9회에 걸쳐 협의하여 합의한 해고대상자 기준은 합리적 기준이라고 판단될 수 있을 것이다.

4. 근로자대표와의 협의

A사 노동조합의 조합원 수는 근로자 과반수에 미치지 아니하였으나, 노동조합 설립 이후 회사와 노동조합 사이에 체결된 단체협약의 내용은 노동조합에 가입하지 아니한 A사의 다른 모든 근로자들에게도 적용되었고, 정리해고를 위하여 9회에 걸쳐 협의하는 동안 A사노동조합은 조합원인 근로자뿐만 아니라 비조합원인 근로자의 의견까지도 수렴하고 정리해고 대상자 수를 당초 50명에서 30명으로 줄이는 등 실질적으로 근로자 전체를 위한 협상을 수행하였다. 그 과정에서 비조합원인 근로자들이 노동조합의 대표성을 문제 삼은 흔적은 전혀 보이지 아니하였고, 정리해고 대상자로 선정된 근로자들이 모두 노사협의 결과를 수용하여 희망퇴직에 응하였다.

이와 같이 노조가 비조합원들을 실질적으로 대표해 왔고, 비조합원들도 단체협약의 적용을 받아왔으며, 여러 차례에 걸쳐 정리해고에 관하여 협의하는 과정에서 비조합원들의 의견도 수렴되는 등의 사정에 비추어 볼 때 비록 A사 노동조합의 조합원 수가 근로자 과반수에 미치지 못했다 하더라도 근로자대표와의 협의요건이 충족되었다고 볼 수 있을 것이다.

Ⅳ. 결론

이 사안에서 문제된 정리해고는 긴박한 경영상의 필요성, 해고회피노력, 합리적이고 공정한 해고기준 및 대상자 선정, 근로자대표와의 협의 등 근기법 제24조 소정의 정리해고 정당성의 요건을 충족하므로 해고의 정당성이 인정된다.

〈질문 2〉 A사가 甲과 乙을 재고용하여야 할 의무가 있는지에 대하여 설명함.

Ⅰ. 문제의 소재

A사는 2012년 8월 30일 정리해고를 실시한 이후 경기가 좋아져 경영이 정상화되면서, 2013년 6월 영업직 근로자 10명을 신규채용하게 되었다. 2012년 9월 30일 정리해고 되었던 甲과 乙은 정리해고 당시 노무관리를 담당하여 오던 행정직 근로자였었는데 이들은 A사에 다시 취업하고자 하였으나 재고용되지 아니하였다.

근기법 제25조에 제1항에 따르면 동법 제24조에 따라 근로자를 해고한 사용자는 근로자를 해고한 날부터 3년 이내에 해고된 근로자가 해고 당시 담당하였던 업무와 같은 업무를 할 근로자를 채용하려고 할 경우 제24조에 따라 해고된 근로자가 원하면 그 근로자를 우선적으로 고용하여야 한다. 이러한 법 규정을 근거로 A사가 甲과 乙을 재고용하여야 할 의무가 있는지 여부를 검토하여야 한다.

Ⅱ. 관련 법리

근기법 제25조 제1항에 따르면 사용자는 근로자를 정리해고한 날로부터 3년 이내에 해고된 근로자가 해고 당시 담당했던 업무와 같은 업무를 할 근로자를 채용하려고 할 경우 정리해고된 근로자가 원하면 그 근로자를 우선적으로 고용해야 한다.

Ⅲ. 사안의 해결

이 사안의 경우 2012년 8월 30일에 정리해고를 실시한 이후 2013년 6월에 신규채용을 하게 되었으므로 일응 근기법 제25조 제1항에 따른 사용자의 재고용의무가 적용될 수 있다. 그러나 이 사안에서 문제된 甲과 乙은 입사 이후 6년 이상 노무관리를 담당하여 오던 행정직 근로자로 근무하다가 정리해고되었고, A사가 신규채용한 직원은 영업직 근로자들이다. 즉, 甲과 乙은 근기법 제25조 제1항에서 규정하고 있는 "해고 당시 담당했던 업무와 같은 업무"를 하는 근로자에 해당되지 않기 때문에 재고용의무 대상자에 해당되지 않는다.

Ⅳ. 결론

A사가 정리해고 실시 이후 신규채용한 직원은 영업직 근로자들이다. 따라서 A사는 노무관리를 담당하는 행정직 근로자였던 甲과 乙을 영업직 신규채용시 재고용해야 할 의무가 없다.

제3장

집단적 노동관계법 주요 쟁점별 내용

제3장 집단적 노동관계법 주요 쟁점별 내용

Ⅰ. 근로3권의 법적 성격

헌법 제33조 제1항이 보장하는 근로3권은 근로자가 자주적으로 단결하여 근로조건의 유지·개선과 근로자의 복지증진 기타 사회적·경제적 지위의 향상을 도모함을 목적으로 단체를 자유롭게 결성하고, 이를 바탕으로 사용자와 근로조건에 관하여 자유롭게 교섭하며, 때로는 자신의 요구를 관철하기 위하여 단체행동을 할 수 있는 자유를 보장하는 자유권적 성격과 사회·경제적으로 열등한 지위에 있는 근로자로 하여금 근로자단체의 힘을 배경으로 그 지위를 보완·강화함으로써 근로자가 사용자와 실질적으로 대등한 지위에서 교섭할 수 있도록 해주는 기능을 부여하는 사회권적 성격도 함께 지닌 기본권이다.[1)]

Ⅱ. 노조법상 근로자 및 사용자 개념

1. 노조법상 근로자 개념

노조법상 근로자는 직업의 종류를 불문하고 임금·급료 기타 이에 준하는 수입에 의하여 생활하는 자이다(노조법 제2조 제1호).

판례는 노조법 제2조 제1호 및 제4호 (라)목 본문에서 말하는 '근로자'에는 특정한 사용자에게 고용되어 현실적으로 취업하고 있는 자뿐만 아니라, 일시적으로 실업 상태에 있는 자나 구직중인 자도 노동3권을 보장할 필요성이 있는 한 그 범위에 포함된다고 한다. 일정한 사용자에의 종속관계를 조합원의 자격요건으로 하는 기업별 노동조합의 경우와는 달리 산업별·직종별·지역별 노동조합 등의 경우에는 원래부터

1) 헌법재판소 1998. 2. 27. 94헌바13 등.

일정한 사용자에의 종속관계를 조합원의 자격요건으로 하는 것이 아니라고 보는 것이다.[2)]

2. 노조법상 사용자 개념

"사용자"라 함은 사업주, 사업의 경영담당자 또는 그 사업의 근로자에 관한 사항에 대하여 사업주를 위하여 행동하는 자를 말한다(노조법 제2조 제2호).

Ⅲ. 노동조합 설립 요건

1. 노동조합 설립 자유의 원칙

노조설립 자유의 원칙에 따라 노조는 조직형태, 조직범위를 자유롭게 결정할 수 있다(노조법 제5조).

2. 노동조합의 적극적 요건 및 소극적 요건

(1) 노동조합의 적극적 요건

노동조합은 노조법 제2조 제4호 본문("노동조합"이라 함은 근로자가 주체가 되어 자주적으로 단결하여 근로조건의 유지 · 개선 기타 근로자의 경제적 · 사회적 지위의 향상을 도모함을 목적으로 조직하는 단체 또는 그 연합단체를 말한다.)의 요건을 갖추어야 한다. 본문에서 도출되는 요건을 적극적 요건이라 하고, 이는 주체성('근로자가 주체가 되어'), 자주성('자주적으로 단결하여'), 목적성('근로조건의 유지 · 개선 기타 근로자의 경제적 · 사회적 지위의 향상을 도모함을 목적으로'), 단체성('단체 또는 그 연합단체')이다.

2) 대법원 2004. 2. 27. 선고 2001두8568 판결.

(2) 노동조합의 소극적 요건

노동조합의 소극적 요건은 노조법상의 노동조합이 될 수 없는 5가지의 결격요건을 뜻한다(노조법 제2조 4호 단서 각목). 각 요건은 다음과 같다.

① 사용자 또는 항상 그의 이익을 대표하여 행동하는 자의 참가를 허용하는 경우(제2조 4호 단서 가목)
② 경비의 주된 부분을 사용자로부터 원조받는 경우(나목)
③ 공제 · 수양 기타 복리사업만을 목적으로 하는 경우(다목)
④ 근로자가 아닌 자의 가입을 허용하는 경우. 다만 해고된 자가 노동위원회에 부당노동행위의 구제신청을 한 경우에는 중앙노동위원회의 재심판정이 있을 때까지는 근로자가 아닌 자로 해석하여서는 아니 됨(라목)
⑤ 주로 정치운동을 목적으로 하는 경우(마목)

여기서 사용자 개념에 속하는 '그 사업의 근로자에 관한 사항에 대하여 사업주를 위하여 행동하는 자'와 '항상 사용자의 이익을 대표하여 행동하는 자'의 구분이 문제된다.

판례에 따르면[3] 먼저 '그 사업의 근로자에 관한 사항에 대하여 사업주를 위하여 행동하는 자'라 함은 근로자의 인사, 급여, 후생, 노무관리 등 근로조건의 결정 또는 업무상의 명령이나 지휘감독을 하는 등의 사항에 대하여 사업주로부터 일정한 권한과 책임을 부여받은 자를 말한다. 이에 비하여 '항상 사용자의 이익을 대표하여 행동하는 자'라 함은 근로자에 대한 인사, 급여, 징계, 감사, 노무관리 등 근로관계 결정에 직접 참여하거나 사용자의 근로관계에 대한 계획과 방침에 관한 기밀사항 업무를 취급할 권한이 있는 등과 같이 그 직무상의 의무와 책임이 조합원으로서의 의무와 책임에 직접적으로 저촉되는 위치에 있는 자를 의미하므로, 이러한 자에 해당하는지 여부는 일정한 직급이나 직책 등에 의하여 일률적으로 결정되어서는 아니 되며, 그 업무의 내용이 단순히 보조적 · 조언적인 것에 불과하여 그 업무의 수행과 조합원으로서의 활동 사이에 실질적인 충돌이 발생할 여지가 없는 자도 이에 해당하지 않는다고 한

3) 대법원 2011.9.8. 선고 2008두13873 판결.

다. 즉, 판례는 실질적인 담당 업무의 내용 및 직무권한 등에 비추어 볼 때 그 직무상의 의무와 책임이 노동조합원으로서의 의무와 책임에 저촉되는 것으로 평가할 수 있을 때에만 '항상 사용자의 이익을 대표하여 행동하는 자'에 해당한다고 하고 있다.

3. 노조 설립신고제도와 설립신고서 교부 및 반려

노동조합을 설립하고자 하는 자는 노조법 제10조 각호의 사항을 기재한 신고서에 노조 규약을 첨부하여 관할 행정관청에 설립신고를 해야 한다(노조법 제10조). 노동조합이 신고증을 교부받은 경우에는 설립신고서가 접수된 때에 설립된 것으로 본다(제12조 제4항).

판례에 따르면 행정관청이 노동조합 설립신고서를 접수한 때에는 3일 이내에 설립신고증을 교부하도록 되어 있다 하여 그 기간 내에 설립신고서의 반려 또는 보완지시가 없는 경우에는 설립신고증의 교부가 없어도 노동조합이 성립된 것으로 본다는 취지는 아니라고 한다.[4] 따라서 행정관청은 그 기간 경과 후에도 설립신고서에 대하여 보완지시 또는 반려처분을 할 수 있다.

4. 실질적 요건을 갖추지 못한 노동조합

설립신고증을 교부받은 노동조합이라고 하더라도 노조로서의 실질적 요건을 갖추지 못한 경우 노조법상 노조에 해당되지 않는다. 판례는 조합원수가 불분명하고 설립 후 노조활동 실적이 없을 뿐만 아니라 가입대상 근로자들이 노조 가입신청을 우편으로 한 것을 수취하지 않고 근로자들이 노조사무실로 직접 방문하여 노조 가입하려는 시도를 방해한 노조는 비록 설립신고증을 받았다 하더라도 노조로서의 실질적 요건을 갖추지 못하였다고 보았다.[5]

5. 노조법상 설립신고를 하지 않은 법외조합

노조법상 설립신고를 하지 않은 이른바 법외조합과 관련하여 헌법재판소는 법외

---

4) 대법원 1990. 10. 23, 선고 89누3243 판결.

5) 대법원 1996. 6. 28. 선고 93도855 판결.

조합에 대한 노동조합 명칭 사용금지(노조법 제7조 제3항) 및 벌칙 규정(노조법 제93조 제1호)은 위헌이 아니라고 하였다. 동 결정 및 대법원 판례 등을 통해 제시된 법리를 간단히 정리하면 다음과 같다.[6)]

① 설립신고제도의 취지: 설립신고제도는 노동조합이 자주성과 민주성을 갖춘 조직으로 존속할 수 있도록 보호 · 육성하고 그 지도 · 감독에 철저를 기하기 위한 노동정책적인 고려에 그 취지가 있고, 노동조합이 어용조합이 되거나 조합 내부의 민주성을 침해할 우려가 있으므로 이를 방지하고 근로자들이 자주적이고 민주적인 단결권 등을 행사하도록 하는 데 취지가 있다.

② 법외조합의 노조 명칭 사용 금지 조항의 보호법익: 법외노조가 노동조합이라는 명칭을 사용하는 것을 금지하고 이를 위반하는 경우 형사상 불이익을 가하는 조항의 경우, 이 조항으로 인하여 근로자들이나 단결체가 입는 손해는 노동조합의 명칭을 사용하지 못하고 그 명칭을 사용하기 위하여는 실질적인 요건을 갖추어 노동조합 설립신고를 해야 하는 불이익이나 불편함의 정도인데 반하여 노동조합의 명칭을 사용하는 단결체는 법이 정한 정당화 요건을 모두 갖춘 노동조합이라는 공신력을 줄 수 있어 근로자들의 단결권을 강화하는 효과도 있고 노동행정에 있어서도 관리, 감독, 지원에 편의를 기할 수 있는 등 그로 인한 공익이 매우 크다.

③ 법외조합에 대한 근로3권 보장: '법외의 노동조합'으로 보는 한 그 단결체가 전혀 아무런 활동을 할 수 없는 것은 아니고, 어느 정도의 단체교섭이나 협약체결 능력을 보유한다 할 것이므로, 노동조합의 명칭을 사용할 수 없다고 하여 헌법상 근로자들의 단결권이나 단체교섭권의 본질적인 부분이 침해된다고 볼 수 없다.

6. 설립신고를 하지 않은 노조의 지부 · 분회의 법적 지위

판례에 따르면 노조의 하부단체인 지부나 분회가 노조법 시행령 제7조의 규정에 따라 설립신고를 하지 않았더라도 독자적 규약 및 집행기관을 가지고 독립된 조직체로서 활동을 하는 경우, 당해 조직이나 그 조합원에 고유한 사항에 대하여는 독자적

6) 헌법재판소 2008.7.31. 2004헌바9 전원재판부; 대법원 1997.10.14 선고 96누9829 판결 등.

으로 단체교섭하고 단체협약을 체결할 수 있고, 쟁의행위를 예정하고 있는 당해 지부나 분회 소속 조합원의 과반수 찬성이 있으면 쟁의행위는 절차적으로 적법하다.[7] 그러나 이에 대해서는 초기업적 단위노조의 산하조직을 독자적인 노동조합, 즉 단위노조로 본다면 단위노조가 단위노조로 구성되는 모순에 빠지고, 초기업적 단위노조를 약화시킬 수 있다는 점 등을 근거로 비판적인 견해가 제시된다.[8]

Ⅳ. 노동조합의 운영과 관리

1. 노조 가입 및 탈퇴

노조는 조합원 자격이 있는 근로자의 노조 가입을 합리적 이유 없이 거부할 수 없다. 특히 유니언숍 협정이 있는 경우(노조법 제81조 제2호) 노조가 임의 탈퇴한 조합원의 재가입을 거부하거나 가입제한을 두는 것은 특별한 사정이 없는 한 허용되지 않는다.

(1) 유니언숍 협정이 있는 경우 노조를 탈퇴한 조합원에 대해 노조가 재가입을 거부하거나 제한할 수 있는지 여부

판례에 따르면 노동조합이 조합원의 자격을 갖추고 있는 근로자의 조합 가입을 함부로 거부하는 것은 허용되지 아니하고, 특히 유니언 숍 협정에 의한 가입강제가 있는 경우에는 단체협약에 명문 규정이 없더라도 노동조합의 요구가 있으면 사용자는 노동조합에서 탈퇴한 근로자를 해고할 수 있기 때문에 조합측에서 근로자의 조합 가입을 거부하게 되면 이는 곧바로 해고로 직결될 수 있으므로 조합은 노조가입 신청인에게 제명에 해당하는 사유가 있다는 등의 특단의 사정이 없는 한 그 가입에 대하여 승인을 거부할 수 없다. 따라서 조합 가입에 조합원의 사전 동의를 받아야 한다거나 탈퇴 조합원이 재가입하려면 대의원대회와 조합원총회에서 각 3분의 2 이상의 찬성을 얻어야만 된다는 조합 가입에 관한 제약은 그 자체가 위법 부당하므로, 특별한 사

7) 대법원 2001. 2. 23. 선고 2000도4299 판결; 대법원 2004. 9. 24. 선고 2004도4641 판결.

8) 임종률, 앞의 책, 50쪽; 이승욱, "초기업노동조합 지부 · 분회의 단체교섭 당사자 지위", 「노동판례백선」, 박영사, 2014, 287쪽 이하.

정이 없는 경우에까지 그와 같은 제약을 가하는 것은 기존 조합원으로서의 권리남용 내지 신의칙 위반에 해당된다. 판례는 유니언 숍 협정이 있는 사업장의 일부 조합원이 노동조합에 불만을 품고 탈퇴하였다가 다시 재가입 신청을 하였으나 그들 중 일부만의 가입을 승인하고 나머지에 대하여는 승인을 거부한 것은 권리남용 내지 신의칙 위반에 해당된다고 보았다.[9)]

(2) 유니언숍 협정 하에서 조합을 임의 탈퇴한 근로자를 해고할 사용자의 의무

판례는 단체협약에 유니언 숍 협정에 따라 근로자는 노동조합의 조합원이어야만 된다는 규정이 있는 경우에는 다른 명문 규정이 없더라도 사용자는 노조에서 탈퇴한 근로자를 해고할 의무가 있다고 한다.[10)] 예컨대 "종업원은 입사와 동시에 자동적으로 노동조합 조합원이 된다"라는 규정만 있을 뿐, 가입하지 않거나 임의로 탈퇴한 자에 대한 사용자의 해고 의무는 명시하지 않은 경우에도 사용자는 노조에 가입하지 않거나 임의로 탈퇴한 종업원을 해고해야 한다고 보는 것이다.[11)]

2. 노동조합의 민주적 운영

노조법 제17조는 노동조합의 최고의결기관인 총회에 갈음할 대의원회의 대의원을 조합원의 직접 · 비밀 · 무기명투표에 의하여 선출하도록 규정하고 있다. 판례는 동 조항의 취지는 노동조합의 구성원인 조합원이 그 조합의 조직과 운영에 관한 의사결정에 관여할 수 있도록 함으로써 조합 내 민주주의, 즉 조합의 민주성을 실현하기 위함에 있다고 한다. 따라서 이는 강행규정이고, 다른 특별한 사정이 없는 한 위 법 조항에 위반하여 전국 대의원의 간접선출을 규정한 노조 규약이나 선거관리규정 등은 모두 노조법에 위반되어 무효라고 하고 있다.[12)]

---

9) 대법원 1996. 10. 29. 선고 96다28899 판결.
10) 대법원 1998. 3. 24. 선고 96누16070 판결.
11) 임종률, 앞의 책, 77쪽.
12) 대법원 2000. 1. 14. 선고 97다41349 판결.

3. 노동조합의 통제권 행사

노동조합은 단결권을 확보하기 위하여 필요하고도 합리적인 범위 내에서 조합원에 대하여 일정한 규제와 강제를 행사하는 내부통제권을 가진다. 노동조합이 그 내부통제권을 행사함에 있어서는 구성원인 조합원이 일반 국민으로서 가지는 헌법상의 기본적 권리의 본질적인 내용이나 다른 헌법적 가치를 침해하지 않아야 할 내재적 한계가 존재한다.[13]

4. 노조전임자

(1) 노조전임자의 의의

근로자는 단체협약으로 정하거나 사용자의 동의가 있는 경우에는 근로계약 소정의 근로를 제공하지 아니하고 노동조합의 업무에만 종사할 수 있다(노조법 제24조 제1항). 이에 따라 사용자와의 근로계약관계는 유지하면서 근로제공의무를 면제받아 노조업무에만 종사하는 자를 전임자라고 한다.

(2) 노조전임자의 지위와 출근의무

판례는 노조 전임자의 근로계약상 지위가 휴직상태에 있는 근로자와 유사하다고 보지만[14] 노조전임자에게도 원칙적으로 출퇴근에 관한 취업규칙이 적용되고 노조전임자의 출근은 통상적인 조합업무가 수행되는 노조사무실에서 조합업무에 착수할 수 있는 상태에 임하는 것이라고 한다. 예컨대 노조전임자가 노조업무와 무관한 개인적 범죄로 도피하느라고 회사에 사전 통보나 승인없이 약 10일간 결근한 사건에서 무단결근으로 인한 징계해고가 정당하다고 판단한바 있다.[15]

---

13) 대법원 2005. 1. 28. 선고 2004도227 판결.

14) 대법원 1995. 11. 10. 선고 94다54566 판결.

15) 대법원 1997. 3. 11. 선고 95다46715 판결.

(3) 원직복귀 명령에 불응한 노조 전임자에 대한 해고

판례에 따르면 노조전임제의 근거규정인 단체협약이 유효기간 만료로 효력을 상실한 경우 원직복귀명령에 불응한 노조전임자에 대한 해고는 부당노동행위에 해당되지 않는다.[16] 반면 전임자의 쟁의행위 등 정당한 조합활동을 혐오하여 이를 곤란케 할 목적으로 원직복귀명령을 하였다면 이는 불이익취급 및 지배개입의 부당노동행위에 해당한다.

(4) 노조전임자가 입은 재해가 업무상 재해인지 여부

판례에 따르면 노조업무가 그 성질상 회사의 업무로 볼 수 있을 정도로 회사의 노무관리업무와 밀접한 관련을 갖는 것이라면 그 업무의 수행 중 입은 재해는 업무상 재해에 해당된다.[17] 그러나 사용자의 사업과 무관한 상부 또는 연합관계에 있는 노동단체와 관련된 활동, 불법적인 노동조합활동, 사용자와 대립관계로 되는 쟁의단계에 들어간 이후의 활동은 그 성질상 업무상 재해가 인정되는 노조업무에 해당되지 않는다.[18]

(5) 노조의 전임운용권 행사가 권리남용에 해당되는지 경우

노동조합의 전임자 통지가 사용자의 인사명령을 거부하기 위한 수단으로 이용된 것으로 보아, 이러한 경우의 노동조합 전임운용권의 행사는 '권리남용'에 해당한다고 보는 경우가 있다. 이에 따르면 노동조합 전임운용권이 노동조합에 있는 경우에도 그 행사가 법령의 규정 및 단체협약에 위배되거나 권리남용에 해당하는 등 특별한 사정이 있는 경우에는 그 내재적 제한을 위반한 것으로서 무효라고 보아야 하고, 노동조합 전임운용권의 행사가 권리남용에 해당하는지 여부는 전임운용권 행사에 관한 단체협약의 내용, 그러한 단체협약을 체결하게 된 경위와 당시의 상황, 노조원의 수

---

16) 대법원 1997. 6. 13. 선고 96누17738 판결.

17) 대법원 1994. 2. 22. 선고 92누14502 판결.

18) 대법원 2007. 3. 29. 선고 2005두11418 판결; 임종률, 앞의 책, 85쪽.

및 노조 업무의 분량, 그로 인하여 사용자에게 발생하는 경제적 부담, 비슷한 규모의 다른 노동조합의 전임자 운용 실태 등 제반 사정을 종합적으로 검토하여 판단하여야 한다.[19]

(6) 노조전임자에 대한 급여지급 금지

노조법 제24조 제2항에 따라 노조전임자는 그 전임기간 동안 사용자로부터 어떠한 급여도 지급받아서는 아니되고 사용자가 노조전임자에게 급여를 지급하는 것은 부당노동행위에 해당된다(제81조 제4호). 단, 근로시간면제제도에 의해 그 예외가 인정되고 있다. 즉, 단체협약으로 정하거나 사용자가 동의하는 경우에는 사업 또는 사업장별로 조합원 수 등을 고려하여 노조법 제24조의2[20]에 따라 결정된 근로시간 면제 한도를 초과하지 아니하는 범위에서 근로자는 임금의 손실 없이 사용자와의 협의·교섭, 고충처리, 산업안전 활동 등 이 법 또는 다른 법률에서 정하는 업무와 건전한 노사관계 발전을 위한 노동조합의 유지·관리업무를 할 수 있다(노조법 제24조 제4항).

V. 노동조합활동의 정당성

1. 취업시간 중 조합활동

판례에 따르면 노동조합의 활동이 정당하다고 하기 위하여는 행위의 성질상 노동조합의 활동으로 볼 수 있거나 노동조합의 묵시적인 수권 또는 승인을 받았다고 볼 수 있는 것으로서 근로조건의 유지 개선과 근로자의 경제적 지위의 향상을 도모하기 위하여 필요하고 근로자들의 단결강화에 도움이 되는 행위이어야 하며, 취업규칙이나 단체협약에 별도의 허용규정이 있거나 관행 또는 사용자의 승낙이 있는 경우 외에는 취업시간 외에 행하여져야 하고, 사업장 내의 조합활동에 있어서는 사용자의 시

---

19) 대법원 2009. 12. 24. 선고 2009도9347 판결.

20) 노조법 제24조의2 제1항은 "근로시간 면제 한도를 정하기 위하여 근로시간면제심의위원회(이하 이 조에서 "위원회"라 한다)를 고용노동부에 둔다"고 하고 있고, 동조 제2항에 따르면 근로시간 면제 한도는 위원회가 심의·의결한 바에 따라 고용노동부장관이 고시하되, 3년마다 그 적정성 여부를 재심의하여 결정할 수 있다.

설관리권에 바탕을 둔 합리적인 규율이나 제약에 따라야 하며, 폭력과 파괴행위 등의 방법에 의하지 않는 것이어야 한다.[21)]

쟁의행위에 대한 찬반투표 실시를 위하여 전체 조합원이 참석할 수 있도록 근무시간 중에 노동조합 임시총회를 개최하고 3시간에 걸친 투표 후 1시간의 여흥시간을 가졌더라도 그 임시총회 개최행위가 전체적으로 노동조합의 정당한 행위에 해당한다고 판시한 예가 있다.[22)]

2. 사용자의 승낙 또는 허가를 받지 않은 조합원의 활동

(1) 조합원의 자발적 활동의 정당성 판단

조합원의 자발적 활동은 노조의 명시적 지시가 없다 하더라도 정당한 조합활동으로 인정될 수 있다. 판례는 사용자의 승낙을 받지 않고 휴게 시간 중에 유인물을 배포한 조합원의 자발적 행위의 경우 노조의 명시적 지시가 없었더라도 정당한 조합활동에 해당한다고 보았다.[23)] 즉, 조합원이 조합의 결의나 조합의 구체적인 지시에 따라서 한 노동조합의 조직적인 활동 그 자체가 아닐지라도 그 행위의 성질상 노동조합의 활동으로 볼 수 있거나, 노동조합의 묵시적인 수권 혹은 승인을 받았다고 볼 수 있을 때에는 노동조합의 업무를 위한 행위로 보아야 할 것이라고 판시하였다.

(2) 단체협약 또는 취업규칙에서 유인물 배포 허가제를 정하고 있는 경우

판례는 단체협약 또는 취업규칙에서 유인물 배포 허가제를 채택하고 있는 경우에도 노동조합의 업무를 위한 정당한 행위까지 금지시킬 수는 없는 것이므로 유인물 배포행위가 정당한가 아닌가는 허가가 있었는지 여부만 가지고 판단할 것은 아니고, 그

---

21) 대법원 1994. 2. 22. 선고 93도613 판결.

22) 대법원 1994. 2. 22. 선고 93도613 판결. 이 사건에서 노동조합은 회사에 대해 2회에 걸친 서면통보를 거쳐 임시총회를 개최하였으므로 회사가 이에 대비할 여유가 충분히 있었고, 일부 조합원들이 야간근무를 하는 회사의 근무형태 때문에 전체 조합원이 총회에 참석할 수 있게 하려면 비록 근무시간 중이기는 하지만 야간근무가 끝나고 주간근무가 시작되는 교대시간에 총회를 소집하는 것이 필요했다.

23) 대법원 1991. 11. 12. 선고 91누4164 판결.

유인물의 내용이나 배포방법 등 제반사정을 고려하여 판단되어져야 할 것이고, 취업시간 아닌 주간의 휴게시간 중의 배포는 다른 근로자의 취업에 나쁜 영향을 미치거나 휴게시간의 자유로운 이용을 방해하거나 구체적으로 직장질서를 문란하게 하는 것이 아닌 한 허가를 얻지 아니하였다는 이유만으로 정당성을 잃는 것은 아니라고 한다.[24)]

또한 회사가 취업규칙에서 여론조사나 유인물의 배포에 관하여 회사의 사전 승인을 얻도록 하고 있다고 할지라도 근로자들의 근로조건의 유지 · 향상이나 복지증진을 위한 정당한 행위까지 금지할 수는 없는 것이므로 그 행위가 정당한가 아닌가는 회사의 승인 여부만을 가지고 판단할 것은 아니고, 그 유인물의 내용, 매수, 배포의 시기, 대상, 방법, 이로 인한 기업이나 업무에의 영향 등을 기준으로 하여야 한다.[25)]

더 나아가 판례에 따르면 유인물로 배포된 문서에 기재되어 있는 문언에 의하여 타인의 인격, 신용, 명예 등이 훼손 또는 실추되거나 그렇게 될 염려가 있고, 또 그 문서에 기재되어 있는 사실관계의 일부가 허위이거나 그 표현에 다소 과장되거나 왜곡된 점이 있다고 하더라도 그 문서를 배포한 목적이 타인의 권리나 이익을 침해하려는 것이 아니라 근로조건의 유지 · 개선과 근로자의 복지 증진 기타 경제적 · 사회적 지위의 향상을 도모하기 위한 것으로서 그 문서의 내용이 전체적으로 보아 진실한 것이라면 이는 근로자들의 정당한 활동범위에 속한다.[26)]

---

24) 대법원 1991. 11. 12. 선고 91누4164 판결. 이 사건에서 대법원은 근로자가 노동조합의 위원장으로 출마한 행위는 노동조합의 업무를 위한 정당한 행위에 해당함이 분명하다고 하였고, 다수의 노동조합위원장 입후보자 중 일부만 사퇴하고 복수 이상의 후보자가 남았는데 그 중 한 사람이 사퇴자의 사퇴이유를 왜곡하여 그의 선거운동에 이용하는 경우, 당해 사퇴자가 그의 사퇴이유를 유인물 배포로 조합원에게 알리는 행위를 하는 것도 조합의 업무를 위한 행위에 포함되는 것으로 해석하는 것이 상당하다고 하였다.

25) 대법원 1997. 12. 23. 선고 96누11778 판결.

26) 대법원 1997. 12. 23. 선고 96누11778 판결.

Ⅵ. 단체교섭

1. 단체교섭의 당사자

(1) 단위노동조합의 단체교섭 당사자성

단위노동조합은 당연히 그 노동조합 또는 조합원을 위하여 사용자나 사용자단체와 교섭할 수 있는 당사자가 된다(노조법 제29조 제1항).

(2) 단위노동조합 하부단체의 단체교섭 당사자성

노조법 시행령 제7조에서는 "근로조건의 결정권이 있는 독립된 사업 또는 사업장에 조직된 노동단체는 지부 · 분회 등 명칭여하에 불구하고 법 제10조제1항의 규정에 의한 노동조합의 설립신고를 할 수 있다."라고 규정하고 있다. 이와 관련하여 단위노조의 지부나 분회 등 산하조직이 단체교섭을 독자적으로 할 수 있는지 여부가 문제된다.

판례에 따르면 ① 노동조합의 하부단체인 분회나 지부가 독자적인 규약 및 집행기관을 가지고 독립된 조직체로서 활동을 하는 경우 당해 조직이나 그 조합원에 고유한 사항에 대하여는 독자적으로 단체교섭하고 단체협약을 체결할 수 있고, ② 이는 그 분회나 지부가 노조법 시행령 제7조의 규정에 따라 그 설립신고를 하였는지 여부에 영향받지 아니한다.[27)]

그러나 이러한 판례 입장에 대해서는 단위노조의 하부단체가 독자적인 단체교섭권을 가진다고 하면 원래 그 상부조직인 단위노조의 단체교섭권은 형식에 불과한 것이 되고 하부단체가 단체교섭권을 가지는 경우에도 그것은 그 단위노조의 위임이나 승인에 따른 결과일 뿐 산하조직의 고유한 권능에 근거한 것은 아니라는 점, 노동조합 내부에 별도의 노동조합을 인정하는 결과가 되어 조직원리에 반한다는 점 등에서 비판적인 견해가 있다.[28)]

---

27) 대법원 2001. 2. 23. 선고 2000도4299 판결.

28) 임종률, 앞의 책, 115쪽; 이승욱, 앞의 글, 287쪽 이하.

2. 단체교섭의 담당자

(1) 인준투표제의 적법 여부

단체교섭의 담당자와 관련하여서는 이른바 인준투표제의 합법성 여부가 다투어져 왔다. 인준투표제라 함은 조합원의 직접투표에서 과반수의 찬성을 받아 노동조합의 대표자가 단체협약을 체결할 수 있도록 하는 것이다.

대법원 전원합의체 판결[29] 다수의견에 따르면 인준투표제는 위법하여 무효라고 하고 있다. 그 주요 논거로는 ① 교섭권한에는 협약체결권한이 포함된다는 점, ② 협약체결권한 없는 교섭권한은 무의미하다는 점, ③ 조합원 총회의 협약인준제는 협약체결권한에 대한 전면적 · 포괄적 제한으로서 단체협약체결권한을 형해화하여 명목에 불과한 것으로 만들어 위법하다는 점 등을 들고 있다. 이에 비하여 위 판결에서 반대의견으로는 헌법 및 노조법 소정의 규정과 노조의 자주성 · 민주성 · 특수성 등에 비추어 총회의 결의로 협약체결권한을 제한하는 것이 가능하다고 보는 의견, 협약체결권에 대한 일방적 제한 내지 전면적 · 포괄적 제한이 아닌 한 제한이 가능하다고 보는 의견 등이 제시되었다.

(2) 인준투표제를 이유로 하는 사용자의 단체교섭 거부

판례는 인준투표제를 이유로 사용자가 단체교섭을 거부하는 것은 정당하다고 본다.[30] 노동조합의 대표자 또는 수임자가 단체교섭의 결과에 따라 사용자와 단체협약의 내용을 합의한 후 다시 협약안의 가부에 관하여 조합원 총회의 의결을 거친 후에만 단체협약을 체결할 것임을 명백히 하였다면 노사 쌍방간의 타협과 양보의 결과로 임금이나 그 밖의 근로조건 등에 대하여 합의를 도출하더라도 노동조합의 조합원 총회에서 그 단체협약안을 받아들이기를 거부하여 단체교섭의 성과를 무로 돌릴 위험성이 있으므로 사용자측으로서는 최종적인 결정 권한이 없는 교섭대표와의 교섭 내지 협상을 회피하거나 설령 교섭에 임한다 하더라도 성실한 자세로 최후의 양보안을

---

29) 대법원 1993. 4. 27. 선고 91누12257 전원합의체 판결.

30) 대법원 1998. 1. 20. 선고 97도588 판결.

제출하는 것을 꺼리게 될 것이고, 그와 같은 사용자측의 단체교섭 회피 또는 해태를 정당한 이유가 없는 것이라고 비난하기도 어렵다 할 것이므로, 사용자측의 단체교섭 회피가 노조법 제81조 제3호가 정하는 부당노동행위에 해당한다고 보기도 어렵다는 것이다.

(3) 근로조건을 불이익하게 변경하는 단체협약 체결 시 조합 대표자의 권한

이러한 문제에 관한 판례의 입장은 다음과 같다.[31)]

① 단체협약은 노동조합이 사용자 또는 사용자 단체와 근로조건 기타 노사관계에서 발생하는 사항에 관하여 체결하는 협정으로서, 협약자치의 원칙상 노동조합은 사용자와 사이에 근로조건을 유리하게 변경하는 내용의 단체협약뿐만 아니라 근로조건을 불리하게 변경하는 내용의 단체협약을 체결할 수 있으므로, 근로조건을 불리하게 변경하는 내용의 단체협약이 현저히 합리성을 결하여 노동조합의 목적을 벗어난 것으로 볼 수 있는 경우와 같은 특별한 사정이 없는 한 그러한 노사 간의 합의를 무효라고 볼 수는 없고, 노동조합으로서는 그러한 합의를 위하여 사전에 근로자들로부터 개별적인 동의나 수권을 받을 필요가 없다.

② 노동조합의 대표자 또는 수임자가 단체교섭의 결과에 따라 사용자와 단체협약의 내용을 합의한 후 다시 협약안의 가부에 관하여 조합원총회의 의결을 거쳐야 한다는 것은 대표자의 단체협약체결권한을 전면적 · 포괄적으로 제한함으로써 사실상 단체협약체결권한을 형해화하여 명목에 불과한 것으로 만드는 것이어서 노조법 제29조 제1항의 취지에 위반된다.

3. 단체교섭의 대상사항

(1) 단체교섭 대상 사항 해당 여부 판단의 기본 원칙

단체교섭의 대상이 되는 단체교섭사항에 해당하는지 여부는 헌법 제33조 제1항과 노동조합법 제29조에서 근로자에게 단체교섭권을 보장한 취지에 비추어 판단하여야

31) 대법원 2002. 11. 26. 선고 2001다36504 판결.

하므로 일반적으로 구성원인 근로자의 노동조건 기타 근로자의 대우 또는 당해 단체적 노사관계의 운영에 관한 사항으로 사용자가 처분할 수 있는 사항은 단체교섭의 대상인 단체교섭사항에 해당한다고 봄이 상당하다. 징계 · 해고 등 인사의 기준이나 절차, 근로조건, 노동조합의 활동, 노동조합에 대한 편의제공, 단체교섭의 절차와 쟁의행위에 관한 절차 등에 관한 사항은 단체교섭사항에 해당된다.[32)]

(2) 경영사항

판례는 경영의사 결정 자체는 단체교섭의 대상이 될 수 없다고 하고 다만 경영상 결정에 관한 단체교섭을 요구하더라도 그 진의가 근로조건 개선과 관련될 때에는 단체교섭의 대상이 될 수 있다고 한다. 따라서 정리해고, 사업조직의 통폐합, 공기업의 민영화 등 기업의 구조조정의 실시 여부는 경영주체에 의한 고도의 경영상 결단에 속하는 사항으로서 단체교섭의 대상이 될 수 없다고 한다.[33)] 그러나 학설의 다수설은 경영사항이라도 그것이 근로조건과 밀접한 관계가 있는 경우에는 단체교섭의 대상이 되지만 근로조건과 무관한 경우에는 임의적 교섭사항이 될 뿐이라고 본다.[34)]

4. 단체교섭의 방법과 절차

(1) 성실교섭의무

노동조합과 사용자 또는 사용자단체는 신의에 따라 성실히 교섭하고 단체협약을 체결하여야 하며 그 권한을 남용하여서는 아니된다(노조법 제30조 제1항). 노동조합과 사용자 또는 사용자단체는 정당한 이유없이 교섭 또는 단체협약의 체결을 거부하거나 해태하여서는 아니된다(동조 제2항). 성실교섭의무는 당사자 쌍방에 부과된 것이고 일방이 이에 위반하는 것은 상대방이 교섭을 거부할 수 있는 정당한 이유가 된다. 특히 사용자측의 위반은 부당노동행위가 된다(노조법 제81조 제3호).

32) 대법원 2003. 12. 26. 선고 2003두8906 판결.

33) 대법원 1994. 3. 25. 선고 93다30242; 대법원 2002. 2. 26. 선고 99도5380 판결 등.

34) 보다 상세한 설명 및 이러한 학자들의 견해에 관해서는 임종률, 앞의 책, 135쪽 참조.

(2) 사용자의 단체교섭 거부나 해태의 정당한 이유가 있는지 여부

사용자의 단체교섭 거부나 해태의 정당한 이유가 있는지 여부에 관하여 일반적, 구체적 판단기준을 제시하고 있는 판례의 주요 내용을 정리하면 다음과 같다.[35)]

① 단체교섭에 대한 사용자의 거부나 해태에 정당한 이유가 있는지 여부는 노동조합측의 교섭권자, 노동조합측이 요구하는 교섭시간, 교섭장소, 교섭사항 및 그의 교섭태도 등을 종합하여 사회통념상 사용자에게 단체교섭의무의 이행을 기대하는 것이 어렵다고 인정되는지 여부에 따라 판단하여야 한다.

② 쟁의행위는 단체교섭을 촉진하기 위한 수단으로서의 성질을 가지므로 쟁의기간 중이라는 사정이 사용자가 단체교섭을 거부할 만한 정당한 이유가 될 수 없다.

③ 당사자가 성의 있는 교섭을 계속하였음에도 단체교섭이 교착상태에 빠져 교섭의 진전이 더 이상 기대될 수 없는 상황이라면 사용자가 단체교섭을 거부하더라도 그 거부에 정당한 이유가 있다고 할 것이지만, 위와 같은 경우에도 노동조합측으로부터 새로운 타협안이 제시되는 등 교섭재개가 의미 있을 것으로 기대할 만한 사정변경이 생긴 경우에는 사용자로서는 다시 단체교섭에 응하여야 하므로, 위와 같은 사정변경에도 불구하고 사용자가 단체교섭을 거부하는 경우에는 그 거부에 정당한 이유가 있다고 할 수 없다.

④ 단체교섭의 일시를 정하는 데에 관하여 노사간에 합의된 절차나 관행이 있는 경우에는 그에 따라 단체교섭 일시를 정하여야 할 것이나, 그와 같은 절차나 관행이 없는 경우, 노동조합측이 어느 일시(이하 '노조제안 일시'라 한다)를 특정하여 사용자에게 단체교섭을 요구하더라도 사용자가 교섭사항 등의 검토와 준비를 위하여 필요하다는 등 합리적 이유가 있는 때에는 노동조합측에 교섭일시의 변경을 구할 수 있고, 이와 같은 경우에는 노동조합측이 사용자의 교섭일시 변경요구를 수용하였는지 여부에 관계없이 사용자가 노조제안 일시에 단체교섭에 응하지 아니하였다 하더라도 사용자의 단체교섭 거부에 정당한 이유가 있다고 할 것이나, 사용자가 합리적인 이유 없이 노조제안 일시의 변경을 구하다가 노동조합측이 이를 수용하지 아니하였음에도 노조제안 일시에 단체교섭에 응하지 아니하였거나 사용자가 위 일시에 이르기까지 노조제안 일

35) 대법원 2006. 2. 24. 선고 2005도8606 판결.

시에 대하여 노동조합측에 아무런 의사표명도 하지 아니한 채 노조제안 일시에 단체교섭에 응하지 아니한 경우에는 사용자가 신의에 따라 성실하게 교섭에 응한 것으로 볼 수 없으므로, 사용자의 단체교섭 거부에 정당한 이유가 있다고 할 수 없다.

한편, 판례는 사용자가 단체교섭을 거부할 정당한 이유가 있다거나 단체교섭에 성실히 응하였다고 믿었더라도 객관적으로 정당한 이유가 없고 불성실한 단체교섭으로 판정되는 경우에는 부당노동행위가 성립된다고 한다.[36] 즉, 단체교섭 거부나 해태의 부당노동행위 성립 여부는 사용자의 주관적 해석이나 믿음에 좌우되는 것이 아니라 객관적으로 판단되어야 한다는 것이다.

5. 단체교섭 거부와 손해배상

판례에 따르면 사용자가 노동조합과의 단체교섭을 정당한 이유 없이 거부하였다고 하여 그 단체교섭 거부행위가 바로 위법한 행위로 평가되어 불법행위의 요건을 충족하게 되는 것은 아니지만, 그 단체교섭 거부행위가 그 원인과 목적, 그 과정과 행위태양, 그로 인한 결과 등에 비추어 건전한 사회통념이나 사회상규상 용인될 수 없는 정도에 이른 것으로 인정되는 경우에는 그 단체교섭 거부행위는 부당노동행위로서 단체교섭권을 침해하는 위법한 행위로 평가되어 불법행위의 요건을 충족하게 된다.[37]

---

36) 대법원 1998. 5. 22. 선고 97누8076 판결.

37) 대법원 2006. 10. 26. 선고 2004다11070 판결. 이 사건에서는 사용자가 노동조합과의 단체교섭을 정당한 이유 없이 거부하다가 법원으로부터 노동조합과의 단체교섭을 거부하여서는 아니 된다는 취지의 집행력 있는 판결이나 가처분결정을 받고서도 이를 위반하여 노동조합과의 단체교섭을 거부하였다. 이에 대해 대법원은 그 단체교섭 거부행위는 건전한 사회통념이나 사회상규상 용인될 수 없는 정도에 이른 행위로서 헌법이 보장하고 있는 노동조합의 단체교섭권을 침해하는 위법한 행위라고 할 것이므로, 그 단체교섭 거부행위는 노동조합에 대하여 불법행위를 구성한다고 판단하였다.

Ⅶ. 단체협약

1. 단체협약의 성립

노동조합과 사이에 체결한 단체협약이 유효하게 성립하려면 단체협약을 체결할 능력이 있는 사용자가 그 상대방 당사자로서 체결하여야 하고 나아가 서면으로 작성하여 당사자 쌍방이 서명날인함으로써 노조법 제31조 제1항 소정의 방식을 갖추어야 하며 이러한 요건을 갖추지 못한 단체협약은 조합원 등에 대하여 그 규범적 효력이 미치지 아니한다. 예컨대 판례 중에는 문서에 노조 위원장의 기명날인만 있고 회사 대표이사의 기명날인이 되어 있지 아니한 경우에는 단체협약으로서의 효력이 없고, 회사정리개시결정이 있는 경우 회사사업의 경영과 재산의 관리 및 처분을 하는 권한이 관리인에게 전속됨에도 불구하고 정리회사의 대표이사가 노조와 단체협약을 체결한 경우에는 단체협약을 체결한 능력이 없는 자가 체결한 것이므로 역시 단체협약으로서의 효력이 인정되지 않는다고 본 사례가 있다.[38)]

한편, 판례는 노사의 합의가 정식의 단체교섭 절차가 아닌 노사협의회 협의를 거쳐 성립되었다고 하더라도 단체협약의 실질적 요건(협약 당사자 쌍방의 합의)과 형식적 요건(서면 작성 및 당사자 쌍방 대표자의 서명날인)을 충족한 것이라면 단체협약으로서의 효력이 인정된다고 본 경우도 있다.[39)]

2. 단체협약의 해석

판례는 단체협약과 같은 처분문서를 해석함에 있어서는, 단체협약이 근로자의 근로조건을 유지 · 개선하고 복지를 증진하여 그 경제적 · 사회적 지위를 향상시킬 목적으로 근로자의 자주적 단체인 노동조합과 사용자 사이에 단체교섭을 통하여 이루어지는 것이므로, 그 명문의 규정을 근로자에게 불리하게 변형 해석할 수 없다고 한다.[40)]

---

38) 대법원 2001. 1. 19. 선고 99다72422 판결.

39) 대법원 2005. 3. 11. 선고 2003다27429 판결.

40) 대법원 2011. 10. 13. 선고 2009다102452 판결.

3. 단체협약의 규범적 부분과 채무적 부분

단체협약에 정한 근로조건이나 그 밖에 근로자의 대우에 관한 기준에 대한 부분은 '규범적 부분'에 해당되고, 이 부분에 대해서는 노조법에 의해 강행적 효력이 인정된다(노조법 제33조 제1항). 규범적 부분을 제외한 단체협약의 모든 부분은 채무적 부분에 해당되고 이는 협약 당사자 간의 채무적 효력만 발생되는 부분이다. 판례는 구조조정으로 근로관계를 종료하지 아니하겠다는 내용의 고용보장에 관한 확약, 정리해고 시 노동조합의 사전 동의를 받도록 정한 단체협약상의 조항은 단체협약의 규범적 부분에 해당한다고 판단한바 있다.[41]

4. 협약자치의 한계

(1) 근로조건을 불리하게 변경하는 단체협약의 유효성

협약자치의 원칙상 노동조합은 사용자와 사이에 근로조건을 유리하게 변경하는 내용의 단체협약뿐만 아니라 근로조건을 불리하게 변경하는 내용의 단체협약을 체결할 수 있으므로, 근로조건을 불리하게 변경하는 내용의 단체협약이 현저히 합리성을 결하여 노동조합의 목적을 벗어난 것으로 볼 수 있는 경우와 같은 특별한 사정이 없는 한 그러한 노사간의 합의를 무효라고 볼 수는 없고, 노동조합으로서는 그러한 합의를 위하여 사전에 근로자들로부터 개별적인 동의나 수권을 받을 필요가 없다.[42]

이 경우 단체협약이 현저히 합리성을 결하였는지 여부는 단체협약의 내용과 그 체결경위, 당시 사용자측의 경영상태 등 여러 사정에 비추어 판단해야 한다.[43]

---

41) 대법원 2014. 03. 27. 선고 2011두20406 판결.

42) 대법원 2000. 9. 29. 선고 99다67536 판결.

43) 대법원 2011. 7. 28. 선고 2009두7790 판결. 이 사건은 단체협약에 의한 정년 단축이 현저히 합리성을 결하였다고 판단된 경우이다. 대법원은 "이 사건 특별협약에 의한 정년 단축은 참가인이 운영하는 ㅇㅇ병원의 경영위기를 극복하기 위한 자구대책으로 이루어졌다고는 하나, 그 체결 당시 한시적 적용이 예정되어 있어 일정 연령 이상의 근로자들을 정년 단축의 방법으로 일시에 조기 퇴직시킴으로써 사실상 정리해고의 효과를 도모하기 위하여 마련된 것으로 보이고, 이와 같이 이 사건 정년 단축이 모든 근로자들을 대상으로 하는 객관적 · 일반적 기준의 설정이 아닌 일정 연령 이상의 근로자들을 조기 퇴직시키기 위한 방편으로 강구된 이상 참가인의 경영상태 및 경영개선을 위해 노

(2) 근로자의 처분에 맡겨진 사항

이미 구체적으로 그 지급청구권이 발생한 임금(상여금 포함)이나 퇴직금과 같이 근로자의 사적 재산영역으로 옮겨져 근로자의 처분에 맡겨진 것이기 때문에 노동조합이 근로자들로부터 개별적인 동의나 수권을 받지 않는 이상, 사용자와 사이의 단체협약만으로 이에 대한 포기나 지급유예와 같은 처분행위를 할 수는 없다.[44]

5. 단체협약의 일반적 구속력

(1) 일반적 구속력에서의 동종 근로자의 의미

하나의 사업 또는 사업장에 상시 사용되는 동종의 근로자 반수 이상이 하나의 단체협약의 적용을 받게 된 때에는 당해 사업 또는 사업장에 사용되는 다른 동종의 근로자에 대하여도 당해 단체협약이 적용된다(노조법 제35조).

판례는 동조에 따라 단체협약의 적용을 받게 되는 '동종의 근로자'라 함은 당해 단체협약의 규정에 의하여 그 협약의 적용이 예상되는 자를 가리킨다고 한다. 만일 사업장 단위로 체결되는 단체협약의 적용 범위가 특정되지 않았거나 협약 조항이 모든 직종에 걸쳐서 공통적으로 적용되는 경우에는 직종의 구분 없이 사업장 내의 모든 근로자가 동종의 근로자에 해당된다. 예컨대 기능직 · 일반직 등 직종의 구분 없이 사업장 내의 모든 근로자가 노동조합의 조합원으로 가입하여 단체협약의 적용을 받을 수 있도록 되어 있다면 일반직 근로자도 기능직 근로자와 함께 노조법 제35조 소정의 동종의 근로자에 해당한다고 할 것이고, 조합원수가 상시 사용되는 근로자 과반수에 해당하였던 이상, 실제로 노동조합에 가입하였는지 여부에 관계없이 단체협약상 규범

사가 취하였던 노력 등을 고려하더라도 이러한 일정 연령 이상의 근로자들을 정년 단축의 방법으로 조기 퇴직시킨 조치는 연령만으로 조합원을 차별하는 것이어서 합리적 근거가 있다고 보기 어려우므로, 이 사건 특별협약 중 정년에 관한 부분은 현저히 합리성을 결하였다고 볼 것이다."라고 판시하였다.

44) 대법원 2000. 9. 29. 선고 99다67536 판결. 이 사건에서는 1997년 12월 25일에 지급되어야 하는 상여금을 같은 해 12월 30일 노사합의를 통해 지급하지 않기로 변경한 것은 이미 지급청구권이 발생한 임금을 포기시키는 것이기 때문에 노사합의만으로는 그 효력이 인정되지 않는다고 하였다.

적 부분의 적용을 받는다.[45)] 한편, 단체협약 규정에 의하여 조합원 자격이 없는 자는 동종의 근로자에 해당되지 않는다.[46)]

그 밖에 동종 근로자의 의미에 관해서는 ① 같은 종류의 근로자는 직종이나 직무 내용이 같은 근로자를 말한다고 보는 견해, ② 동종의 근로자에 해당되는지 여부의 판단은 당해 단체협약상 근로기준의 적용이 객관적으로 예상되는 근로자를 의미하는 것으로 보아야 한다는 견해 등도 제시되고 있다.

일반적 구속력의 효과로서 그 효력이 확대 적용되는 것은 단체협약 중 규범적 부분에 한정된다.

6. 단체협약의 지역적 구속력

하나의 지역에 있어서 종업하는 동종의 근로자 3분의 2 이상이 하나의 단체협약의 적용을 받게 된 때에는 행정관청은 당해 단체협약의 당사자의 쌍방 또는 일방의 신청에 의하거나 그 직권으로 노동위원회의 의결을 얻어 당해 지역에서 종업하는 다른 동종의 근로자와 그 사용자에 대하여도 당해 단체협약을 적용한다는 결정을 할 수 있다(노조법 제36조 제1항). 행정관청이 동조 제1항의 규정에 의한 결정을 한 때에는 지체없이 이를 공고하여야 한다(동조 제2항).

다만, 판례는 별도의 단체협약이 체결되어 있는 경우에는 지역적 구속력의 효력이 미치지 않는다고 하고 있다. 즉, 노동조합이 독자적으로 단체교섭권을 행사하여 이미 별도의 단체협약을 체결한 경우에는 그 협약이 유효하게 존속하고 있는 한 지역적 구속력 결정의 효력은 그 노동조합이나 그 구성원인 근로자에게는 미치지 않는다고 해석하여야 할 것이고, 또 협약 외의 노동조합이 위와 같이 별도로 체결하여 적용받고 있는 단체협약의 갱신체결이나 보다 나은 근로조건을 얻기 위한 단체교섭이나 단체행동을 하는 것 자체를 금지하거나 제한할 수는 없다고 보아야 한다는 것이다.[47)]

---

45) 대법원 1999. 12. 10. 선고 99두6927 판결.

46) 대법원 2004. 1. 29. 선고 2001다5142 판결.

47) 대법원 1993. 12. 21. 선고 92도2247 판결.

7. 단체협약 종료 후의 근로관계

(1) 단체협약 상 유효기간 만료 후 효력이 지속되는 경우

단체협약의 유효기간이 만료되더라도 효력이 지속될 수 있는 경우는 다음과 같다.

① 단체협약의 유효기간이 만료되는 때를 전후하여 당사자 쌍방이 새로운 단체협약을 체결하고자 단체교섭을 계속하였음에도 불구하고 새로운 단체협약이 체결되지 아니한 경우: 이러한 경우에는 별도의 약정이 있는 경우를 제외하고는 종전의 단체협약은 그 효력만료일부터 3월까지 계속 효력을 갖는다(노조법 제32조 제3항 본문).

② 자동갱신조항이 있는 경우: 협약 만료 이전의 일정 기간 내에 협약 당사자가 협약의 변경 내지 새로운 협약 체결에 관한 의사를 표시하지 않으면 종전 협약과 동일한 내용의 새로운 협약이 체결된 것으로 본다는 취지의 약정이 있는 경우 종전 협약은 자동갱신될 수 있다. 이 경우 자동갱신되는 협약의 유효기간은 2년을 초과할 수 없다.

③ 자동연장조항이 있는 경우: 단체협약에 그 유효기간이 경과한 후에도 새로운 단체협약이 체결되지 아니한 때에는 새로운 단체협약이 체결될 때까지 종전 단체협약의 효력을 존속시킨다는 취지의 별도의 약정이 있는 경우에는 그에 따른다. 다만 당사자 일방은 해지하고자 하는 날의 6월전까지 상대방에게 통고함으로써 종전의 단체협약을 해지할 수 있다(노조법 제32조 3항 단서).

(2) 단체협약 실효 후 단체협약 상 근로조건에 관한 부분의 효력

단체협약상의 근로조건은 단체협약이 실효되기 전에 보충적 효력에 따라 이미 근로계약 속으로 들어가 그 내용이 되어 있기 때문에 단체협약이 실효되더라도 근로계약의 내용이 되어 있는 근로조건은 새로운 단체협약이나 근로계약이 체결될 때까지는 효력을 가진다고 본다. 판례는 단체협약이 실효되었다고 하더라도 임금, 퇴직금이나 노동시간, 그 밖에 개별적인 노동조건에 관한 부분은 그 단체협약의 적용을 받고 있던 근로자의 근로계약의 내용이 되어 그것을 변경하는 새로운 단체협약, 취업규칙이 체결 · 작성되거나 또는 개별적인 근로자의 동의를 얻지 아니하는 한 개별적인 근로자의 근로계약의 내용으로서 여전히 남아 있어 사용자와 근로자를 규율하게 되고,

단체협약 중 해고사유 및 해고의 절차에 관한 부분에 대하여도 이와 같은 법리가 그대로 적용된다고 한다.[48]

Ⅷ. 쟁의행위

1. 쟁의행위의 개념

노조법상 '쟁의행위'는 파업 · 태업 · 직장폐쇄, 그 밖에 노동관계 당사자가 그 주장을 관철할 목적으로 하는 행위와 이에 대항하는 행위로서 업무의 정상적인 운영을 저해하는 행위를 말한다(노조법 제2조 제6호).

2. 쟁의행위의 정당성 판단 기준

판례는 쟁의행위가 정당성을 가지려면 ① 그 주체가 단체교섭의 주체가 될 수 있는 자이어야 하고, ② 그 목적이 근로조건의 향상을 위한 노사간의 자치적 교섭을 조성하기 위한 것이어야 하며, ③ 그 시기는 사용자가 근로자의 근로조건 개선에 관한 구체적인 요구에 대하여 단체교섭을 거부하거나 단체교섭의 자리에서 그러한 요구를 거부하는 회답을 했을 때 시작하되 특별한 사정이 없는 한 조합원의 찬성결정을 법령으로 정하는 절차를 밟아야 하고 ④ 그 수단과 방법이 사용자의 재산권과 조화를 이루어야 함은 물론 폭력의 행사에 해당되지 않아야 한다고 판시하고 있다.[49]

3. 노조법 상 쟁의행위 관련 규정

(1) 쟁의행위의 기본원칙

쟁의행위는 그 목적 · 방법 및 절차에 있어서 법령 기타 사회질서에 위반되어서는 아니된다(노조법 제37조 제1항).

---

48) 대법원 2009. 2. 12. 선고 2008다70336 판결.

49) 대법원 2001. 10. 25. 선고 99도4837 전원합의체 판결,

(2) 쟁의행위의 주체

조합원은 노동조합에 의하여 주도되지 아니한 쟁의행위를 하여서는 아니된다(노조법 제37조 제2항).

(3) 쟁의행위의 목적 관련

① 노동조합은 쟁의행위 기간에 대한 임금의 지급을 요구하여 이를 관철할 목적으로 쟁의행위를 하여서는 아니 된다(노조법 제44조 제2항).
② 노동조합은 노조전임자 급여 지급을 요구하고 이를 관철할 목적으로 쟁의행위를 하여서는 아니 된다.(노조법 제24조 제5항).

(4) 쟁의행위의 시기 및 절차 관련

① 조정전치주의: 쟁의행위는 노조법상 규정에 의한 조정절차를 거치지 아니하면 이를 행할 수 없다(노조법 제45조 제2항).
② 중재시의 쟁의행위 금지: 노동쟁의가 중재에 회부된 때에는 그 날부터 15일간은 쟁의행위를 할 수 없다(노조법 제63조).
③ 긴급조정시의 쟁의행위 중지: 긴급조정의 결정이 공표된 때에는 즉시 쟁의행위를 중지하여야 하며, 공표일부터 30일이 경과하지 아니하면 쟁의행위를 재개할 수 없다(노조법 제77조).
④ 조정서 해석기간 중 쟁의행위 금지: 해석 또는 이행방법에 관한 견해가 제시될 때까지는 관계 당사자는 당해 조정안의 해석 또는 이행에 관하여 쟁의행위를할 수 없다(노조법 제60조 제5항).
⑤ 쟁의행위에 대한 찬반투표: 노동조합의 쟁의행위는 그 조합원의 직접 · 비밀 · 무기명투표에 의한 조합원 과반수의 찬성으로 결정하지 아니하면 이를 행할 수 없다(노조법 제41조 제1항).

(5) 쟁의행위의 수단 · 방법 관련

① 쟁의행위는 폭력이나 파괴행위 또는 생산 기타 주요업무에 관련되는 시설과 이에 준하는 시설로서 대통령령이 정하는 시설을 점거하는 형태로 이를 행할 수없다(노조법 제42조 제1항).

② 사업장의 안전보호시설에 대하여 정상적인 유지 · 운영을 정지 · 폐지 또는 방해하는 행위는 쟁의행위로서 이를 행할 수 없다(노조법 제42조 제2항). 판례에 따르면 여기서 '안전보호시설'이라 함은 사람의 생명이나 신체의 위험을 예방하기 위해서나 위생상 필요한 시설을 말하고, 이에 해당하는지 여부는 당해 사업장의 성질, 당해 시설의 기능, 당해 시설의 정상적인 유지 · 운영이 되지 아니할 경우에 일어날 수 있는 위험 등 제반 사정을 구체적 · 종합적으로 고려하여 판단하여야 한다.[50)]

③ 피케팅(파업감시) 관련: 쟁의행위는 그 쟁의행위와 관계없는 자 또는 근로를 제공하고자 하는 자의 출입 · 조업 기타 정상적인 업무를 방해하는 방법으로 행하여져서는 아니되며 쟁의행위의 참가를 호소하거나 설득하는 행위로서 폭행 · 협박을 사용하여서는 아니된다(노조법 제38조 제1항).

④ 작업시설의 손상이나 원료 · 제품의 변질 또는 부패를 방지하기 위한 작업은 쟁의행위 기간중에도 정상적으로 수행되어야 한다(노조법 제38조 제2항).

(6) 정당한 쟁의행위에 대한 민 · 형사 면책

사용자는 정당한 쟁의행위로 인하여 손해를 입은 경우에 노동조합 또는 근로자에 대하여 그 배상을 청구할 수 없다(노조법 제3조). 또한, 노동조합의 정당한 쟁의행위에 대하여는 형법 제20조의 정당행위에 관한 규정이 적용된다. 다만, 폭력이나 파괴행위는 어떤 경우에도 정당한 행위로 해석되지 않는다(노조법 제4조).

---

50) 대법원 2005. 9. 30. 선고 2002두7425 판결; 대법원 2006. 5. 12. 선고 2002도3450 판결.

4. 쟁의행위의 주체

(1) 비조합적 파업

노조가 주도 · 승인하지 않는 파업(비조합적 파업)에 대해 판례는 정당성을 인정하지 않는다.[51] 그러나 이에 대해서는 헌법상 쟁의권은 근로자 개인에게 보장된 권리이고, 노동조합만이 쟁의행위의 정당한 주체가 될 수 있다고 하면 근로자들이 쟁의권을 행사하기 위해 노동조합부터 먼저 조직하도록 강제하게 된다는 점에서 노동조합의 쟁의행위만을 정당한 것으로 단정해서는 안된다는 비판이 가해진다.[52]

(2) 법외조합의 파업

판례에 따르면 노조법상 설립신고증을 받지 못한 법외조합이라 하더라도 노동조합으로서의 실질적 요건을 갖춘 경우에는 단체교섭권이나 쟁의행위의 정당한 주체가 될 수 있다.[53]

(3) 노동조합의 지부 · 분회

판례에 따르면 노동조합의 하부단체인 분회나 지부가 독자적인 규약 및 집행기관을 가지고 독립된 조직체로서 활동을 하는 경우 당해 조직이나 그 조합원에 고유한 사항에 대하여는 독자적으로 단체교섭하고 단체협약을 체결할 수 있고, 이는 그 분회나 지부가 노노법 시행령 제7조의 규정에 따라 그 설립신고를 하였는지 여부에 영향받지 아니한다. 따라서 지부나 분회도 쟁의행위의 정당한 주체가 될 수 있다.[54] 다만 이에 관해서는 앞서 노동조합 하부단체의 법적 지위 및 단체교섭 당사자성 등과 관련하여 제기되는 비판이 동일하게 문제된다.[55]

---

51) 대법원 1990. 5. 15. 선고 90도357 판결.
52) 임종률, 앞의 책, 229쪽.
53) 헌법재판소 2008. 7. 31. 2004헌바9; 대법원 1997. 2. 11. 선고 96누2125 판결.
54) 대법원 2004. 9. 24. 선고 2004도4641 판결.
55) 임종률, 앞의 책, 230쪽.

5. 쟁의행위의 목적

(1) 경영사항

판례는 단체교섭의 대상이 될 수 있는 사항이 쟁의행위의 목적이 될 수 있다는 입장 하에서 경영사항은 쟁의행위의 목적이 될 수 없다고 한다.[56] 즉, 정리해고나 사업조직의 통폐합, 공기업의 민영화 등 기업의 구조조정의 실시 여부는 경영주체에 의한 고도의 경영상 결단에 속하는 사항으로서 이는 원칙적으로 단체교섭의 대상이 될 수 없고, 그것이 긴박한 경영상의 필요나 합리적인 이유 없이 불순한 의도로 추진되는 등의 특별한 사정이 없는 한, 노동조합이 실질적으로 그 실시를 반대하기 위하여 쟁의행위에 나아간다면, 비록 그 실시로 인하여 근로자들의 지위나 근로조건의 변경이 필연적으로 수반된다 하더라도 그 쟁의행위는 목적의 정당성을 인정할 수 없는 것이고, 여기서 노동조합이 '실질적으로' 그 실시를 반대한다고 함은 비록 형식적으로는 민영화 등 구조조정을 수용한다고 하면서도 결과적으로 구조조정의 목적을 달성할 수 없게 하는 요구조건을 내세움으로써 실질적으로 구조조정의 반대와 같이 볼 수 있는 경우도 포함한다고 한다.

(2) 쟁의행위를 통해 복수의 목적을 관철하려는 경우

쟁의행위에서 추구되는 목적이 여러 가지이고 그 중 일부가 정당하지 못한 경우에는 주된 목적 내지 진정한 목적의 당부에 의하여 그 쟁의목적의 당부를 판단하여야 할 것이고, 부당한 요구사항을 뺐더라면 쟁의행위를 하지 않았을 것이라고 인정되는 경우에는 그 쟁의행위 전체가 정당성을 갖지 못한다고 보아야 한다는 것이 판례의 입장이다.[57]

예를 들어 노조가 회사와의 특별단체교섭과정에서 10년간 회사의 매각 금지 및 해고의 금지 등 회사의 구조조정의 실시와 관련하여 경영주체에 의한 고도의 경영상 결

56) 대법원 2006. 5. 12. 선고 2002도3450 판결.

57) 대법원 1992. 1. 21. 선고 91누5204 판결; 대법원 2002. 2. 26. 선고 99도5380 판결; 대법원 2003. 12. 26. 선고 2001도3380 판결 등.

단에 속하는 사항이라고 볼 여지가 있는 사항을 단체교섭의 대상으로 포함시킨 것은 사실이나, 쟁의행위의 진정한 목적은 회사의 매각에 따른 고용안정이나 임금인상 등 근로조건의 유지와 향상에 있었고, 쟁의행위가 회사의 매각 금지 등을 주된 목적으로 하여 개시되었다거나 다른 쟁의행위의 목적이 모두 소멸되었음에도 오로지 회사의 매각 금지 등을 목적으로 하여 계속된 것으로 볼 수 없어 쟁의행위의 목적은 정당하다고 판단된 사례가 있다.[58)]

(3) 노동조합 요구가 과다하거나 무리한 경우

노동조합이 회사로서는 수용할 수 없는 요구를 하고 있었다고 하더라도 이는 단체교섭의 단계에서 조정할 문제이지 노동조합측으로부터 과다한 요구가 있었다고 하여 막바로 그 쟁의행위의 목적이 부당한 것이라고 해석할 수는 없다는 것이 판례의 입장이다.[59)]

(4) 평화의무에 위반한 쟁의행위

평화의무라 함은 협약당사자가 단체협약의 유효기간 중에 협약 내용을 변경하기 위한 쟁의행위를 하지 않을 의무이다. 판례는 단체협약에서 이미 정한 근로조건이나 기타 사항의 변경·개폐를 요구하는 쟁의행위를 단체협약의 유효기간 중에 하여서는 아니된다는 이른바 평화의무를 위반하여 이루어진 쟁의행위는 노사관계를 평화적·자주적으로 규율하기 위한 단체협약의 본질적 기능을 해치는 것일 뿐 아니라 노사관계에서 요구되는 신의성실의 원칙에도 반하는 것이므로 정당성이 없다고 한다.[60)]

---

58) 대법원 2013. 2. 15. 선고 2010두20362 판결.

59) 대법원 1992. 1. 21. 선고 91누5204 판결.

60) 대법원 1994. 9. 30. 선고 94다4042 판결. 이 사건에서는 단체협약에서 인센티브 지급을 노사협의로 결정한다고 규정하였는데 노조가 인센티브 지급 요구를 관철하기 위한 준법투쟁을 실시한 것은 쟁의행위로서의 정당성이 없다고 판시하였다.

6. 쟁의행위의 절차

(1) 쟁의행위 찬반투표 절차

노조법 제41조 제1항은 노동조합의 쟁의행위는 그 조합원의 직접 · 비밀 · 무기명투표에 의한 조합원 과반수의 찬성으로 결정하지 아니하면 이를 행할 수 없다고 규정하고 있다.

판례에 따르면 쟁의행위를 함에 있어 조합원의 직접 · 비밀 · 무기명투표에 의한 찬성결정이라는 절차를 거치도록 한 노조법 제41조 제1항은 노동조합의 자주적이고 민주적인 운영을 도모함과 아울러 쟁의행위에 참가한 근로자들이 사후에 그 쟁의행위의 정당성 유무와 관련하여 어떠한 불이익을 당하지 않도록 그 개시에 관한 조합의사의 결정에 보다 신중을 기하기 위하여 마련된 규정이다. 따라서 찬반투표 절차를 위반한 쟁의행위는 그 절차를 따를 수 없는 객관적인 사정이 인정되지 아니하는 한 정당성이 상실된다고 한다.[61]

(2) 초기업노조 하부조직의 쟁의행위 찬반투표 조합원의 범위

판례는 지역별 · 산업별 · 업종별 노동조합의 경우에는 총파업이 아닌 이상 쟁의행위를 예정하고 있는 당해 지부나 분회소속 조합원의 과반수의 찬성이 있으면 쟁의행위는 절차적으로 적법하다고 보아야 할 것이고, 쟁의행위와 무관한 지부나 분회의 조합원을 포함한 전체 조합원의 과반수 이상의 찬성을 요하는 것은 아니라고 한다.[62] 따라서 초기업 노조가 조합 전체 차원에서 총파업을 행할 경우에는 직접 · 비밀 · 무기명투표에 의한 해당 노조 전체 조합원 과반수의 찬성이 있어야 할 것이다.

(3) 조정전치를 마치지 않은 쟁의행위

판례는 조정전치를 마치지 아니하였다는 이유로 쟁의행위의 정당성을 부정하지는

61) 대법원 2001. 10. 25. 선고 99도4837 전원합의체 판결; 대법원 2004. 9. 24. 선고 2004도4641 판결.
62) 대법원 2004. 9. 24. 선고 2004도4641 판결.

않는다.[63] 즉, 노동조합이 노동위원회에 노동쟁의 조정신청을 하여 조정절차가 마쳐지거나 조정이 종료되지 아니한 채 조정기간이 끝나면 노동조합은 쟁의행위를 할 수 있는 것으로 노동위원회가 반드시 조정결정을 한 뒤에 쟁의행위를 해야만 그 절차가 정당한 것은 아니라고 한다.

7. 쟁의행위의 수단 · 방법

(1) 직장점거의 정당성 판단

쟁의행위는 생산 기타 주요업무에 관련되는 시설 등을 점거하는 형태로 행해서는 안 된다(노조법 제42조 제1항). 판례에 따르면 직장 또는 사업장시설의 점거는 적극적인 쟁의행위의 한 형태로서 그 점거의 범위가 직장 또는 사업장시설의 일부분이고 사용자측의 출입이나 관리지배를 배제하지 않는 병존적인 점거에 지나지 않을 때에는 정당한 쟁의행위로 볼 수 있으나, 이와 달리 직장 또는 사업장시설을 전면적 · 배타적으로 점거하여 조합원 이외의 자의 출입을 저지하거나 사용자측의 관리지배를 배제하여 업무의 중단 또는 혼란을 야기케 하는 것과 같은 행위는 이미 정당성의 한계를 벗어난 것이라고 본다.[64]

(2) 피케팅(파업감시행위)의 정당성 판단

쟁의행위를 알리고 참가를 호소 · 설득하는 등의 피케팅은 평화적 · 언어적 설득의 범위 내에서 정당성이 인정된다. 반면 실력적 저지나 물리적 강제의 피케팅은 정당성이 부인된다. 판례에 따르면 사용자의 위법적인 대체근로를 저지하기 위한 피케팅으로서 상당한 정도의 실력행사는 허용되지만 위법적인 대체근로와 무관한 작업까지 전면 저지하기 위한 행위는 피케팅으로서 정당화될 수 없다.[65]

---

63) 대법원 2001. 6. 26. 선고 2000도2871 판결.

64) 대법원 2007. 12. 28. 선고 2007도5204 판결.

65) 대법원 1992. 7. 14. 선고 91다43800 판결.

8. 쟁의행위기간 중 대체근로금지

노조법 제43조 제1항은 노동조합의 쟁의행위권을 보장하기 위한 규정으로서 사용자가 노동조합의 쟁의행위기간 중 당해 사업 내의 비노동조합원이나 쟁의행위에 참가하지 아니한 노동조합원 등 기존의 근로자를 제외한 자를 새로 채용 또는 대체할 수 없다. 판례는 사용자가 노동조합이 쟁의행위에 들어가기 전에 근로자를 새로 채용하였다 하더라도 쟁의행위기간 중 쟁의행위에 참가한 근로자들의 업무를 수행케 하기 위하여 그 채용이 이루어졌고 그 채용한 근로자들로 하여금 쟁의행위기간 중 쟁의행위에 참가한 근로자들의 업무를 수행케 하였다면 위 조항 위반죄를 구성한다고 판단하고 있다.[66]

9. 쟁의행위와 민사책임

(1) 노동조합과 조합간부의 손해배상책임

판례는 정당하지 않은 쟁의행위를 계획 · 주도한 조합간부와 노동조합의 손해배상책임을 인정하고 있다.[67] 판례의 주요 내용을 정리하면 다음과 같다.

① 정당성이 없는 쟁의행위는 불법행위를 구성하고 이로 말미암아 손해를 입은 사용자는 노동조합에 대하여 그 손해배상을 청구할 수 있다.

② 간부들이 불법쟁의행위를 기획, 지시, 지도하는 등으로 주도한 경우에 이와 같은 간부들의 행위는 조합의 집행기관으로서의 행위라 할 것이므로 이러한 경우 민법 제35조 제1항[68]의 유추적용에 의하여 노동조합은 그 불법쟁의행위로 인하여 사용자가 입은 손해를 배상할 책임이 있고, 한편 조합간부들의 행위는 일면에 있어서는 노동조합 단체로서의 행위라고 할 수 있는 외에 개인의 행위라는 측면도 아울러 지니고 있고, 일반적으로 쟁의행위가 개개 근로자의 노무정지를 조직하고 집단화하여 이루어지는 집단적 투쟁행위라는 그 본질적 특징을 고려

66) 대법원 2000. 11. 28. 선고 99도317 판결.

67) 대법원 1994. 3. 25. 선고 93다32828,32835 판결.

68) 제35조(법인의 불법행위능력) ① 법인은 이사 기타 대표자가 그 직무에 관하여 타인에게 가한 손해를 배상할 책임이 있다. 이사 기타 대표자는 이로 인하여 자기의 손해배상책임을 면하지 못한다.

하여 볼 때 노동조합의 책임 외에 불법쟁의행위를 기획, 지시, 지도하는 등으로 주도한 조합의 간부들 개인에 대하여도 책임을 지운다.

③ 불법쟁의행위로 인하여 노동조합이나 근로자가 그 배상책임을 지는 배상액의 범위는 불법쟁의행위와 상당인과관계에 있는 모든 손해이다.

(2) 일반조합원의 손해배상책임

판례에 따르면 일반 조합원이 불법쟁의행위시 노동조합 등의 지시에 따라 단순히 노무를 정지한 것만으로는 노동조합 또는 조합 간부들과 함께 공동불법행위책임을 진다고 할 수 없다. 다만, 근로자의 근로내용 및 공정의 특수성과 관련하여 그 노무를 정지할 때에 발생할 수 있는 위험 또는 손해 등을 예방하기 위하여 그가 노무를 정지할 때에 준수하여야 할 사항 등이 정하여져 있고, 근로자가 이를 준수함이 없이 노무를 정지함으로써 그로 인하여 손해가 발생하였거나 확대되었다면, 그 근로자가 일반 조합원이라고 할지라도 그와 상당인과관계에 있는 손해를 배상할 책임이 있다고 한다.[69)]

10. 쟁의행위와 형사책임

쟁의행위의 형사책임과 관련하여 문제되는 점은 파업에 대한 업무방해죄 적용이다. 종전 판례는 근로자들이 소극적으로 노무제공을 거부하는 단순파업에 대해서도 그것이 당연히 위력에 해당함을 전제로 하여 업무방해죄의 구성요건에 해당된다고 하면서, 다만 노동관계법령에 따른 정당한 쟁의행위인 경우 위법성이 조각될 수 있다고 보았다. 그러나 2011년 대법원 전원합의체 판결의 다수의견은 단순 파업이 쟁의행위로서 정당성이 없는 경우라 해도 언제나 위력에 해당한다고는 볼 수 없다고 하여 위력의 개념을 제한함으로써 쟁의행위에 대한 업무방해죄 적용을 한정하였다.[70)]

---

69) 대법원 2006. 9. 22. 선고 2005다30610 판결.

70) 대법원 2011. 3. 17. 선고 2007도482 전원합의체 판결. 주요 판결 요지는 다음과 같다. "쟁의행위로서의 파업이 언제나 업무방해죄에 해당하는 것으로 볼 것은 아니고, 전후 사정과 경위 등에 비추어 사용자가 예측할 수 없는 시기에 전격적으로 이루어져 사용자의 사업운영에 심대한 혼란 내지 막대한 손해를 초래하는 등으로 사용자의 사업계속에 관한 자유의사가 제압 · 혼란될 수 있다고 평가할

11. 준법투쟁

준법투쟁이 쟁의행위에 해당되는지 여부에 관하여 판례는 이를 긍정하고 있다.[71] 예를 들어 근로자들이 주장을 관철시킬 목적으로 종래 통상적으로 실시해 오던 휴일근무를 집단적으로 거부한 사례에서 이는 회사업무의 정상적인 운영을 저해하는 것으로서 노조법 제2조 제6호 소정의 쟁의행위에 해당한다고 판단하였다.

한편 헌법재판소는 연장근로 거부, 정시출근, 집단적 휴가사용의 경우과 같이 일면 근로자의 권리행사로서의 성격을 갖는 준법투쟁에 대해서는 업무방해죄 적용을 제한해야 한다고 설시한 바 있다. 그 이유에 관해서는 쟁의행위의 정당성 판단기준이 반드시 명백한 것이 아닌데다가 특히 쟁의행위의 당사자로서 법률의 문외한이라고 할 수 있는 근로자 입장에서 보면 그 정당성을 판단하기가 더욱 어려울 것인데 연장근로의 거부 등과 같은 경우에도 위법성이 조각되지 않는다 하여 업무방해죄 성립을 긍정한다면 이는 결국 근로자로 하여금 혹시 있을지 모를 형사처벌을 감수하고라도 쟁의행위에 나아가도록 하는 것을 주저하게 만들 것이고 따라서 단체행동권 행사는 사실상 제약을 받게 될 것이기 때문이라고 하고 있다.[72]

12. 쟁의행위기간 중 임금

사용자는 쟁의행위에 참가하여 근로를 제공하지 않은 근로자에 대하여는 그 기간 중의 임금을 지급할 의무가 없다(노조법 제44조 제1항).

한편 판례는 태업 기간 중 임금 지급 문제와 관련하여 태업에 참가한 근로자별로 측정된 태업 시간 전부를 비율적으로 계산하여 임금에서 삭감하고, 유급전임자에 대

수 있는 경우에 비로소 그 집단적 노무제공의 거부가 위력에 해당하여 업무방해죄가 성립한다고 봄이 상당하다. 이와 달리, 근로자들이 집단적으로 근로의 제공을 거부하여 사용자의 정상적인 업무운영을 저해하고 손해를 발생하게 한 행위가 당연히 위력에 해당함을 전제로 하여 노동관계 법령에 따른 정당한 쟁의행위로서 위법성이 조각되는 경우가 아닌 한 업무방해죄를 구성한다는 취지로 판시한 대법원 1991. 4. 23. 선고 90도2771 판결, 대법원 1991. 11. 8. 선고 91도326 판결, 대법원 2004. 5. 27. 선고 2004도689 판결, 대법원 2006. 5. 12. 선고 2002도3450 판결, 대법원 2006. 5. 25. 선고 2002도5577 판결 등은 이 판결의 견해에 배치되는 범위 내에서 이를 변경한다."

71) 대법원 1994. 2. 22. 선고 92누11176 판결.

72) 헌법재판소 1998. 7. 16. 선고 97헌바23 결정.

해서는 전체 조합원의 평균 태업 시간을 기준으로 상응하는 비율에 따라 삭감할 수 있다고 한다.[73)]

13. 직장폐쇄

(1) 직장폐쇄의 요건

사용자는 노동조합이 쟁의행위를 개시한 이후에만 직장폐쇄를 할 수 있다(노조법 제46조 제1항). 사용자는 제1항의 규정에 의한 직장폐쇄를 할 경우에는 미리 행정관청 및 노동위원회에 각각 신고하여야 한다(동조 제2항).

(2) 직장폐쇄의 정당성 판단

판례에서 제시되고 있는 직장폐쇄의 정당성 판단에 관한 주요 법리를 정리하면 아래와 같다.

① 사용자의 직장폐쇄는 노사간의 교섭태도 · 경위, 근로자측 쟁의행위의 목적과 방법 및 태양, 그로 인하여 사용자측이 받는 타격의 정도 등 구체적 사정에 비추어 근로자측 쟁의행위에 대한 대항방어의 수단으로 한 것이라면 정당성이 인정된다. '대항적 · 방어적'으로 이루어진 직장폐쇄는 원칙적으로 정당성을 갖지만 '선제적 · 공격적'으로 이루어진 직장폐쇄는 정당성이 인정되지 않는다. 판례 중에는 노조의 준법투쟁 돌입 3일째 되는 날에 회사수입금 저하를 이유로 직장폐쇄를 한 것은 정당성이 인정되지 않는다고 판단한 경우가 있다.[74)]

② 직장폐쇄가 정당한 것으로 평가받는 경우 사용자의 사업장에 대한 물권적 지배권이 전면적으로 회복되므로 사용자는 직장폐쇄의 효과로서 사업장의 출입을 제한할 수 있다.

③ 그러나 정당한 직장폐쇄의 경우에도 사업장 내의 노조사무실 등 정상적인 노조활동에 필요한 시설, 기숙사 등 기본적인 생활근거지에 대한 출입은 허용되어

---

73) 대법원 2013. 11. 28. 선고 2011다39946 판결.

74) 대법원 2000. 5. 26. 선고 98다34331 판결.

야 한다. 다만 쟁의 및 직장폐쇄와 그 후의 상황전개에 비추어 노조가 노조사무실 자체를 쟁의장소로 활용하는 등 노조사무실을 쟁의행위와 무관한 정상적인 노조활동의 장소로 활용할 의사나 필요성이 없음이 객관적으로 인정되거나, 노조사무실과 생산시설이 장소적 · 구조적으로 분리될 수 없는 관계에 있어 일방의 출입 혹은 이용이 타방의 출입 혹은 이용을 직접적으로 수반하게 되는 경우로서 생산시설에 대한 노조의 접근 및 점거가능성이 합리적으로 예상되고, 사용자가 노조의 생산시설에 대한 접근, 점거 등의 우려에서 노조사무실 대체장소를 제공하고 그것이 원래 장소에서의 정상적인 노조활동과 견주어 합리적 대안으로 인정된다면, 합리적인 범위 내에서 노조사무실의 출입을 제한할 수 있다.[75]

Ⅸ. 부당노동행위

1. 부당노동행위의 주체

사용자는 부당노동행위를 해서는 안 된다(노조법 제81조). 즉 부당노동행위의 주체는 사용자인데 여기서 사용자라 함은 노조법상 사용자를 의미하고, 더 나아가 근로계약관계가 없는 사업주도 부당노동행위의 주체로 인정될 수 있다. 판례는 원청업체가 하청업체 노동자의 노동조건 등에 실질적인 지배력을 행사하고 있다면 이러한 원청업체는 부당노동행위에서의 사용자라고 판단한 바 있다.[76] 이 판결에서 제시된 주요 법리는 다음과 같다.

① 부당노동행위의 예방 · 제거는 노동위원회의 구제명령을 통해서 이루어지는 것이므로, 구제명령을 이행할 수 있는 법률적 또는 사실적인 권한이나 능력을 가

75) 대법원 2010. 6. 10. 선고 2009도12180 판결.

76) 대법원 2010. 3. 25. 선고 2007두8881 판결. 이 사건에서 원고 회사는 사내 하청업체 소속 근로자들의 작업 내용, 시간, 일정을 관리, 통제하고 작업의 진행방법, 휴식, 야간근로 등에 관해서도 실질적으로 지휘감독을 하였다. 또한 사내 하청업체 소속 근로자들은 원고 회사가 계획한 작업질서에 편입되어 원고 회사의 근로자들과 함께 업무에 종사하였고 사내 하청업체 대부분은 원고 회사의 업무만 수행하였다. 원고회사는 유인물을 배포한 사내하청 근로자의 업체에 대해 도급계약해지 등을 경고하였고 노조 간부가 소속된 하청업체들은 경영상 폐업할 사정이 없음에도 노조 설립 직후 폐업을 결정하였으며 폐업된 하청업체의 근로자와 하도급업무는 신설업체 내지 타 업체로 이전되었다.

지는 지위에 있는 한 그 한도 내에서는 부당노동행위의 주체로서 구제명령의 대상자인 사용자에 해당한다고 볼 수 있을 것이다.

② 노조법 제81조 제4호는 '근로자가 노동조합을 조직 또는 운영하는 것을 지배하거나 이에 개입하는 행위'등을 부당노동행위로 규정하고 있고, 이는 단결권을 침해하는 행위를 부당노동행위로서 배제 · 시정하여 정상적인 노사관계를 회복하는 것을 목적으로 하고 있으므로, 그 지배 · 개입 주체로서의 사용자인지 여부도 당해 구제신청의 내용, 그 사용자가 근로관계에 관여하고 있는 구체적 형태, 근로관계에 미치는 실질적인 영향력 내지 지배력의 유무 및 행사의 정도 등을 종합하여 결정하여야 할 것이다.

③ 근로자의 기본적인 노동조건 등에 관하여 그 근로자를 고용한 사업주로서의 권한과 책임을 일정 부분 담당하고 있다고 볼 정도로 실질적이고 구체적으로 지배 · 결정할 수 있는 지위에 있는 자가, 노동조합을 조직 또는 운영하는 것을 지배하거나 이에 개입하는 등으로 법 제81조 제4호 소정의 행위를 하였다면, 그 시정을 명하는 구제명령을 이행하여야 할 사용자에 해당한다.

2. 부당노동행위의 종류

사용자의 부당노동행위는 ① 근로자의 노동조합 조직 · 가입이나 그 밖의 정당한 조합활동을 이유로 하는 불이익취급(노조법 제81조 제1호), ② 반조합계약(동조 제2호), ③ 단체교섭거부(동조 제3호), ④ 지배 · 개입 및 운영비원조(동조 제4호), ⑤ 근로자의 정당한 쟁의행위 참가 또는 노동위원회에 대한 부당노동행위의 신고 및 증언 등을 이유로 하는 불이익취급(동조 제5호)이다.

3. 불이익취급

(1) 불이익취급의 예

노조법은 근로자가 노동조합에 가입 또는 가입하려고 하였거나 노동조합을 조직하려고 하였거나 기타 노동조합의 업무를 위한 정당한 행위를 한 것을 이유로 그 근로자를 해고하거나 그 근로자에게 불이익을 주는 행위를 금지한다(노조법 제81조 제1호). 조합활동상의 불이익(조합활동에 대한 혐오 · 방해의 승진이나 배치전환 내지는 노조전임자 원직복귀 명령), 신분 · 인사상의 불이익(해고, 계약갱신 거부, 승진탈락, 강등), 경제적 불이익(연장근로 거부, 감봉, 차별적인 임금 및 복리후생), 생활상의 불이익(별거가 수반되는 배치전환) 등이 불이익취급에 포함된다.[77]

(2) 정당한 노동조합활동을 이유로 하는 해고에 해당되는지 여부의 판단

판례에 따르면 사용자가 근로자를 해고함에 있어서 표면적으로 내세우는 해고사유와는 달리 실질적으로는 근로자의 정당한 노동조합 활동을 이유로 해고한 것으로 인정되는 경우에 있어서는 그 해고는 부당노동행위라고 보아야 할 것이고, 근로자의 노동조합 업무를 위한 정당한 행위를 실질적인 해고사유로 한 것인지의 여부는 사용자 측이 내세우는 해고사유와 근로자가 한 노동조합 업무를 위한 정당한 행위의 내용, 해고를 한 시기, 사용자와 노동조합과의 관계, 동종의 사례에 있어서 조합원과 비조합원에 대한 제재의 불균형 여부, 종래의 관행에 부합 여부, 사용자의 조합원에 대한 언동이나 태도, 기타 부당노동행위 의사의 존재를 추정할 수 있는 제반 사정 등을 비교 검토하여 판단하여야 한다.[78]

(3) 부당노동행위의 의사

판례에 따르면 조합원에 대한 승진도 부당노동행위 의사에 의해 이루어진 경우 부

---

77) 임종률, 앞의 책, 277쪽.

78) 대법원 1999. 11. 9. 선고 99두4273 판결. 이 사건에서는 택시회사의 근로자가 운행중인 택시기사들에게 무선호출마이크로 상무의 도박 등의 비행을 폭로하는 방송을 하고, 이를 징계하려는 이사들에게 폭언하고, '교통사고합의 과정에 관여한 상무가 가해자들로부터 받은 합의금 일부를 횡령하였다.'는 취지로 회사의 상무이사를 고소한 데 이어 이 사실을 신문에 제보하는 한편 노동조합 휴게실의 흑판에 조합장의 무선호출기 설치사업에 관련된 자금지출내역의 공개를 요구하는 글을 쓰고, 게시판에 '대기기사 수입이 지나치게 적어 생계에 지장이 있으므로 회사가 이를 시정하여 달라'는 취지의 서면을 부착하였다. 이에 대해 대법원은 휴게실에 위와 같은 글을 쓰고 서면을 부착한 행위는 근로자의 정당한 활동범위에 속하고, 다른 비위행위는 그 경위 등에 비추어 근로관계를 계속할 수 없을 정도의 중대한 사유로 보기 어렵다는 이유로 그에 대한 해고처분이 징계재량권을 일탈하여 위법하다고 판단하였다.

당노동행위에 해당될 수 있다.[79] 판례는 사용자가 근로자의 노동조합활동을 혐오하거나 노동조합활동을 방해하려는 의사로 노동조합의 간부이거나 노동조합활동에 적극적으로 관여하는 근로자를 승진시켜 조합원 자격을 잃게 한 경우에는 노동조합활동을 하는 근로자에게 불이익을 주는 행위로서 부당노동행위가 성립될 수 있다고 한다. 이 경우에 근로자의 승진이 사용자의 부당노동행위 의사에 의하여 이루어진 것인지의 여부는 승진의 시기와 조합활동과의 관련성, 업무상 필요성, 능력의 적격성과 인선의 합리성 등의 유무와 당해 근로자의 승진이 조합활동에 미치는 영향 등 제반 사정을 고려하여 판단한다고 하고 있다.

4. 반조합계약

노조법 제81조 제2호 단서에 의하면 노동조합이 당해 사업장에 종사하는 근로자의 3분의 2 이상을 대표하고 있을 때에는 근로자가 그 노동조합의 조합원이 될 것을 고용조건으로 하는 단체협약의 체결이 허용되고 있고, 유니언 숍 협정은 노동조합의 단결력을 강화하기 위한 강제의 한 수단으로서 근로자가 대표성을 갖춘 노동조합의 조합원이 될 것을 고용조건으로 하고 있는 것이다. 판례에 따르면 단체협약에 유니언 숍 협정에 따라 근로자는 노동조합의 조합원이어야만 된다는 규정이 있는 경우에는 다른 명문의 규정이 없더라도 사용자는 노동조합에서 탈퇴한 근로자를 해고할 의무가 있다고 한다.[80]

단, 단체협약상의 유니언 숍 협정에 의하여 사용자가 노동조합을 탈퇴한 근로자를 해고할 의무는 단체협약상의 채무일 뿐이고, 이러한 채무의 불이행 자체가 바로 노조법 제81조 제4호 소정의 노동조합에 대한 지배 · 개입의 부당노동행위에 해당한다고 단정할 수 없다고 한다. 부당노동행위가 성립하려면 사용자에게 근로자가 노동조합을 조직 또는 운영하는 것을 지배하거나 개입할 의사가 있어야 하는 것인바, 만일 조합을 탈퇴한 근로자에 대한 해고조치를 취하지 아니한 사용자에게 그러한 의사가 없다면 부당노동행위는 성립하지 않는다고 보는 것이다[81]

---

79) 대법원 1998. 12. 23. 선고 97누18035 판결.
80) 대법원 1998. 3. 24. 선고 96누16070 판결.
81) 대법원 1998. 3. 24. 선고 96누16070 판결.

5. 지배개입

(1) 지배개입의 부당노동행위 성립

판례에 따르면, 지배 · 개입으로서의 부당노동행위성립에 반드시 근로자의 단결권 침해라는 결과의 발생을 요하는 것은 아니다. 즉 조합활동에 대한 사용자의 개입 내지 간섭행위가 존재하면 단결권 침해 결과의 발생 여부와 관계없이 부당노동행위의 성립이 인정된다.[82)]

판례에 따르면 사용자로부터 해고되었으나 조합원자격을 유지하게 된 노조대표자의 조합장 복귀와 그 명의의 조합비 일괄공제요청 등에 대해 사용자가 거부한 경우,[83)] 쟁의행위 등 정당한 조합활동을 혐오한 나머지 조합활동을 곤란하게 할 목적으로 원직복귀명령을 내린 경우,[84)] 조합의 결의로 준법운행을 하고 있는 조합원들을 모아서 준법운행에 참여하게 된 경위를 묻고 준법운행에 반대하여 종전과 같은 방식으로 근무할 것을 종용하는 등의 행위를 하고 그 결과 일부 조합원들이 준법운행을 반대하고 종전과 같은 방식으로 근무할 것을 결의하는 등의 행위를 한 경우[85)] 등에 부당노동행위가 성립된다.

(2) 사용자의 언론과 부당노동행위의 관계

판례에 따르면, 사용자가 연설, 사내방송, 게시문, 서한 등을 통하여 의견을 표명할 수 있는 언론의 자유를 가지고 있음은 당연하나, 그것이 행하여진 상황, 장소, 그 내용, 방법, 노동조합의 운영이나 활동에 미친 영향 등을 종합하여 노동조합의 조직이나 운영을 지배하거나 이에 개입하는 의사가 인정되는 경우에는 부당노동행위가 성립한다.[86)] 공식 석상에서 전직원을 상대로 노조를 부인하고 신분상 불이익이 있을 수 있다는 취지로 발언한 경우 지배개입의 부당노동행위가 성립될 가능성이 높다. 또한

---

82) 대법원 1997. 5. 7. 선고 96누2057 판결.
83) 대법원 1997. 5. 7. 선고 96누2057 판결.
84) 대법원 1991. 5. 28. 선고 90누6392 판결.
85) 대법원 1991. 12. 10. 선고 91누636 판결.
86) 대법원 1998. 5. 22. 선고 97누8076 판결.

지배개입에 해당하는 사용자의 의견표명이 노조활동에 전혀 영향을 미치지 못하였다고 하더라도 부당노동행위는 성립될 수 있다.

6. 해고와 부당노동행위의 경합

사용자가 근로자를 해고한 경우, 불이익처분의 부당노동행위 의사를 추정할 만한 사정도 있고, 근로자에게 정당한 해고의 사유도 존재하는 경우, 즉, 양자가 경합하는 경우 부당노동행위가 성립되는지 여부가 문제된다.

사용자가 근로자를 해고함에 있어서 표면상의 해고사유와는 달리 실질적으로는 근로자가 노동조합업무를 위한 정당한 행위를 한 것을 이유로 해고한 것으로 인정되는 경우에는 부당노동행위라고 보아야 한다. 판례에 따르면 근로자의 노동조합업무를 위한 정당한 행위를 실질적인 해고사유로 한 것인지의 여부는 사용자측이 내세우는 해고사유와 근로자가 한 노동조합업무를 위한 정당한 행위의 내용, 해고를 한 시기, 사용자와 노동조합과의 관계, 동종의 사례에 있어서 조합원과 비조합원에 대한 제재의 불균형 여부, 징계절차의 준수 여부, 징계재량의 남용 여부, 기타 부당노동행위의사의 존재를 추정할 수 있는 제반사정을 비교, 검토하여 종합적으로 판단하여야 한다.[87)]

판례는 적법한 징계해고사유가 있어 징계해고한 이상 사용자가 근로자의 노동조합활동을 못마땅하게 여긴 흔적이 있다거나 사용자에게 반노동조합의사가 추정된다고 하더라도 그 해고사유가 단순히 표면상의 구실에 불과하다고 할 수는 없으므로 징계해고가 불이익취급의 부당노동행위에 해당한다고 단정할 것은 아니라고 한다.[88)] 이러한 판례 입장에 비하여 노사관계의 경험칙상 근로자의 조합활동 등이 없었더라면 사용자의 불이익처분도 없었을 것이라고 판단되는 경우 불이익취급의 성립을 인정해야 한다는 학설이 제시되고 있다(상당인과관계설).[89)]

87) 대법원 1999. 11. 9. 선고 99두4273 판결.

88) 대법원 1996. 4. 23. 선고 95누6151 판결; 대법원 1999. 3. 26. 선고 98두4627 판결; 대법원 2000. 6. 23. 선고 98다54960 판결 등.

89) 김유성, 「노동법II」, 법문사, 2001, 335쪽; 임종률, 앞의 책, 281쪽.

제4장

집단적 노동관계법 사례 해설

제4장 집단적 노동관계법 사례 해설

사례 1 노조법상 사용자 또는 사용자이익대표자, 부당노동행위

[사례 1][1)]

A금융회사(이하, 'A회사'라 한다)에는 근로자 약 1,500명이 근무하고, A회사의 직급체계(부장, 차장, 과장, 대리, 사원)는 사무직 및 기능직을 포함하여 단일하게 구성되어 있다. A회사에는 금융산업에 종사하는 근로자를 조직대상으로 하는 전국금융산업노조(甲)의 지부(이하, 'B지부'라 한다)가 설치되어 있으며, 과장급에서 사원까지 약 900명이 조합원으로 가입해 있다. 조합원 중에는 해당 부서에서 예산, 경리 또는 기획조정 업무를 담당하거나 사장의 비서 내지 전속 운전기사 등 직무에 종사하는 자 약 10명(이하, 'C그룹'이라 한다)도 포함되어 있다.

B지부에서 사무국장으로 활동하던 D는 A회사의 경영방침을 왜곡하고 과장된 글을 직원들에게 보내고 관련 자료를 외부단체에 유출한 사유로 징계해고를 당하였다. D는 노동위원회에 부당해고 및 부당노동행위 구제를 신청하였다가 모두 기각 당하였고, 그에 불복하여 제기한 행정소송에서 패소하였으나 계속하여 B지부에서 활동하고 있다.

B지부(판례상 독자적인 단체교섭을 요구할 지위는 인정됨)는 A회사에 조합원들의 복지확대와 D의 복직을 주요 내용으로 하는 단체교섭을 요청하였다. 그러나 A회사는 「노동조합 및 노동관계조정법」(이하, '노조법'이라 한다)상 노동조합에 가입이 허용되지 않는 C그룹과 D가 B지부에 가입하여 활동한다는 이유로 단체교섭을 거부하였다. 또한 A회사는 B지부와 C그룹 및 D에게 노동조합의 탈퇴를 요청하는 이메일을 3회 보내고, 특히 C그룹에 대해서 1개월 이내에 B지부를 탈퇴하지 않으면 징계절차를 진행하겠다는 전화를 몇 차례 하였다.

〈질 문〉

1. C그룹과 D가 B지부에 가입·활동하는 것이 노조법 제2조 제4호에 위반되는지를 판단하시오.

---

1) 2014년 시행 제3회 변호사시험 제2문.

2. 단체교섭을 거부하고 B지부에서 탈퇴를 요청하는 등 A회사의 행위가 노조법상 부당노동행위에 해당하는지를 설명하시오.

해설

〈질문 1〉 C그룹과 D가 B지부에 가입 · 활동하는 것이 노조법 제2조 제4호에 위반되는지를 판단하시오.

Ⅰ. 논점의 정리

노조법 제2조 제4호 단서 각목은 노동조합의 소극적 요건을 규정하고 있는바, 각목의 1에 해당하는 경우에는 노동조합으로 보지 아니한다. 그 중 가목에 따르면 "사용자 또는 항상 그의 이익을 대표하여 행동하는 자의 참가를 허용하는 경우"에는 노동조합으로 보지 아니하고, 라목에 따르면 "근로자가 아닌 자의 가입을 허용하는 경우"에는 노동조합으로 보지 아니하되, "다만 해고된 자가 노동위원회에 부당노동행위의 구제신청을 한 경우에는 중앙노동위원회의 재심판정이 있을 때까지는 근로자가 아닌 자로 해석하여서는 아니 된다"라고 규정하고 있다.

C그룹과 D가 B지부에 가입 · 활동하는 것이 노조법 제2조 제4호에 위반되는지를 판단하기 위해서는 첫째, 예산, 경리 또는 기획조정 업무를 담당하거나 사장의 비서 내지 전속 운전기사 등 직무에 종사하는 자들인 C그룹이 사용자 또는 항상 그의 이익을 대표하여 행동하는 자에 해당되는지 여부, 즉, 노조법 제2조 제4호 가목에 위반되는 것인지 여부가 검토되어야 하고, 둘째, 회사에서 해고된 자인 D의 경우 노조법 제2조 제4호 라목에 위반되는지 여부가 검토되어야 한다.

Ⅱ. 관련 법리

1. 노조법상 사용자 또는 사용자이익대표자의 범위

노조법 제2조 제2호, 제4호 단서 가목에 의하면, 노조법상 사용자에 해당하는 사업주, 사업의 경영담당자 또는 그 사업의 근로자에 관한 사항에 대하여 사업주를 위하여 행동하는 자와 항상 사용자의 이익을 대표하여 행동하는 자는 노동조합에의 참가가 금지된다. 판례에 따르면 이와 같은 입법의 취지는 노동조합의 자주성을 확보하려는 데 있다.[2)]

판례는 '그 사업의 근로자에 관한 사항에 대하여 사업주를 위하여 행동하는 자'라 함은 근로자의 인사, 급여, 후생, 노무관리 등 근로조건의 결정 또는 업무상의 명령이나 지휘감독을 하는 등의 사항에 대하여 사업주로부터 일정한 권한과 책임을 부여받은 자를 말한다고 한다. 또한 '항상 사용자의 이익을 대표하여 행동하는 자'라 함은 근로자에 대한 인사, 급여, 징계, 감사, 노무관리 등 근로관계 결정에 직접 참여하거나 사용자의 근로관계에 대한 계획과 방침에 관한 기밀사항 업무를 취급할 권한이 있는 등과 같이 그 직무상의 의무와 책임이 조합원으로서의 의무와 책임에 직접적으로 저촉되는 위치에 있는 자를 의미한다고 한다. 다만 이러한 자에 해당하는지 여부는 일정한 직급이나 직책 등에 의하여 일률적으로 결정되어서는 아니 되며, 그 업무의 내용이 단순히 보조적 · 조언적인 것에 불과하여 그 업무의 수행과 조합원으로서의 활동 사이에 실질적인 충돌이 발생할 여지가 없는 자는 이에 해당하지 않는다고 하고 있다.[3)]

2. 노조법상 해고자의 지위

노조법 제2조 제4호 단서 라목 본문에 따르면 "근로자가 아닌 자의 가입을 허용하는 경우"에는 노동조합으로 보지 아니하되, 그 단서에서는 "다만 해고된 자가 노동위원회에 부당노동행위의 구제신청을 한 경우에는 중앙노동위원회의 재심판정이 있을

2) 대법원 2011. 9. 8. 선고 2008두13873 판결.

3) 대법원 2011. 9. 8. 선고 2008두13873 판결.

때까지는 근로자가 아닌 자로 해석하여서는 아니 된다"라고 규정하고 있다.

노조법이 근로자가 아닌 자의 노조가입을 허용하지 않는 것은 노동조합이 그 인적 구성 측면에서 근로자가 주체가 되어야 하므로 근로자 아닌 자를 배제하기 위한 것이다. 이 경우 근로자라 함은 "직업의 종류를 불문하고 임금 · 급료 기타 이에 준하는 수입에 의하여 생활하는 자"를 말한다(노조법 제2조 제1호).

판례는 이러한 노조법상의 근로자 정의 규정은 '노무공급자들 사이의 단결권 등을 보장해 줄 필요성이 있는가'라는 관점에서 집단적 노사관계를 규율할 목적으로 제정된 것이고, 따라서 실업자 내지 구직자의 경우 초기업단위노조에 가입할 수 있다고 보았다. 이는 일정한 사용자에의 종속관계를 조합원의 자격요건으로 하는 기업별 노동조합의 경우와 달리 산업별 · 직종별 · 지역별 노조의 경우, 원래부터 일정한 사용자에의 종속관계를 조합원의 자격요건으로 하는 것이 아니기 때문이라고 한다.[4]

한편 노조법 제2조 제4호 라목 단서는 해고자의 경우, 노동위원회에 부당노동행위 구제신청을 한 경우에 중앙노동위원회의 재심판정이 있을 때까지 근로자로 해석된다는 취지로 규정하고 있다. 이 규정의 해석과 관련하여 판례는 이 규정은 기업별 노동조합의 조합원이 사용자로부터 해고됨으로써 근로자성이 부인될 경우에 대비하여 마련된 규정으로서 이와 같은 경우에만 한정적으로 적용되고, 원래부터 일정한 사용자에의 종속관계를 필요로 하지 않는 산업별, 직종별, 지역별 노동조합 등의 경우에까지 적용되는 것은 아니라고 하였다.[5]

Ⅲ. 사안의 해결

1. C그룹의 경우

이 사안과 유사한 사실관계가 문제되었던 판례에서 대학교의 사무직 직원들이 처장, 부처장, 과장, 주임, 담당 등으로 구분되어 있고 과장급 이상 직원은 일반사무 및 소속 직원의 업무분장, 근태관리 등에 관한 전결권을 부여받고 있는 경우, 이들은 '근로자에 관한 사항에 대하여 사업주를 위하여 행동하는 자'에 해당한다고 본 것은 정

4) 대법원 2004. 2. 27. 선고 2001두8568 판결.
5) 대법원 2004. 2. 27. 선고 2001두8568 판결.

당하다고 판단된바 있다.[6] 그러나 여기서 주임급 이하의 직원들의 경우 그들이 인사, 노무, 예산, 경리 등의 업무를 담당한다거나 총장의 비서 내지 전속 운전기사, 수위 등으로 근무한다는 사정만으로 그들이 곧바로 '항상 사용자의 이익을 대표하여 행동하는 자'에 해당한다고 단정할 수 없고, 실질적인 담당 업무의 내용 및 직무권한 등에 비추어 볼 때 그 직무상의 의무와 책임이 노동조합원으로서의 의무와 책임에 저촉되는 것으로 평가할 수 있을 때에만 '항상 사용자의 이익을 대표하여 행동하는 자'에 해당한다고 할 수 있다고 판단하였다.[7] 해당 직원들이 실제 담당하는 업무의 내용 및 직무권한 등을 확인하여 이들이 '항상 사용자의 이익을 대표하여 행동하는 자'에 해당하는지 여부를 심리하여야 한다고 본 것이다.

이 사안에서 B지부에는 과장급에서 사원까지 약 900명이 조합원으로 가입해 있고 C그룹은 해당 부서에서 예산, 경리 또는 기획조정 업무를 담당하거나 사장의 비서 내지 전속 운전기사 등 직무에 종사하는 자 약 10명이다. 그런데 C그룹 내에 소속 직원의 업무분장, 근태관리 등에 관한 전결권을 부여받고 있는 자가 있는지, 실질적인 담당 업무의 내용 및 직무권한 등에 비추어 볼 때 그 직무상의 의무와 책임이 노동조합원으로서의 의무와 책임에 저촉되는 것으로 평가할 수 있는지 등을 알 수 있는 요소는 사실관계상 전혀 나타나고 있지 않다. 따라서 앞서 살펴본 판례의 입장을 고려할 때 예산, 경리 또는 기획조정 업무를 담당하거나 사장의 비서 내지 전속 운전기사 등 직무에 종사하는 자라는 이유만으로 C그룹 전체가 노조법 제2조 제4호 단서 가목에 따라 사용자 또는 항상 사용자의 이익을 대표하여 행동하는 자라고 단정하기는 어렵다. 따라서 C그룹의 노조 가입 및 활동이 노조법 제2조 제4호 단서 가목에 위반된다고 할 수 없다.

2. D의 경우

D가 가입하고 있는 노동조합은 금융산업에 종사하는 근로자를 조직대상으로 하는 전국금융산업노조, 즉, 산업별 노조이다. 앞서 살펴본 판례에 따르면 노조법 제2조 제4호 단서 라목 단서에 따라 해고자가 부당노동행위의 구제신청을 하여 중앙노동위원

---

6) 대법원 2011. 9. 8. 선고 2008두13873 판결.

7) 대법원 2011. 9. 8. 선고 2008두13873 판결.

회의 재심판정이 있을 때까지 근로자로 해석되는 것은 기업별 노동조합에서만 한정적으로 적용되는 것이고 산업별 노조와 같은 초기업노조에서는 적용되지 않는다. 즉, 산업별 노조에서는 해고자, 구직자, 실업자 등도 조합원으로 가입하여 활동할 수 있다고 해석된다. 따라서 D가 산업별 노조인 이 사건 노조에 가입, 활동하는 것은 노조법 제2조 제4호 단서 라목에 위반되지 않는다.

Ⅳ. 결론

C그룹 전체가 노조법 제2조 제4호 단서 가목에 따라 사용자 또는 항상 사용자의 이익을 대표하여 행동하는 자라고 단정할 수 없고, 노조법 제2조 제4호 단서 라목 단서는 초기업노조에는 적용되지 않기 때문에 해고된 D는 초기업 노조인 전국금융산업노조 B지부에 조합원으로 가입하여 활동할 수 있다. 따라서 C그룹과 D가 B지부에 가입 · 활동하는 것이 노조법 제2조 제4호에 위반된다고 할 수 없다.

〈질문 2〉 단체교섭을 거부하고 B지부에서 탈퇴를 요청하는 등 A회사의 행위가 노조법상 부당노동행위에 해당하는지를 설명하시오.

Ⅰ. 논점의 정리

이 사안에서 A회사의 행위는 다음의 두 가지 점에서 문제된다.

첫째, A회사는 노조법상 노동조합에 가입이 허용되지 않는 C그룹과 D가 B지부에 가입하여 활동한다는 이유로 단체교섭을 거부하였다. 노조법 제81조 제3호에 따르면 노동조합이 대표자 또는 노동조합으로부터 위임을 받은 자와의 단체협약체결 기타의 단체교섭을 정당한 이유 없이 거부하거나 해태하는 행위는 부당노동행위에 해당된다. 따라서 A회사의 단체교섭 거부 이유가 정당한 것으로 인정되지 않는 한 A회사의 단체교섭거부는 부당노동행위에 해당된다. A회사의 단체교섭거부가 부당노동행위에 해당되는지 여부를 판단하기 위해서는 A회사가 C그룹과 D의 조합원 자격을 문제삼아 단체교섭을 거부하는 것이 정당한 이유가 있는 것인지 검토해야 한다.

둘째, A회사는 B지부와 C그룹 및 D에게 노동조합의 탈퇴를 요청하는 이메일을 3회 보내고, 특히 C그룹에 대해서 1개월 이내에 B지부를 탈퇴하지 않으면 징계절차를 진행하겠다는 전화를 몇 차례 하였다. 노조법 제81조 제4호 본문에 따르면 근로자가 노동조합을 조직 또는 운영하는 것을 지배하거나 이에 개입하는 행위 역시 부당노동행위에 해당된다. 따라서 A회사가 C그룹과 D의 노조탈퇴를 요청하고 노조에 탈퇴하지 않으면 징계절차를 진행하겠다고 한 것은 지배개입의 부당노동행위에 해당되는지 여부가 검토되어야 한다.

Ⅱ. 관련 법리

1. 사용자가 조합원자격을 문제 삼아 단체교섭을 거부하는 경우 부당노동행위 해당 여부

판례에 따르면 단체교섭 거부의 이유가 정당한 이유인지의 여부는 노동조합측의 교섭권자, 노동조합측이 요구하는 교섭시간, 교섭장소, 교섭사항 및 그의 교섭 태도 등을 종합하여 사회통념상 사용자에게 단체교섭의무의 이행을 기대하는 것이 어렵다고 인정되는지 여부에 따라 판단한다. 사용자가 아무런 이유 없이 단체교섭을 거부 또는 해태하는 경우는 물론이고 사용자가 단체교섭을 거부할 정당한 이유가 있다거나 단체교섭에 성실히 응하였다고 믿었더라도 객관적으로 정당한 이유가 없고 불성실한 단체교섭으로 판단되는 경우에도 부당노동행위가 성립된다.[8)]

판례는 사용자가 노조 대표자의 조합원자격을 문제 삼아 단체교섭을 거부한 사건에서 당해 노조 대표자가 사용자 또는 항상 그의 이익을 대표하여 행동하는 자에 해당되지 아니한다고 하면서 노조대표자가 조합원자격이 없다는 이유로 단체교섭요구에 응하지 아니하는 것은 단체교섭 거부의 정당한 이유가 없어 부당노동행위에 해당된다고 판단하였다.[9)]

---

8) 대법원 1998. 5. 22. 선고 97누8076 판결.

9) 대법원 1998. 5. 22. 선고 97누8076 판결. 이 사건에서 문제된 노조 대표자는 부하직원을 지휘하고 그 휘하의 직원에 대한 1차적 평가를 하기는 하지만 부장이 2차평정권자로서 평정의 권한과 책임은 궁극적으로 부장에게 귀속되고 부하직원의 지휘도 부장을 보조하는데 지나지 아니하며 인사, 급여, 후생, 노무관리 등 근로조건의 결정에 관한 권한과 책임을 사용자로부터 위임받은 사실이 없기 때

2. 노조탈퇴를 종용하는 경우 부당노동행위 해당 여부

지배개입의 부당노동행위는 사용자가 '근로자가 노동조합을 조직하거나 운영하는 것을 지배하거나 이에 개입하는 행위'를 함으로써 성립한다. 지배개입이란 사용자의 간섭, 방해행위 전반을 의미한다. 판례에 따르면 지배개입의 부당노동행위가 성립하기 위하여 근로자의 단결권 침해의 결과 발생을 요하는 것은 아니다.[10] 사용자가 근로자들에게 노동조합 탈퇴나 불가입을 종용하는 것은 노동조합의 조직, 운영에 대한 지배개입에 해당된다.

Ⅲ. 사안의 해결

질문1에서 살펴본 바와 같이 C그룹과 D는 노조법상 노동조합에 가입하고 활동할 수 있는 자격이 인정될 수 있는데 사용자가 조합원자격을 문제삼아 단체교섭을 거부하는 것은 단체교섭 거부의 정당한 이유가 없는 것이고 따라서 부당노동행위에 해당된다.

또한, A회사가 B지부와 C그룹 및 D에게 노동조합의 탈퇴를 요청하는 이메일을 3회 보내고, 특히 C그룹에 대해서 1개월 이내에 B지부를 탈퇴하지 않으면 징계절차를 진행하겠다는 전화를 몇 차례 하는 등 노조 탈퇴를 종용한 것은 노조활동을 방해하려는 의도에서 이루어진 것이라고 판단된다. 비록 이로 인하여 근로자가 실제로 노조를 탈퇴하는 등의 단결권 침해 결과가 발생하지 아니하였다고 하더라도 지배개입으로서의 부당노동행위에 해당된다.

Ⅳ. 결론

A회사가 조합원 자격을 문제 삼아 단체교섭을 거부하는 것은 정당한 이유가 없어 단체교섭거부의 부당노동행위에 해당된다. 또한 C그룹과 D에게 노조 탈퇴를 요청하

문에 사용자 또는 항상 그의 이익을 대표하여 행동하는 자에 해당되지 않는다고 판단되었다.

10) 대법원 1997. 5. 7. 선고 96누2057 판결.

고 탈퇴하지 않는 경우 징계하겠다고 알린 A회사의 행위는 지배개입의 부당노동행위에 해당된다.

사례 2 법외조합

[사례 2][11)]

A사는 상시 근로자 100명이 근무하고 있는 운수업체이다. A사에 소속된 근로자 30명은 근로조건의 유지·개선을 통한 근로자의 경제적·사회적 지위의 향상을 목적으로 'A근로자연대'라는 단체를 결성하였고, 이들은 2013. 4. 1. 행정관청에 노동조합 설립신고를 하였다. 2013. 4. 10. 행정관청은 노동조합의 실질적 요건은 갖추어졌으나, 노동조합규약에 조합비 기타 회계에 관한 사항의 기재가 누락되었음을 이유로 2013. 4. 29.까지 이에 대한 보완을 요구하였다. 그러나 위 단체는 보완명령을 전혀 이행하지 않았다. 한편 A사의 사용자 甲은 노동조합의 결성이 회사의 운영을 저해할 것으로 우려하여, 2013. 4. 30. 위 단체의 결성을 주도하고, 위 단체의 대표자로 선출된 근로자 乙을 해고하였다.

이후 A근로자연대는 2013. 5. 1. 사용자를 상대로 임금협상을 위한 단체교섭을 요구하였으나, 사용자 甲은 행정관청으로부터 설립신고증을 교부받지 못하였다는 것을 이유로 교섭에 응하지 않았다. 이에 A근로자연대는 조합원 찬반투표와 사적조정을 거쳐 2013. 6. 1. 파업에 돌입하였다.

〈질 문〉

1. 근로자 乙은 2013. 5. 1.에 자신에 대한 해고가 부당노동행위임을 이유로 부당노동행위 구제신청을 하고자 한다. 이 경우 부당노동행위구제신청의 정당성에 관하여 설명함.
2. 2013. 6. 1.에 개시된 A근로자연대의 파업이 정당한지 여부에 대하여 쟁의행위 주체의 정당성을 중심으로 설명함.

해설

〈질문 1〉 근로자 乙은 2013. 5. 1.에 자신에 대한 해고가 부당노동행위임을 이유로 부당노동행위 구제신청을 하고자 한다. 이 경우 부당노동행위구제신청의 정당성에 관하여 설명함.

11) 2014년 시행 제1회 법학전문대학원협의회 모의시험 제2문.

Ⅰ. 논점의 정리

A근로자연대는 행정관청에 노동조합 설립신고를 하였으나 행정관청에서 노동조합규약에 조합비 기타 회계에 관한 사항의 기재가 누락되었음을 이유로 보완을 요구받아 아직 설립신고증을 교부받지 못하였다. 그런데 사용자 甲은 노동조합의 결성이 회사의 운영을 저해할 것으로 우려하여, A근로자연대 결성을 주도하고 대표자로 선출된 근로자 乙을 해고하였다. 노조법 제7조 제1항에 따르면 노조법에 의해 설립된 노조가 아니면 노동위원회에 노동쟁의의 조정 및 부당노동행위 구제를 신청할 수 없다. 다만 동조 제2항에 따르면 제1항의 규정은 노조법 제81조 제1호 · 제2호 및 제5호의 규정에 의한 근로자의 보호를 부인하는 취지로 해석되어서는 아니된다고 규정하고 있다.

따라서 이 사안에서 乙이 부당노동행위 구제신청을 하고자 하는 경우, A근로자연대가 노조법상 설립신고증을 교부받지 못한 단체이고, 乙이 그러한 단체의 대표자라는 점과 관련하여 노조법 제7조 제1항 및 제2항에 근거하여 부당노동행위구제신청의 정당성 유무를 검토하여야 한다.

Ⅱ. 관련 법리

1. 노동조합의 부당노동행위 구제신청

노조법 제7조 제1항에 따르면 노조법에 의해 설립된 노조가 아니면 노동위원회에 노동쟁의의 조정 및 부당노동행위의 구제를 신청할 수 없다. 따라서 노조법에 의한 노조 설립신고증을 교부받지 못한 노조는 부당노동행위 구제신청을 할 수 없게 된다. 노동조합이 법률상 보호를 받기 위해서는 노조법에 따라 설립된 노동조합일 것을 요구하고 있는 것이다.

2. 근로자의 부당노동행위 구제신청

노조법 제7조 제2항은 동조 제1항 소정의 구제신청 배제규정이 불이익취급 및 비열계약 금지(노조법 제81조 제1호, 제2호, 제5호)에 따른 근로자 보호를 부인하는 취지로 해석해서는 안 된다는 점을 명시하고 있다.

즉, 노조법은 "근로자가 노동조합에 가입 또는 가입하려고 하였거나 노동조합을 조직하려고 하였거나 기타 노동조합의 업무를 위한 정당한 행위를 한 것을 이유로 그 근로자를 해고하거나 그 근로자에게 불이익을 주는 행위"(노조법 제81조 제1호), 근로자가 어느 노동조합에 가입하지 아니할 것 또는 탈퇴할 것을 고용조건으로 하거나 특정한 노동조합의 조합원이 될 것을 고용조건으로 하는 행위 및 법소정의 요건에 따른 유니온샵 협정을 체결한 노동조합에서 근로자가 제명된 것 또는 그 노동조합을 탈퇴하여 새로 노동조합을 조직하거나 다른 노동조합에 가입한 것을 이유로 사용자가 근로자에게 하는 신분상 불이익한 행위(동조 제2호), 근로자가 정당한 단체행위에 참가한 것을 이유로 하거나 또는 노동위원회에 대하여 사용자가 이 조의 규정에 위반한 것을 신고하거나 그에 관한 증언을 하거나 기타 행정관청에 증거를 제출한 것을 이유로 그 근로자를 해고하거나 그 근로자에게 불이익을 주는 행위(동조 제5호)를 부당노동행위로 규정하고 있고, 근로자가 이러한 규정들에 근거하여 부당노동행위 구제신청을 하고자 하는 경우, 노조법 제7조 제1항에서 구제신청을 배제하고 있는 규정이 근로자 보호를 부인하는 취지로 해석되어서는 안된다는 점을 밝히고 있는 것이다.

따라서 사용자가 노조법상 설립신고증을 교부받지 못한 법외조합 구성원에게 노조법 제81조 제1호, 제2호, 제5호에서 금지하는 부당노동행위를 한 경우 법외조합은 구제신청자격이 없지만 피해 근로자 개인은 구제신청을 할 수 있게 된다.

Ⅲ. 사안의 해결

이 사안에서 A근로자연대는 노동조합의 실질적 요건은 갖추어졌으나, 노동조합규약에 조합비 기타 회계에 관한 사항의 기재가 누락되었음을 이유로 아직 노동조합 설립신고증을 받지 못한 상태이므로 노조법 제7조 제1항에 따르면 A근로자연대가 노조법상 부당노동행위구제신청을 하는 것은 가능하지 않다.

그러나 동조 제2항에 따르면 "근로자가 노동조합에 가입 또는 가입하려고 하였거나 노동조합을 조직하려고 하였거나 기타 노동조합의 업무를 위한 정당한 행위를 한 것을 이유로 그 근로자를 해고하거나 그 근로자에게 불이익을 주는 행위(노조법 제81조 제1호)"와 관련하여 근로자보호가 문제되는 경우, 근로자가 설립신고증을 받지 못한 노조의 조합원인지 여부와 상관없이 당해 근로자는 직접 부당노동행위 구제신청을 하는 것이 가능하다.

즉, 노조결성을 주도하고 A근로자연대의 대표자를 맡고 있기 때문에 해고된 근로자 乙은 노조법 제7조 제2항에 근거하여 부당노동행위구제신청을 할 수 있다.

4. 결론

근로자 乙은 노조결성을 주도하고 A근로자연대의 대표자를 맡고 있기 때문에 해고되었으므로 노조법 제7조 제2항에 따라 자신에 대한 해고가 부당노동행위임을 이유로 하는 부당노동행위구제신청의 정당성이 인정된다.

〈질문 2〉 2013. 6. 1.에 개시된 A근로자연대의 파업이 정당한지 여부에 대하여 쟁의행위 주체의 정당성을 중심으로 설명함.

Ⅰ. 논점의 정리

A근로자연대는 사용자를 상대로 임금협상을 위한 단체교섭을 요구하였으나, 사용자 甲은 A근로자연대가 행정관청으로부터 설립신고증을 교부받지 못하였음을 이유로 교섭에 응하지 않았다. 이에 A근로자연대는 조합원 찬반투표와 사적조정을 거쳐 파업에 돌입하였다. 따라서 A근로자연대와 같이 노조법에 따른 노동조합 설립신고증을 받지 못한 이른바 법외조합이 쟁의행위를 하는 경우, 쟁의행위의 주체의 정당성이 인정될 수 있는지 여부가 검토되어야 한다.

Ⅱ. 관련 법리

1. 쟁의행위의 정당성 요건

노조법 제37조에서는 쟁의행위는 그 목적 · 방법 및 절차에 있어서 법령 기타 사회질서에 위반되어서는 아니 된다고 규정하고 있다. 또한 판례에 따르면 쟁의행위의 정당성은 그 주체, 목적, 시작 시기 · 절차, 수단 · 태양의 측면에서 검토되어야 한다. 즉, 그 주체가 단체교섭의 주체가 될 수 있는 자이어야 하고, 그 목적이 근로조건의 향상을 위한 노사간의 자치적 교섭을 조성하기 위한 것이어야 하며, 그 시기는 사용자가 근로자의 근로조건 개선에 관한 구체적인 요구에 대하여 단체교섭을 거부하거나 단체교섭의 자리에서 그러한 요구를 거부하는 회답을 했을 때 시작하되 특별한 사정이 없는 한 조합원의 찬성결정을 법령으로 정하는 절차를 밟아야 하고, 그 수단과 방법이 사용자의 재산권과 조화를 이루어야 함은 물론 폭력의 행사에 해당되지 않아야 한다.[12)]

2. 노조법상 설립신고증을 교부받지 못한 노조(이른바 '법외조합')의 법적 지위

(1) 노조법상 노조설립의 요건

노조법 제2조 제4호 본문에 따르면 "노동조합"이라 함은 근로자가 주체가 되어 자주적으로 단결하여 근로조건의 유지 · 개선 기타 근로자의 경제적 · 사회적 지위의 향상을 도모함을 목적으로 조직하는 단체 또는 그 연합단체를 말한다. 다만, 노조법 제2조 제4호 단서에서 규정하는 결격사유에 해당하는 경우에는 노동조합으로 보지 아니한다. 따라서 노동조합은 노조법 제2조 제4호 본문의 요건을 갖추어야 하고 또한 단서에서 규정하고 있는 다섯 가지의 결격사유에 해당되지 않아야 한다. 결격사유는 "가. 사용자 또는 항상 그의 이익을 대표하여 행동하는 자의 참가를 허용하는 경우, 나. 경비의 주된 부분을 사용자로부터 원조받는 경우, 다. 공제 · 수양 기타 복리사업

12) 대법원 2001. 10. 25. 선고 99도4837 전원합의체판결.

만을 목적으로 하는 경우, 라. 근로자가 아닌 자의 가입을 허용하는 경우(다만, 해고된 자가 노동위원회에 부당노동행위의 구제신청을 한 경우에는 중앙노동위원회의 재심판정이 있을 때까지는 근로자가 아닌 자로 해석하여서는 아니된다.), 마. 주로 정치운동을 목적으로 하는 경우"이다.

(2) 노조법상 설립신고제도

노조법상 근로자는 자유로이 노조를 조직할 수 있지만 행정관청에 노동조합 설립신고서를 제출하여 신고증을 교부받도록 하고 있다. 즉, 노동조합을 설립하고자 하는 자는 노조법 제10조 제1항 각호의 소정 사항을 기재한 설립신고서에 규약을 첨부하여 관할 행정관청에 제출하여야 한다. 노조법은 노동조합이 신고증을 교부받은 경우에는 설립신고서가 접수된 때에 노조가 설립된 것으로 본다(노조법 제12조 제4항). 노조설립신고서를 접수한 행정관청은 노조의 소극적 요건의 결여 또는 제출서류나 규약 제정의 방법 등에 법위반이 있는 경우를 제외하고는 3일 이내에 신고증을 교부하여야 한다(노조법 제12조 제1항). 판례는 '3일 내에 설립신고서의 반려 또는 보완지시가 없는 경우에는 설립신고증의 교부가 없어도 노동조합이 성립된 것으로 본다는 취지는 아니다'라고 판시한 바 있다.[13]

판례는 노동조합의 설립에 관하여 신고주의를 택하고 있는 취지는 소관 행정당국으로 하여금 노동조합에 대한 효율적인 조직체계의 정비 · 관리를 통하여 노동조합이 자주성과 민주성을 갖춘 조직으로 존속할 수 있도록 노동조합을 보호 · 육성하고 그 지도 · 감독에 철저를 기하게 하기 위한 노동정책적인 고려에서 마련된 것이라고 한다.[14]

(3) 노조의 적극적 요건을 갖춘 헌법상 조합의 법적 지위

노동조합의 적극적 요건을 갖추었으나 설립신고증을 교부받지 못한 경우에는 노조법 제2조 제4호 단서의 결격사유에 해당되더라도 노조의 자주성을 상실하지 않은

---

13) 대법원 1990. 10. 23. 선고 89누3243 판결.

14) 대법원 1997.10.14 선고 96누9829 판결.

한 헌법상의 조합으로 볼 수 있다고 해석된다.

노동조합의 적극적 요건은 헌법상 단결활동권 보장의 법적 효과를 누리기 위해서 요구되고 있는 '근로조건의 향상을 위하여 자주적으로 단결할 것'과 일치된다는 의미에서 적극적 요건을 갖춘 법외조합은 헌법상의 조합이라 일컬어지기도 한다.[15] 이러한 단체가 노조법상 설립신고증을 받지 못하였다고 하여 헌법상 보호까지 부정될 수는 없다고 본다. 따라서 헌법상 단결활동권 보장에 따라 당연히 발생하는 법적 효과를 확인하는 성질의 법률규정은 헌법상 조합에 적용된다. 예컨대 헌법상의 조합도 단체교섭, 단체협약 체결, 쟁의행위를 할 수 있고 이와 관련된 민·형사책임이 면제된다. 다만 노조법상 입법정책적으로 창설된 규정은 법외조합에 적용되지 않는다.

헌법재판소 결정과 대법원 판례는 노조 설립신고증을 받지 못하여 노조법상의 조합으로는 인정되지 않는 단체(이른바 법외노조)라 하더라도 노조의 실질적 요건을 갖춘 단체인 경우에도 근로3권은 보유하는 것이라는 입장을 설시하고 있다.[16]

Ⅲ. 사안의 해결

이 사안에서 행정관청은 A근로자연대에 대하여 노동조합의 실질적 요건은 갖추어졌으나, 노동조합규약에 조합비 기타 회계에 관한 사항의 기재가 누락되었음을 이유로 이에 대한 보완을 요구하였으나 A근로자연대가 이러한 보완명령을 전혀 이행하지 않았기 때문에 노조설립신고증을 받지 못한 상태에서 파업을 하게 되었다.

A근로자연대는 근로조건의 유지·개선을 통한 근로자의 경제적·사회적 지위의 향상을 목적으로 단체를 결성하게 된 것이고, 실제로 임금협상을 위해 사용자에게 단체교섭을 요구하는 등 근로자의 근로조건 향상을 위한 활동을 하고 있다. 또한 행정관청 역시 A근로자연대가 노조법상 실질적 요건을 갖추었음을 인정하였다.

따라서 판례와 학설의 입장을 종합하여 볼 때, A근로자연대는 비록 설립신고증은 받지 못하였으나 헌법상 기본권인 단체교섭권과 단체행동권을 향유할 수 있는 헌법상 조합에 해당된다고 볼 수 있을 것이고, A근로자연대는 파업의 주체로서의 정당성을 인정받을 수 있다고 판단된다.

---

15) 임종률, 앞의 책, 65쪽.

16) 헌법재판소 2008.7.31. 선고 2004헌바9 전원재판부 결정.

Ⅳ. 결론

A근로자연대는 노조법상 설립신고증을 받지 못하여 노조법상 노조로는 인정되지 않지만 노조로서의 실질적 요건을 갖추어 헌법상 조합인 법외조합으로 인정될 수 있다. 따라서 A근로자연대의 쟁의행위는 주체의 정당성이 인정된다.

사례 3 단체교섭의 대상사항, 쟁의행위의 절차의 정당성

[사례 3][17)]

가전제품을 제조하는 A회사에는 근로자 3,000명이 근무하고 있고, 그 중 2,000명이 조합원으로 가입한 기업별 B노동조합이 활동하고 있다. A회사는 몇 년간 계속된 매출부진과 금융비용의 증가로 인한 경영상 어려움을 극복하기 위한 방안을 찾기 위해 전문기관에 경영진단을 의뢰하였다. 해당 기관은 사옥매각 등을 통한 금융비용의 감소방안 및 사업의 효율적 운영을 위해 600명 정도의 근로자 감축이 필요하다고 제안하였다.

A회사는 경영상 위기를 극복하기 위한 위의 제안에 동의하고, 전체 근로자와 B노동조합을 상대로 경영상황을 설명하면서 희망퇴직을 신청 받아 그 숫자가 600명보다 부족한 경우에는 근로기준법에 따라 경영상 해고를 하겠다고 설득하였다. A회사는 근속기간에 따라 최대 2년에서 최소 6개월분의 통상임금 상당액을 위로금으로 추가 지급하는 희망퇴직안을 B노동조합에 제시하였다.

B노동조합은 A회사에게 위 희망퇴직안을 받아들일 수 없고, 경영상 해고를 A회사가 일방적으로 실시할 경우 강력하게 투쟁하겠다고 통보하였다. 그 후 B노동조합은 A회사에 대해 희망퇴직안 및 경영상 해고의 필요성 등에 대해서 단체교섭을 통해 해결하자고 교섭을 요구하였다. A회사는 희망퇴직안 및 경영상 해고 실시 등은 경영적 사항으로 단체교섭의 대상이 아니라고 주장하며 단체교섭에 응하지 않았다.

이에 B노동조합은 관할 노동위원회에 노동쟁의의 조정을 신청하였지만, 관할 노동위원회는 단체교섭이 이루어지지 않은 것을 이유로 조정절차를 개시하지 않고, 노사 당사자가 자주적으로 교섭할 것을 권고하였다.

〈질 문〉

1. A회사는 B노동조합이 희망퇴직안 및 경영상 해고에 관해 단체교섭을 요구한 것에 대하여 단체교섭의무가 없다고 주장한다. 이러한 A회사의 주장은 타당한가?

2. 위 관할 노동위원회의 권고에도 불구하고 B노동조합은 노동쟁의 조정신청 후 2주가 경과된 시점에서 조합원 찬반투표를 거쳐 재적 조합원 과반수의 찬성을 얻어서 파업을 개시하였다. 이러한 B노동조합의 쟁의행위는 정당한가?

---

17) 2013년도 시행 제2회 법학전문대학원협의회 모의시험 제2문.

해설

〈질문 1〉 A회사는 B노동조합이 희망퇴직안 및 경영상 해고에 관해 단체교섭을 요구한 것에 대하여 단체교섭의무가 없다고 주장한다. 이러한 A회사의 주장은 타당한가?

I. 논점의 정리

현행 노조법 제29조 제1항에서는 "노동조합 또는 조합원을 위해서" 교섭한다는 취지의 규정만 두고 있을 뿐 대상사항과 관련한 명시적 · 직접적 규정은 두고 있지 않아 구체적으로 어떠한 사항이 단체교섭의 대상사항에 해당되는지 여부는 해석론에 맡겨져 있다. 따라서 헌법상 단체교섭권이 보장된 취지에 비추어 합목적적으로 그 범위를 획정하여야 한다.

단체교섭의 대상사항과 관련한 교섭요구에 사용자가 정당한 이유 없이 응하지 않으면 사용자는 부당노동행위책임을 지기 때문에 어떠한 사항이 단체교섭 대상사항에 해당되는지 여부는 법해석상 중요한 의미를 갖는다. 단체교섭의 대상사항에 해당되지 않는 사항에 대하여는 노조의 교섭요구가 있다 하더라도 사용자는 교섭의무가 없으므로 교섭을 거부할 수 있다.

이 사안에서 A회사의 주장이 타당한지 여부를 판단하기 위해서는 희망퇴직의 보상안과 경영상 해고가 단체교섭의 대상이 되는지 여부가 검토되어야 한다.

II. 관련 법리

1. 단체교섭의 대상사항

헌법 제33조에 따르면 근로자는 근로조건의 향상을 위하여 자주적인 단체교섭권을 가지고, 노조법 제29조 제1항에 따르면 노동조합의 대표자는 그 노동조합 또는 조합원을 위하여 사용자나 사용자단체와 교섭할 권한을 가진다. 헌법 제33조 및 노조법의 입법취지에 비추어볼 때 단체교섭은 근로자의 근로조건 향상을 위하여 인정된 것이므로 그 대상도 근로조건의 개선과 관련된 사항이어야 한다.

2. 정리해고 실시 여부가 단체교섭 대상사항이 되는지 여부

단체교섭의 대상과 관련하여서는 특히 기업의 정리해고 실시 등 구조조정의 실시 여부가 단체교섭의 대상이 될 수 있는지 여부가 문제된다.

판례에 따르면 정리해고나 사업조직의 통폐합, 공기업의 민영화 등 기업의 구조조정의 실시 여부는 경영주체에 의한 고도의 경영상 결단에 속하는 사항으로서 이는 원칙적으로 단체교섭의 대상이 될 수 없다고 한다. 긴박한 경영상의 필요에 의하여 하는 이른바 정리해고의 실시는 사용자의 경영상의 조치라고 할 것이므로, 정리해고에 관한 노동조합의 요구내용이 사용자는 정리해고를 하여서는 아니된다는 취지라면 이는 사용자의 경영권을 근본적으로 제약하는 것이 되어 원칙적으로 단체교섭의 대상이 될 수 없다고 본 것이다.[18)]

한편, 경영사항이 단체교섭 대상에 해당되는지 여부에 관하여, 학설은 부정설, 제한적 긍정설 등으로 나뉜다. 부정설은 경영사항은 경영권 내지 경영전권에 속하기 때문에 단체교섭의 대상이 아니라고 보는 견해이다.[19)] 이에 대해서는 경영권 및 경영전권의 범위와 내용은 항상 고정되어 있는 것이 아니기 때문에 특정 사항이 언제나 경영전권에 속하고 단체교섭의 대상에서 당연히 제외된다고 보기 어렵다는 반론이 제기된다.[20)] 제한적 긍정설은 경영사항이라도 그것이 근로조건에 영향을 주는 경우에는 단체교섭의 대상이 되지만 근로조건과 무관한 경우에는 임의적 교섭사항이 될 뿐이라는 견해이다.[21)] 특히 판례가 단체협약상 해고의 사유와 절차에 관한 규정은 근로조건에 해당된다고 판단하면서도[22)] 정리해고는 근로조건에서 제외하여 정리해고 실시 여부가 단체교섭 대상이 되지 않는다고 보는 것은 의문스럽다는 지적이 가해

18) 대법원 2002. 2. 26. 선고 99도5380 판결.

19) 김형배, 앞의 책, 922쪽.

20) 임종률, 앞의 책, 134쪽.

21) 임종률, 앞의 책, 135쪽; 김유성, 앞의 책, 145쪽.

22) 대법원 2007. 12. 27. 선고 2007다51758 판결.

지고 있다.

Ⅲ. 사안의 해결

이 사안에서 A회사는 몇 년간 계속된 경영상 어려움을 극복하기 위해 전문기관에 경영진단을 의뢰하여 금융비용 감소방안 및 근로자 감축을 결정하게 되었고, 이에 따라 A회사는 B노동조합에 대해 희망퇴직안과 희망퇴직자 부족 시 경영상 해고 계획을 제시하였다.

먼저 근속기간에 따라 최대 2년에서 최소 6개월분의 통상임금 상당액을 위로금으로 추가 지급하겠다는 A회사의 '희망퇴직안'이 단체교섭의 대상이 되는지 여부에 관해서 살펴본다. 단체교섭의 대상이 되는 근로조건이라 함은 근로계약상의 조건 내지 근로자에 대한 그 밖의 대우를 의미하고 임금, 근로시간, 보상, 복리후생 등이 이에 속한다.[23] 따라서 희망퇴직자에 대해 지급되는 위로금 금액의 수준에 대해 정하고 있는 희망퇴직안은 근로자 대우에 관한 사항이라고 할 수 있고, 이는 단체교섭의 대상이 된다고 판단된다.

다음으로 경영상 해고 실시 등 인력감축에 대한 회사의 결정은 판례에 따르면 경영주체에 의한 고도의 경영상 결단에 속하는 사항으로서 이는 원칙적으로 단체교섭의 대상이 될 수 없다고 한다. 특히 정리해고에 관한 노동조합의 요구내용이 사용자는 정리해고를 하여서는 아니 된다는 취지라면 이는 사용자의 경영권을 근본적으로 제약하는 것이 되어 원칙적으로 단체교섭의 대상이 될 수 없다고 한다. 이러한 판례의 입장에 따른다면 이 사안에서 문제된 경영상 해고 실시 여부는 단체교섭의 대상에 해당되지 않는다고 판단된다. 다만, 학설 중에는 경영사항이라도 근로조건에 영향을 주는 경우에는 단체교섭의 대상이 된다고 보고, 정리해고를 근로조건에서 제외시키는 해석에 대한 의문을 제기하면서 경영상 해고 일체에 대하여 전혀 단체교섭의 대상이 되지 않는다고 보는 판례 입장에 대해서 비판하는 견해가 있다.[24]

---

23) 임종률, 앞의 책, 130쪽.

24) 임종률, 앞의 책, 137쪽.

Ⅳ. 결론

이 사안에서 근로자 대우에 관한 사항에 해당되는 희망퇴직안은 단체교섭의 대상이 되지만 판례에 따르면 경영상 해고 실시 자체는 단체교섭의 대상이 되지 않는다. 따라서 A회사의 주장 중 B노동조합이 희망퇴직안에 대해 단체교섭을 요구한 것에 대하여 단체교섭의무가 없다고 하는 주장은 타당하지 못한 반면, 경영상 해고에 관해 단체교섭을 요구한 것에 대하여 단체교섭의무가 없다고 하는 주장은 타당하다고 판단된다.

〈질문2〉 위 관할 노동위원회의 권고에도 불구하고 B노동조합은 노동쟁의 조정신청 후 2주가 경과된 시점에서 조합원 찬반투표를 거쳐 재적 조합원 과반수의 찬성을 얻어서 파업을 개시하였다. 이러한 B노동조합의 쟁의행위는 정당한가?

Ⅰ. 논점의 정리

이 사안에서 관할 노동위원회는 조정절차를 개시하지 않았고, 노사 당사자가 자주적으로 교섭할 것을 권고하였지만 B노동조합은 조정신청 후 2주가 경과된 시점에서 조합원 과반수의 찬성을 얻어 파업을 개시하였다. 따라서 노동위원회의 조정이 이루어지지 않은 상황에서 개시된 파업의 정당성이 인정되는지 여부가 문제된다.

Ⅱ. 관련 법리

노조법 제45조 제2항은 쟁의행위는 노조법 소정의 조정절차를 거치지 아니하면 이를 행할 수 없다고 하여 조정전치주의를 규정하고 있다. 한편, 노조법 제54조 제1항에 따르면 조정은 조정의 신청이 있은 날부터 일반사업에 있어서는 10일, 공익사업에 있어서는 15일 이내에 종료하여야 한다.

판례에 따르면 쟁의행위의 정당성은 그 주체, 목적, 시작 시기 · 절차, 수단 · 태양의 측면에서 검토되어야 한다. 즉, 그 주체가 단체교섭의 주체가 될 수 있는 자이어야 하고, 그 목적이 근로조건의 향상을 위한 노사 간의 자치적 교섭을 조성하기 위한 것이어야 하며, 그 시기는 사용자가 근로자의 근로조건 개선에 관한 구체적인 요구에 대하여 단체교섭을 거부하거나 단체교섭의 자리에서 그러한 요구를 거부하는 회답을 했을 때 시작하되 특별한 사정이 없는 한 조합원의 찬성결정을 법령으로 정하는 절차를 밟아야 하고, 그 수단과 방법이 사용자의 재산권과 조화를 이루어야 함은 물론 폭력의 행사에 해당되지 않아야 한다고 판시하고 있다.[25]

노조법상 조정의 전치, 중재 시의 쟁의금지, 긴급조정시의 쟁의중지 등 관련된 규정들은 소정 기간 동안 쟁의행위 시작을 유보하거나 시작한 쟁의행위를 중단하고 조정 · 중재의 성공을 위하여 노력하도록 하려는 정책적 고려에서 설정된 것이다. 따라서 쟁의행위가 이들 규정에 위반하였다는 것만으로 정당성이 부정된다고 단정할 수는 없다. 다만 노조법 소정의 벌칙이 적용되는 것은 별개 문제이다. 판례 역시 노동조합이 노동위원회에 노동쟁의 조정신청을 하여 조정절차가 마쳐지거나 조정이 종료되지 아니한 채 조정기간이 끝나면 노동조합은 쟁의행위를 할 수 있는 것으로 노동위원회가 반드시 조정결정을 한 뒤에 쟁의행위를 하여야지 그 절차가 정당한 것은 아니라고 한다.[26]

한편 노조법 제41조 제1항에 따르면 노동조합의 쟁의행위는 그 조합원의 직접 · 비밀 · 무기명투표에 의한 조합원 과반수의 찬성으로 결정하지 아니하면 이를 행할 수 없다. 판례에 따르면 이러한 노조법 소정의 쟁의행위 찬반투표를 거치지 않은 쟁의행위는 그 절차를 따를 수 없는 객관적 사정이 없는 이상 정당성을 인정할 수 없다고 한다.[27]

Ⅲ. 사안의 해결

조정전치주의의 입법 취지와 판례의 입장에 따르면 조정을 거치지 않았다는 이유

25) 대법원 2001. 10. 25. 선고 99도4837 전원합의체 판결.
26) 대법원 2001. 6. 26. 선고 2000도2871 판결.
27) 대법원 2001. 10. 25. 선고 99도4837 판결.

만으로 쟁의행위의 절차의 정당성이 부정되는 것은 아니고, 조정신청을 하여 조정이 이루어지지 않은 채 조정기간이 끝난 후에 이루어진 쟁의행위는 그 절차의 정당성이 부인되지 않는다.

이 사안에서 B노동조합은 관할 노동위원회에 노동쟁의의 조정을 신청하였지만, 관할 노동위원회는 단체교섭이 이루어지지 않은 것을 이유로 조정절차를 개시하지 않았고, A회사는 가전제품 제조회사로 일반사업에 해당되므로 조정기간은 10일인데 2주가 경과된 시점에 파업을 개시하였으므로 조정기간이 끝난 후에 쟁의행위를 한 것이다. 또한 이 사안에서는 조합원 찬반투표를 거쳐 조합원 과반수의 찬성을 얻어 파업을 개시하였으므로 이 역시 절차의 정당성이 인정된다. 따라서 B노동조합의 쟁의행위는 조정 및 파업찬반투표 등 쟁의행위의 절차적 측면에서 그 정당성이 인정된다.

Ⅳ. 결론

판례에 따르면 조정을 거치지 않았다는 이유만으로 쟁의행위의 절차의 정당성이 부정되는 것은 아니고, 조정신청을 하여 조정이 이루어지지 않았더라도 조정기간이 끝난 후 이루어진 쟁의행위는 절차의 정당성이 인정된다. 따라서 조정신청기간이 끝난 후 조합원 찬반투표를 거쳐 이루어진 B노동조합의 쟁의행위는 절차에 있어서 정당하다.

사례 4 단체교섭 거부, 직장폐쇄

[사례 4][28)]

A회사는 상시 100명의 근로자를 사용하여 아동용 도서를 제작 · 판매하는 주식회사이다. B노동조합은 A회사 근로자들로 조직된 기업별 노동조합이다. B노동조합은 2009. 3. 1. A회사에 대하여 새로운 임금협약 체결을 위한 단체교섭을 요구하였는데, 교섭요구 사항은 '기본급 10% 인상, 직무수당 신설'이었다.

A회사는 B노동조합의 1차 교섭요구(2009. 3. 1.)에 대하여 "기본급 10% 인상 요구는 회사 상황을 도외시한 것으로 도저히 받아들일 수 없는 과도한 요구이다."라는 이유로 단체교섭에 응하지 않았다. 임금교섭의 조속한 타결을 원하였던 B노동조합은 2차 교섭요구 시부터는 기본급 인상율을 7%로 낮추기로 하였다. 그러나 A회사는 2차 교섭요구(2009. 3. 30.)와 3차 교섭요구(2009. 4. 15.)에 아무런 답변을 하지 않다가, 4차 교섭요구(2009. 5. 1.)에 대해서는 "기본급 7% 인상 요구안에 대하여 내부적으로 검토할 시간이 필요하다."라는 이유를 들어 교섭 연기를 요청하면서 B노동조합이 애초 정한 일시와 장소에서의 단체교섭은 거부하였다.

B노동조합은 A회사의 교섭 거부가 부당하고 교섭 연기 요청도 진정성이 없다고 판단하여 쟁의행위찬반투표 등 법정 절차를 모두 거친 후 2009. 6. 1. 파업에 돌입하였다. B노동조합이 파업에 돌입한 지 3시간 만에 A회사는 직장폐쇄를 결정하고 이를 공고하였다. B노동조합은 조합원 다수의 요청에 따라 2009. 6. 5. 파업을 종료하면서 A회사에 대하여 성실한 교섭을 촉구하였다. A회사는 2009. 6. 9. 직장폐쇄를 철회하였다.

〈질 문〉

1. A회사의 단체교섭 거부가 「노동조합 및 노동관계조정법」상 정당한지 논하시오.

2. 만약 B노동조합의 파업이 정당하다면, A회사의 직장폐쇄가 정당한지 논하시오.

---

28) 2012년도 시행 제1회 변호사시험 제2문.

해설

〈질문 1〉 A회사의 단체교섭 거부가 「노동조합 및 노동관계조정법」상 정당한지 논하시오.

Ⅰ. 논점의 정리

A회사의 기업별 노동조합인 B노동조합은 A회사에게 '기본급 10%인상과 직무수당 신설'이라는 교섭 사항을 제시하면서 1차 교섭을 요구하였으나 A회사는 기본급 10% 인상 요구가 지나치게 과도한 요구라는 점을 이유로 단체교섭을 거부하였고, 이후 B노동조합이 기본급 7% 인상으로 낮추어 교섭을 요구하였으나 2, 3차 교섭 요구에 대해 아무런 답변을 하지 않다가 4차 교섭 요구에 대해 내부적으로 검토할 시간이 필요하다는 이유로 교섭 연기를 요청하면서 단체교섭을 거부하였다. 이와 같은 A회사의 일련의 단체교섭 거부가 정당한 것인지 판단하기 위해서는 첫째, B노동조합의 요구 사항이 단체교섭의 대상 사항에 해당되는지 여부, 둘째, A회사가 내세운 단체교섭 거부의 이유가 정당한 교섭 거부 이유에 해당되는지 여부를 검토해야 한다.

Ⅱ. 관련 법리

1. 관련 법 규정

현행 노조법 제29조 제1항에서는 "노동조합 또는 조합원을 위해서" 교섭한다는 취지의 규정만 두고 있을 뿐 대상사항과 관련한 명시적 · 직접적 규정은 두고 있지 않아 구체적으로 어떠한 사항이 단체교섭의 대상사항에 해당되는지 여부는 해석론에 맡겨져 있다. 따라서 단체교섭권을 보장한 취지에 비추어 합목적적으로 그 범위를 획정하여야 한다.

한편 노조법 제30조 제1항에 따르면 노동조합과 사용자 또는 사용자단체는 신의에 따라 성실히 교섭하고 단체협약을 체결하여야 하며 그 권한을 남용하여서는 아니 된다. 이를 성실교섭의무라고 한다. 특히 노동조합 및 노동관계조정법 제81조 제3호에 따르면 사용자가 노동조합의 대표자 또는 노동조합으로부터 위임을 받은 자와의 단체협약의 체결이나 그 밖의 단체교섭을 정당한 이유 없이 거부하거나 해태하는 행위는 부당노동행위로서 금지된다. 요컨대 사용자가 정당한 이유 없이 성실교섭의무를 위반하는 경우에는 부당노동행위의 책임을 지게 되는 것이다.

2. 단체교섭의 대상사항과 단체교섭 거부 또는 해태의 정당한 이유

(1) 단체교섭 거부 또는 해태의 정당한 이유에 관한 판단 기준

임금, 근로시간 등 근로조건에 관한 사항은 단체교섭의 대상사항에 해당된다. 따라서 노동조합은 정당한 이유 없이 근로조건에 관한 교섭 요구를 거부하거나 해태해서는 안 되고, 이 경우 노동조합이 교섭을 거부하거나 해태하게 된 정당한 이유가 무엇인지가 문제된다.

판례에 따르면 교섭 거부의 정당한 이유인지의 여부는 노동조합 측의 교섭권자, 노동조합측이 요구하는 교섭시간, 교섭장소, 교섭사항 및 그의 교섭태도 등을 종합하여 사회통념상 사용자에게 단체교섭의무의 이행을 기대하는 것이 어렵다고 인정되는지 여부에 따라 판단하여야 한다.[29] 만일 노조 측 교섭사항이 과도한 경우 이는 단체교섭 단계에서 조정할 문제이지 당연히 단체교섭거부의 정당한 사유가 되는 것은 아니라고 해석된다.[30]

(2) 단체교섭 거부 또는 해태의 정당한 이유가 문제되는 구체적 경우

한편, 단체교섭이 교착상태에 빠져 교섭의 진전이 더 이상 기대될 수 없는 상황이라면 사용자가 단체교섭을 거부하더라도 그 거부에 정당한 이유가 있다. 그러나 이러한 경우에도 노동조합 측으로부터 새로운 타협안이 제시되는 등 교섭재개가 의미 있

---

29) 대법원 2006. 2. 24. 선고 2005도8606 판결.

30) 대법원 1992. 1. 21. 선고 91누5204 판결; 대법원 2000. 5. 26. 선고 98다34331 판결 등.

을 것으로 기대할 만한 사정변경이 생긴 경우에는 사용자로서는 다시 단체교섭에 응하여야 하므로, 위와 같은 사정변경에도 불구하고 사용자가 단체교섭을 거부하는 경우에는 그 거부에 정당한 이유가 있다고 할 수 없다.[31)]

만일 단체교섭의 일시를 정하는 데에 관하여 노사 간에 합의된 절차나 관행이 있는 경우에는 그에 따라 단체교섭 일시를 정하여야 한다. 그러나 그와 같은 절차나 관행이 없는 경우에는 노동조합측이 어느 일시를 특정하여 사용자에게 단체교섭을 요구하더라도 사용자가 교섭사항 등의 검토와 준비를 위하여 필요하다는 등 합리적 이유가 있는 때에는 노동조합 측에 교섭일시의 변경을 요구할 수 있다. 이와 같은 경우에는 노동조합측이 사용자의 교섭일시 변경요구를 수용하였는지 여부에 관계없이 사용자가 노조가 제안한 일시에 단체교섭에 응하지 아니하였다 하더라도 사용자의 단체교섭 거부에 정당한 이유가 있다고 한다.[32)]

그러나 판례는 사용자가 합리적인 이유 없이 노조가 제안한 일시의 변경을 요구하다가 노동조합 측이 이를 수용하지 않았는데도 노조가 제안한 일시에 단체교섭에 응하지 않았거나, 사용자가 노조가 제안한 일시가 될 때까지 아무런 의사표명도 하지 아니한 채 있다가 노조제안 일시에 단체교섭에 응하지 않은 경우 등에는 사용자의 단체교섭 거부에 정당한 이유가 인정되지 않는다. 특히 대법원 판례 중에는 약 3개월에 걸쳐 3차례의 교섭요구를 받았음에도 불구하고 교섭을 거부하고 있다가 뒤늦게 4차 교섭 요구에 대해 교섭요구안에 대한 검토와 준비가 필요하다는 이유로 교섭을 거부하는 것은 부당하다고 보고 있다.[33)]

Ⅲ. 사안의 해결

B노동조합의 A회사에 대한 1차 교섭요구의 경우 기본급 10%인상과 직무수당 신설을 요구사항으로 제시하였는데 이는 임금인상에 관한 사항, 즉, 근로조건 개선에 관한 사항으로서 단체교섭의 대상사항에 해당된다. A회사는 이러한 1차 교섭요구에 대해 회사 상황 상 받아들일 수 없는 과도한 요구라는 이유로 단체교섭을 거부하

31) 대법원 2006. 2. 24. 선고 2005도8606 판결.
32) 대법원 2006. 2. 24. 선고 2005도8606 판결.
33) 대법원 2006. 2. 24. 선고 2005도8606 판결.

였다. 판례에 따르면 노조 측의 교섭사항이 과도한 경우라도 이는 교섭 과정에서 조정할 문제이지 단지 요구가 과도하다는 이유만으로 교섭거부의 정당성이 인정되지는 않는다. 따라서 1차 교섭요구에 대한 회사의 교섭거부는 정당하지 못하다.

이후 B노동조합은 2차교섭 요구부터는 기본급 인상율을 7%로 낮추기로 하고 교섭을 요구하였으나, A회사는 2, 3차 교섭요구에는 아무런 답변을 하지 않았다. 판례에 따르면 교섭이 교착상태에 빠졌다 하더라도 노조 측에서 새로운 타협안을 제시하는 등 교섭재개가 의미있을 것이라고 생각되는 경우에 회사는 단체교섭에 응하여야 하므로 회사가 2, 3차 교섭요구에 대해 아무런 답변을 하지 않은 것 역시 교섭거부의 정당한 이유가 없다.

마지막으로 4차교섭 요구에 대해서는 노조의 요구안에 대해 회사 내부적으로 검토할 시간이 필요하다는 이유로 교섭연기를 요청하면서 B노동조합이 정한 일시와 장소에서의 단체교섭을 거부하였다는 점이 문제된다. 사실관계에 따르면 노조는 이미 2차교섭을 요구한 2009년 3월 30일에 기본급 인상율을 7%로 낮추겠다는 요구안을 제시하였고, 4차교섭 요구가 이루어진 2009년 5월 1일까지 약 한 달의 시간이 있었기 때문에 4차교섭 요구 시점까지는 교섭사항의 검토를 위한 충분한 시간이 있었다고 볼 수 있다. 그런데 4차교섭 요구 시점에 이르러서야 비로소 요구안에 대한 검토가 필요하다고 하면서 노조가 제시한 교섭일시의 변경을 요구하지도 않았기 때문에 단체교섭 거부의 정당한 이유에 해당될 수 없다. 판례도 유사한 이와 유사한 사실관계가 문제된 사건에서 교섭준비가 필요하다는 이유로 하는 교섭거부를 하는 것은 정당하지 못하다고 판단한 바 있다.

Ⅳ. 결론

A회사가 교섭 요구 내용이 과도하다는 이유로 교섭을 거부한 점, 새로운 요구안에 대해 아무런 답변을 하지 않다가 뒤늦게 검토할 시간이 필요하다는 이유로 교섭을 거부한 점 등은 모두 교섭 거부의 정당한 이유에 해당되지 않기 때문에 A회사의 교섭거부는 정당하지 못하다.

〈질문 2〉 만약 B노동조합의 파업이 정당하다면, A회사의 직장폐쇄가 정당한지 논하시오.

Ⅰ. 논점의 정리

이 사안에서는 B노동조합이 파업에 돌입한 지 3시간 만에 A회사가 직장폐쇄를 결정한 후 B노동조합이 파업을 종료한 6월 5일 이후에도 계속 직장폐쇄를 하다가 6월 9일에 비로소 직장폐쇄를 종료하였다. 이러한 직장폐쇄가 정당한지 여부를 판단하기 위해서 특히 직장폐쇄의 개시 시기와 요건, 파업 종료 이후의 직장폐쇄의 정당성 여부를 검토하여야 한다.

Ⅱ. 관련 법리

1. 직장폐쇄의 의의 및 취지

노조법 제46조 제1항에 따르면 사용자는 노동조합이 쟁의행위를 개시한 이후에만 직장폐쇄를 할 수 있다. 우리 헌법과 노동관계법은 근로자의 쟁의권에 관하여는 이를 적극적으로 보장하는 명문의 규정을 두고 있는 반면 사용자의 쟁의권에 관하여는 이에 관한 명문의 규정을 두고 있지 않다. 판례에 따르면 이는 사용자에 대한 관계에서 현저히 불리할 수밖에 없는 입장에 있는 근로자를 그러한 제약으로부터 해방시켜 노사대등을 촉진하고 확보하기 위함이다. 따라서 일반적으로는 힘에서 우위에 있는 사용자에게 쟁의권을 인정할 필요는 없다고 한다. 그러나 개개의 구체적인 노동쟁의의 장에서 근로자측의 쟁의행위로 노사간에 힘의 균형이 깨지고 오히려 사용자측이 현저히 불리한 압력을 받는 경우에는, 사용자측에게 그 압력을 저지하고 힘의 균형을 회복하기 위한 대항 · 방위 수단으로 쟁의권을 인정하는 것이 형평의 원칙에 맞는다고 하고 있다.[34)]

---

34) 대법원 2000. 5. 26. 선고 98다34331 판결.

2. 직장폐쇄의 정당성 판단 기준

(1) 대항적 · 방어적 직장폐쇄의 정당성

판례에 따르면 사용자의 직장폐쇄가 정당한 쟁의행위로 평가받기 위하여는, 노사 간의 교섭태도, 경과, 근로자측 쟁의행위의 태양, 그로 인하여 사용자측이 받는 타격의 정도 등에 관한 구체적 사정에 비추어 형평의 견지에서 근로자측의 쟁의행위에 대한 대항 · 방어 수단으로서 상당성이 인정되는 경우에 한한다. 즉, '대항적 · 방어적'으로 이루어진 직장폐쇄는 정당성을 갖지만 '선제적 · 공격적'으로 이루어진 직장폐쇄는 정당성이 인정되지 않는다.[35]

판례 중에는 노동조합이 준법투쟁에 돌입한 지 3일 만에 전격적으로 단행한 사용자의 직장폐쇄가 정당성을 결여하였다고 본 경우가 있고,[36] 노동조합이 파업을 시작한 지 불과 4시간 만에 사용자가 바로 직장폐쇄 조치를 취한 것이 정당성이 없다고 본 경우도 있다.[37]

(2) 파업종료 이후 계속된 직장폐쇄의 경우

한편 파업종료 후에 계속된 직장폐쇄의 정당성이 문제될 수 있다. 하급심 판례 중에는 사용자가 직장폐쇄를 방어적으로 정당하게 시작하였지만 노동조합이 직장폐쇄에 굴복하거나 평화적 교섭을 통한 분쟁해결을 위하여 파업 종료를 선언하고 정상조업을 요구한 경우 직장폐쇄를 계속하는 것은 정당성이 없다고 본 경우가 있다.[38] 학설은 정당성긍정설, 정당성부정설, 절충설 등으로 나뉜다. 긍정설은 파업 종료 선언 후에 직장폐쇄를 계속하더라도 그것이 당연히 정당성을 상실하는 것은 아니고 노동조합이 평화적 교섭에 의한 분쟁의 타결가능성을 구체적으로 제시하거나 직장폐쇄의 유지가 무의미하게 된 경우에만 위법하다고 본다.[39] 부정설은 직장폐쇄는 근로자의

---

35) 대법원 2000. 5. 26. 선고 98다34331 판결.

36) 대법원 2000. 5. 26. 선고 98다34331 판결.

37) 대법원 2007. 12. 28. 선고 2007도5204 판결.

38) 대전지방법원 1995. 2. 9. 선고 93가합566 판결.

39) 김형배, 앞의 책, 1076쪽.

쟁의행위로 인하여 교섭력의 균형이 현실적으로 현저하게 파괴된 경우에 이를 회복하기 위한 예외적 조치로서 그것도 임금지급의무를 면하고자 하는 한도에서만 허용하는 것이 현행법의 입장이기 때문에 사용자가 적극적으로 교섭전술로 활용하는 것은 대항의 수준을 넘어선 것으로서 정당한 직장폐쇄라고 볼 수 없다고 한다.[40] 절충설은 당초에는 직장폐쇄를 방어적으로 정당하게 시작하였다 하더라도 노동조합이 직장폐쇄에 굴복하여 또는 평화적 교섭을 통한 분쟁해결을 위하여 파업의 종료를 선언하고 정상조업을 요구한 경우에는 직장폐쇄의 계속은 방어적이라고 볼 수 없고, 다만 노동조합이 직장폐쇄에 따른 임금탈락의 손해를 줄이기 위한 책략으로 파업종료를 선언할 뿐 교섭을 통한 해결의 의사나 양보 의사가 없는 경우에는 직장폐쇄의 정당성이 인정된다고 본다.[41]

같은 입장에서 현행법에서는 직장폐쇄가 노조의 쟁의행위가 개시된 이후에만 할 수 있는 것으로 규정되어 있다는 점에서 이는 직장폐쇄 개시의 요건일 뿐만 아니라 직장폐쇄 유지의 요건이라고 봄이 타당하고, 다만 쟁의행위 재개를 위한 일시적인 중단 등 실질적으로는 쟁의행위가 종료되지 않은 경우에는 직장폐쇄의 지속이 정당성을 인정받을 수 있을 것이라고 보는 견해가 있다.[42]

Ⅲ. 사안의 해결

이 사안에서 A회사는 B노동조합이 파업에 돌입한 지 불과 3시간 만에 직장폐쇄를 결정하였는데 이는 판례에 따르면 사용자측이 현저히 불리한 압력을 받아 그 압력을 저지하고 힘의 균형을 회복하기 위한 대항 · 방위 수단으로 인정되기 어렵다. 즉, 직장폐쇄의 대항성 · 방어성이 인정되지 않아 정당하지 못한 직장폐쇄이다.

또한 B노동조합이 2009.6.5.에 파업종료를 선언한 후 A회사에 대한 성실한 교섭을 촉구하였으나 회사는 계속 직장폐쇄를 유지하다가 6월 9일에야 비로소 직장폐쇄를 철회하였기 때문에 파업종료 이후 지속된 직장폐쇄의 정당성 여부도 문제될 수 있다. 노조가 평화적 교섭을 통한 분쟁해결을 위하여 파업 종료를 선언하고 정상조업을

40) 김유성, 앞의 책, 293-294쪽.

41) 임종률, 앞의 책, 263쪽.

42) 조용만 · 김홍영, 앞의 책, 654쪽.

요구한 경우 직장폐쇄를 계속하는 것은 정당성이 인정될 수 없고, 노조법상 직장폐쇄는 노조의 쟁의행위가 개시된 이후에만 할 수 있는 것으로 규정되어 있는 점에 비추어 볼 때, B노동조합이 성실한 교섭을 촉구하며 파업을 종료한 이후에까지 계속된 A회사의 직장폐쇄는 정당성이 인정되지 않는다.

Ⅳ. 결론

B노동조합의 파업이 정당한 경우, 파업돌입 3시간 만에 이루어진 이 사안의 직장폐쇄는 대항성과 방어성이 결여되어 정당성이 인정되지 않고, 더욱이 파업종료 이후에까지 계속된 직장폐쇄는 정당성이 인정되지 않는다.

사례 5 단체협약에 의한 근로조건 불이익변경, 인준투표제

[사례 5][43)]

A회사는 근로자 100명을 고용하고 있는 섬유업체이다. B노동조합은 A회사 근로자들로 조직된 기업별 노동조합이다. A회사에는 B노동조합 이외의 다른 노동조합은 존재하지 않으며, B노동조합 이외의 다른 노동조합에 가입한 A회사 근로자도 존재하지 않는다.

B노동조합은 단체협약의 유효기간이 2009. 3. 31. 자로 만료됨에 따라 같은 해 1. 5.에 2009년 단체협약의 체결을 위해 A회사에 임금인상 등을 내용으로 하는 교섭을 요구하였다. A회사는 B노동조합과의 교섭에서 경영사정이 악화되어 사업통폐합 등의 구조조정을 할 수 밖에 없는 상황이기 때문에 B노동조합의 요구를 받아들일 수 없음을 확고히 하였다. 수차례의 교섭을 거친 후에 B노동조합 위원장과 A회사의 대표이사는 2009. 3. 25.자로 구조조정을 유예하는 대신에 종전 단체협약상 연간 700%를 지급하던 상여금을 연간 300%로 지급하는 것을 내용으로 하는 단체협약(유효기간 2009. 4. 1.~2011. 3. 31.)을 체결하였다.

위 단체협약에 대해 B노동조합의 조합원들은 고용불안이 완전히 해소된 것도 아니면서 상여금만 지나치게 줄어든 것에 반발하여 조합원 총회의 개최를 요구하였다. 2009. 4. 10.에 개최된 임시총회에서 조합원들은 근로조건을 불리하게 변경한 위 단체협약이 조합규약 제23조("위원장은 단체협약체결권을 가진다. 다만 위원장이 기존 근로조건을 불리하게 변경하는 단체협약을 체결할 경우에는 사전에 총회의 결의를 거쳐야만 한다")에 위반된다는 이유로 위원장의 해임을 의결하였다.

B노동조합은 새 위원장을 선출한 후, 위 단체협약이 조합규약 제23조에 위반되어 무효라고 주장하면서 A회사에 대해 재교섭을 요구하였으나, A회사는 이미 단체협약이 유효하게 체결되어 시행 중임을 이유로 교섭을 거부하였다.

〈질 문〉

1. B노동조합은 종전의 근로조건을 불리하게 변경한 2009. 3. 25.자 단체협약은 효력이 없다고 주장한다. 이 주장은 타당한가?

2. B노동조합은 2009. 3. 25.자 단체협약은 조합규약 제23조를 위반하여 사전에 총회의 결의를 거치지 않고 위원장이 직권으로 체결하였기 때문에 무효라고 주장한다. 이 주장은 타당한가?

43) 2012년도 시행 제3회 법학전문대학원협의회 모의시험 제2문.

해설

〈질문 1〉 B노동조합은 종전의 근로조건을 불리하게 변경한 2009. 3. 25.자 단체협약은 효력이 없다고 주장한다. 이 주장은 타당한가?

I. 논점의 정리

이 사안에서는 경영사정 악화로 인하여 구조조정을 할 수 밖에 없는 상황에서 구조조정을 유예하는 대신에 종전 단체협약상 연간 700%를 지급하던 상여금을 연간 300% 지급으로 불리하게 변경하는 내용의 단체협약의 효력이 인정되는지 여부가 문제된다. 단체협약은 근로조건의 유지 · 개선 및 근로자의 사회적 · 경제적 지위 향상에 목적이 있다는 점을 고려할 때 단체협약에 의한 근로조건 불이익변경이 허용될 수 있는지 여부가 문제되는 것이다. 이 경우 협약자치의 원칙상 근로조건의 불리한 변경이 인정될 수 있는지 여부가 검토되어야 한다.

Ⅱ. 관련 법리

헌법 제33조 제1항은 근로조건의 향상을 위하여 근로3권을 보장하고 있다. 따라서 단체협약을 통해 근로조건을 불이익하게 변경하는 것은 근로3권의 기능에 반하는 것이 아닌지 문제된다.

판례는 협약자치의 원칙상 노동조합은 사용자와 사이에 근로조건을 유리하게 변경하는 내용의 단체협약뿐만 아니라 근로조건을 불리하게 변경하는 내용의 단체협약을 체결할 수 있으므로, 근로조건을 불리하게 변경하는 내용의 단체협약이 현저히 합리성을 결하여 노동조합의 목적을 벗어난 것으로 볼 수 있는 경우와 같은 특별한 사정이 없는 한 그러한 노사 간의 합의를 무효라고 볼 수는 없고, 노동조합으로서는 그러한 합의를 위하여 사전에 근로자들로부터 개별적인 동의나 수권을 받을 필요가 없다고 한다.[44]

---

44) 대법원 2000. 9. 29. 선고 99다67536 판결; 대법원 2002. 12. 27. 선고 2002두9063 판결.

학설도 대체적으로 이러한 판례의 입장을 지지하고 있다.[45)]

Ⅲ. 사안의 해결

이 사안의 경우 A회사는 경영사정 악화로 인하여 구조조정을 해야 할 정도의 상황인데 B노동조합과의 수차례의 교섭을 통해 구조조정을 유예하는 대신 종전 단체협약상 상여금의 지급률을 불리하게 변경하는 내용을 단체협약을 체결하였다. B노동조합으로서는 회사의 경영사정 등 여러 사정을 고려하여 전체적 · 장기적인 관점에서 고용유지를 위해 일시적으로 상여금 지급률의 불리한 변경에 합의한 것으로 보인다. B노동조합과 A회사가 구조조정에 따른 정리해고 위험성 등을 피하기 위해 상여금 지급률을 하향조정하는 불리한 변경을 한 것이 현저히 합리성을 결하여 노동조합의 목적을 벗어났다고 볼 만한 특별한 사정은 보이지 않는다. 따라서 상여금 지급률의 불리한 변경에 관한 단체협약은 협약자치의 원칙상 유효성이 인정될 수 있다고 판단된다.

Ⅳ. 결론

종전의 근로조건을 불리하게 변경한 2009. 3. 25.자 단체협약은 현저히 합리성을 결하여 노조의 목적을 벗어난 것으로 볼만한 사정이 없다. 따라서 협약자치의 원칙상 유효하다고 판단되므로 이 단체협약의 효력을 부정하는 B노동조합의 주장은 타당하지 못하다.

〈질문2〉 B노동조합은 2009. 3. 25.자 단체협약은 조합규약 제23조를 위반하여 사전에 총회의 결의를 거치지 않고 위원장이 직권으로 체결하였기 때문에 무효라고 주장한다. 이 주장은 타당한가?

---

45) 김유성, 앞의 책, 173쪽; 김형배, 앞의 책, 984~985쪽; 임종률, 앞의 책, 153쪽.

I. 논점의 정리

현행 노조법 제29조 제1항은 노동조합 대표자에게 단체교섭뿐만 아니라 단체협약을 체결할 권한이 있음을 명시하고 있다. 그런데 노동조합 대표자가 단체교섭을 하더라도 다시 조합원의 직접투표에서 과반수의 찬성을 받은 후에 비로소 단체협약을 체결할 수 있도록 하는 이른바 "사전인준조항" 내지 "인준투표제"의 유효성이 인정될 수 있는지 여부가 문제된다.

이 사안에서 B노동조합의 규약 제23조는 기존 근로조건을 불리하게 변경하는 단체협약을 체결할 경우에는 사전에 총회의 결의를 거쳐야 한다고 하여 일종의 인준투표제를 규정하고 있다. 따라서 먼저, 인준투표제가 법적으로 유효하게 인정될 수 있는지 여부가 검토되어야 한다. 다음으로 근로조건을 불리하게 변경하는 단체협약을 체결하는 경우, 인준투표제를 규정한 노조규약이 있음에도 불구하고 조합대표자가 직권으로 단체협약을 체결할 수 있는지 여부가 검토되어야 한다.

Ⅱ. 관련 법리

1. 인준투표제의 적법성 유무

(1) 1997년 이전 구 노동조합법 하에서의 인준투표제 관련 쟁점

노조 대표자의 단체협약체결권한과 관련하여서는 1997년 이전에 적용되던 구 노동조합법 하에서부터 '인준투표제'의 적법성 여부가 문제되어 왔다. 구 노동조합법 하에서는 노조 대표자에게 단체협약체결권한이 있다는 점을 법에 명문화하지 않았기 때문에[46] 노동조합 대표자의 단체교섭권에 단체협약체결권한도 당연히 포함되는지에 대하여 견해가 대립하였다. 그러나 현행 노조법 제29조 제1항에서는 노동조합 대표자에게 단체협약체결권한이 있음을 명시하고 있다.

---

46) 구 노동조합법은 "노동조합의 대표자 또는 노동조합으로부터 위임을 받은 자는 그 노동조합 또는 조합원을 위하여 사용자나 사용자단체와 단체협약의 체결 기타의 사항에 관하여 교섭할 권한이 있다"고 규정하고 있었다.

인준투표제는 노동조합 대표자가 조합원 전체의 근로조건을 좌우하는 단체협약을 조합원의 의사에 반하여 독단적으로 체결하는 것을 방지하기 위하여 도입하는 것이다. 그러나 인준투표제로 인하여 대표자가 합의한 단체협약이 인준투표에서 부결되는 경우가 발생하여 노조 내부의 갈등 및 노사관계 악화 등의 부작용이 수반된다는 문제점이 지적되었다.

(2) 인준투표제에 관한 대법원 전원합의체 판결

노조 대표자에게 단체협약체결권이 있다는 점을 법에 명문화하지 않았던 1997년 이전의 구법 하에서 내려진 대법원 전원합의체 판결의 다수의견은 인준투표제가 위법하다고 보았다.[47] 즉, 노동조합의 대표자는 그 노동자 또는 조합원을 위하여 사용자나 사용자단체와 단체협약의 체결 기타의 사항에 관하여 교섭할 권한이 있다고 규정하고 있는바, 교섭할 권한이라 함은 사실행위로서의 단체교섭의 권한 외에 교섭한 결과에 따라 단체협약을 체결할 권한을 포함한다고 하였다. 따라서 노동조합의 대표자가 단체교섭 결과에 따라 사용자와 단체협약의 내용을 합의한 후 다시 협약안의 가부에 관하여 조합원총회의 의결을 거쳐야만 한다는 것은 대표자의 단체협약체결권한을 전면적, 포괄적으로 제한함으로써 사실상 단체협약체결권한을 형해화하여 명목에 불과한 것으로 만들기 때문에 구 노조법에 위반된다는 결론을 내렸다. 이후에 나온 대법원 판례들도 이러한 입장을 따르고 있다.

그러나 위 대법원 전원합의체 판결의 다수의견 입장에 대해서는 비판적인 반대의견도 제시되었다. 즉, 이 판결의 반대의견은 다수의견과 달리 인준투표제가 적법하게 인정될 수 있다고 하였다. 반대의견에 따르면 헌법과 노조법이 지향하는 노조의 자주성, 민주성, 특수성을 고려하고 총회의 의결사항으로 단체협약에 관한 사항을 두고 있는 점, 조합원은 균등하게 노조의 모든 문제에 참여할 권리와 의무가 있는 점, 노사간의 원만한 관계유지라는 측면 등에서 볼 때 총회의 의결로 협약체결권한은 제한될 수 있다고 하였다(반대의견 1). 또한 노조법상 규정이 노조대표자의 협약체결권한에 대한 일체의 제한을 금지하는 강행규정이라고 보기 어렵고, 협약체결권한을 일방적으로 제한하거나 전면적 · 포괄적으로 제한하는 것은 원칙적으로 허용될 수 없겠지만

47) 대법원 1993. 4. 27. 선고 91누12257 전원합의체 판결.

그렇지 아니한 경우에는 제한이 가능하다는 반대의견도 제시되었다(반대의견 2).

(3) 현행법하에서의 논의

위 대법원 전원합의체 판결의 다수의견은 현행법 규정 마련에 영향을 미쳤다. 즉 현행법은 1997년 이전의 구법과는 달리 노조 대표자에게 단체교섭할 권한과 단체협약을 체결할 권한이 모두 있음을 명문화하고 있다.

그러나 현행법 하에서도 인준투표제가 노조법 제29조제1항에 위반되는지 여부가 문제될 수 있다. 위 대법원 전원합의체 판결의 다수입장에 따르면 인준투표제는 노조 대표자의 단체협약체결권한을 전면적, 포괄적으로 제한함으로써 사실상 단체협약체결권한을 형해화하여 명목에 불과한 것으로 만들게 되어 위법, 무효라고 할 것이다. 그러나 현행법 하에서도 인준투표제의 적법성에 대한 학설의 입장은 나뉘고 있다.[48)]

2. 근로조건을 불리하게 변경하는 단체협약 체결시 조합 대표자의 권한

판례에 따르면 노동조합 대표자 또는 수임자가 단체교섭의 결과에 따라 사용자와 단체협약의 내용을 합의한 후 다시 협약안의 가부에 관하여 조합원총회의 의결을 거쳐야 한다는 것은 대표자의 단체협약체결권한을 전면적ㆍ포괄적으로 제한함으로써 사실상 단체협약체결권한을 형해화하여 명목에 불과한 것으로 만드는 것이어서 노조법 제29조 제1항의 취지에 위반된다고 하고, 이는 근로조건을 불리하게 변경하는 경우에도 적용된다.[49)]

Ⅲ. 사안의 해결

이 사안의 노조규약에서는 위원장이 기존 근로조건을 불리하게 변경하는 단체협

---

48) 인준투표제가 적법하다고 보는 견해로는 임종률, 앞의 책, 124-125쪽, 위법하다고 보는 견해로는 김유성, 앞의 책, 137쪽.

49) 대법원 2002. 11. 26. 선고 2001다36504 판결.

약을 체결할 경우에는 사전에 총회의 결의를 거치도록 규정하고 있다.

대법원 전원합의체 판결 다수의견에 따르면 노조 대표자가 단체교섭의 결과에 따라 사용자와 단체협약의 내용을 합의한 후 다시 협약안의 가부에 관하여 조합원총회의 의결을 거쳐야만 한다는 것은 대표자에게 법적으로 인정되고 있는 단체협약체결권한을 전면적, 포괄적으로 제한하는 것이 된다. 따라서 이 사안에서 노조위원장의 단체협약체결권한을 제한하는 조합규약 제23조는 노조법 제29조 제1항에 위반된다.

또한 대법원 전원합의체 판결 이후의 판례의 입장에 따르면 근로조건을 불리하게 변경하는 내용의 단체협약을 체결하는 경우 노조 총회나 대의원회의 인준을 거치도록 하는 절차를 두고 있다 하더라도 이러한 절차를 위반하여 체결된 단체협약은 유효하다고 해석된다. 따라서 이 사안의 조합규약에서 근로조건을 불리하게 변경하는 단체협약 체결시 총회의 결의를 거치도록 규정하고 있다 하더라도 노조위원장은 직권으로 단체협약을 체결할 수 있는 권한을 가지기 때문에 조합규약에 위반하여 체결된 단체협약은 유효하다고 판단된다.

Ⅳ. 결론

이 사안에서 노조위원장의 단체협약체결권한을 제한하는 내용을 규정하고 있는 조합규약 제23조는 노조법 제29조 제1항에 위반되어 효력이 인정되지 않는다. 따라서 조합규약 제23조에 따라 사전에 총회의 결의를 거치지 않고 위원장이 직권으로 체결한 단체협약이 무효라고 하는 B노동조합의 주장은 타당하지 못하다.

사례 6 단체협약의 성립 및 효력, 단체협약의 유효기간 만료

[사례 6][50)]

A회사는 상시 근로자 200명을 고용하고 있는 운수업체이며, B노동조합은 A회사 근로자들로 조직된 기업별 노동조합이다. A회사가 B노동조합과 체결한 단체협약상 상여금 200%를 그 지급기일이 경과한 후에도 경영사정의 악화로 지급하지 못하고 있던 중, B노동조합은 위 미지급된 상여금 200%를 모두 포기한다는 상여금 포기각서를 A회사에 제출하였다. 위 각서에는 노사 쌍방 중 B노동조합의 기명 및 날인만 있었을 뿐, A회사측의 서명이나 날인은 모두 없었다.

한편, 위 단체협약에는 "회사는 매월 조합원에게 지급할 임금 중에서 조합원이 노동조합에 납부해야 하는 조합비를 일괄 공제하여 노동조합에 교부한다."는 내용의 조합비일괄공제조항(check-off 조항)이 규정되어 있었고, B노동조합의 모든 조합원들은 위 조합비 일괄 공제에 대하여 동의하였다.

A회사와 B노동조합은 위 단체협약의 유효기간이 만료되는 때를 전후하여 새로운 단체협약을 체결하고자 수차례의 단체교섭을 거쳤으나 임금인상에 관한 이견이 커서 새로운 단체협약을 체결하지 못하고 있다. A회사는 위 단체협약의 유효기간이 만료된 후 현재까지 6개월간 B노동조합에게 조합비를 일괄 공제하여 교부하는 것을 중단하고 있다. 위 단체협약에는 자동연장조항이나 자동갱신조항은 없었다.

〈질 문〉

1. B노동조합의 조합원 甲은 (1) B노동조합만이 기명 및 날인되어 있는 상여금 포기각서는 단체협약으로서 유효하게 성립된 것이 아니며, (2) 만약 단체협약이라고 보더라도 미지급된 상여금의 포기는 조합원들로부터 개별적인 동의나 수권을 받지 않았으므로 효력이 없다고 주장한다. 甲의 (1)과 (2)의 각 주장은 타당한가?

2. B노동조합은 A회사가 단체협약의 유효기간이 만료된 후 현재까지 6개월간 B노동조합에게 조합비를 일괄 공제하여 교부하지 않은 것은 단체협약상 A회사가 B노동조합에 대해 부담하는 채무를 불이행한 것이라고 주장한다. B노동조합의 주장은 타당한가?

---

50) 2013년 시행 제2회 변호사시험 제2문.

해설

〈질문 1〉 B노동조합의 조합원 甲은 (1) B노동조합만이 기명 및 날인되어 있는 상여금 포기각서는 단체협약으로서 유효하게 성립된 것이 아니며, (2) 만약 단체협약이라고 보더라도 미지급된 상여금의 포기는 조합원들로부터 개별적인 동의나 수권을 받지 않았으므로 효력이 없다고 주장한다. 甲의 (1)과 (2)의 각 주장은 타당한가?

Ⅰ. 논점의 정리

1. 주장 (1) 관련

이 사안에서의 상여금 포기각서는 B노동조합의 기명 및 날인만 있고, A회사측의 서명이나 날인은 없다. 이 경우 단체협약으로 유효하게 성립되었는지 여부가 검토되어야 한다. 단체협약으로 유효하게 성립되었다면 조합원인 甲에게 규범적 효력이 발생하지만 만일 단체협약으로서 유효하게 성립된 것이 아니라면 甲에게 효력이 미치지 않는다.

2. 주장 (2) 관련

조합원들로부터 개별적인 동의나 수권을 받지 않고서 단체협약에 의해 미지급된 상여금을 포기한 것은 협약자치의 원칙상 그 효력이 인정되는지 여부가 문제된다.

Ⅱ. 관련 법리

1. 단체협약의 성립요건

노조법 제31조 제1항은 단체협약은 서면으로 작성하여 당사자 쌍방이 서명 또는 날인하여야 한다고 규정하고 있다. 서면작성, 쌍방의 서명 또는 날인은 단체협약의 성립요건이다.

이러한 요건을 갖추지 못한 단체협약은 조합원 등에 대하여 그 규범적 효력이 미치지 아니한다. 판례 중에는 문서에 노조 위원장의 기명날인만 있고 회사 대표이사의 기명날인이 되어 있지 아니한 경우에는 단체협약으로서의 효력이 없다고 본 경우가 있다.[51)]

판례에 따르면 노조법 제31조 제1항이 단체협약은 서면으로 작성하여 당사자 쌍방이 서명날인 하여야 한다고 규정하고 있는 취지는 단체협약의 내용을 명확히 함으로써 장래 그 내용을 둘러싼 분쟁을 방지하고 아울러 체결당사자 및 그의 최종적 의사를 확인함으로써 단체협약의 진정성을 확보하기 위한 것이다.[52)]

2. 협약자치의 한계

노동조합의 대표자는 조합원을 위하여 교섭하고 단체협약을 체결할 권한을 가진다(노조법 제29조 제1항).

판례에 따르면 협약자치의 원칙상 노동조합은 사용자와 사이에 근로조건을 유리하게 변경하는 내용의 단체협약뿐만 아니라 근로조건을 불리하게 변경하는 내용의 단체협약을 체결할 수 있으므로, 근로조건을 불리하게 변경하는 내용의 단체협약이 현저히 합리성을 결하여 노동조합의 목적을 벗어난 것으로 볼 수 있는 경우와 같은 특별한 사정이 없는 한 그러한 노사간의 합의를 무효라고 볼 수는 없고, 노동조합으로서는 그러한 합의를 위하여 사전에 근로자들로부터 개별적인 동의나 수권을 받을 필요가 없다고 본다.[53)]

그러나 이미 구체적으로 그 지급청구권이 발생한 임금(상여금 포함)이나 퇴직금은 근로자의 사적 재산영역으로 옮겨져 근로자의 처분에 맡겨진 것이기 때문에 노동조합이 근로자들로부터 개별적인 동의나 수권을 받지 않는 이상, 사용자와의 사이의 단체협약만으로 이에 대한 포기나 지급유예와 같은 처분행위를 할 수는 없다는 것이 판

51) 대법원 2001. 1. 19. 선고 99다72422 판결.

52) 대법원 2001. 5. 29. 선고 2001다15422 판결.

53) 대법원 2000. 9. 29. 선고 99다67536 판결.

례의 입장이다.[54] 즉 이미 개별 근로자에게 귀속된 권리를 단체협약에 의해 처분할 수는 없다는 협약자치의 한계가 인정되는 것이다.

Ⅲ. 사안의 해결

1. 주장 (1) 관련: 단체협약 성립 여부

이 사안에서 B노동조합이 A회사에 제출한 미지급 상여금의 포기각서는 B노동조합의 기명 및 날인만 있었을 뿐, A회사측의 서명이나 날인은 없었다. 따라서 노조법 제31조 제1항에 노사 쌍방의 서명 또는 날인이 있어야 한다는 요건을 위반하였다. 판례에 따르면 이러한 경우에는 단체협약으로서 유효하지 않다. 따라서 이 사안에서의 미지급 상여금의 포기각서는 단체협약으로서 유효하게 성립되지 않았고, 조합원들에 대해 규범적 효력이 인정되지 않는다.

2. 주장 (2): 상여금 포기의 효력 유무

이 사안에서 기존 단체협약에 따라 지급의무가 있는 상여금 200%를 B노동조합이 포기하는 각서를 제출한 시점은 이미 상여금 지급기일이 경과한 후이고, 단체협약상의 지급기일이 경과함으로써 상여금은 이미 구체적으로 그 지급청구권이 발생하여 근로자의 사적 재산영역으로 옮겨져 근로자의 처분에 맡겨진 상태이다. 따라서 판례 법리에 의하면 노동조합과 사용자 사이의 단체협약을 체결하는 것만으로는 미지급상여금을 포기하게 할 수 없다.

다만 판례에 따르면 노동조합이 근로자들로부터 개별적인 동의나 수권을 받은 경우에는 미지급상여금 포기의 효력이 인정될 수 있다. 그러나 甲은 개별적인 동의나 수권을 받지 않았다고 하고 있다. 따라서 개별적인 동의나 수권을 하지 않은 甲에게는 B노동조합의 포기각서에 의해 상여금 포기의 효력이 발생하지 않는다.

---

54) 대법원 2000. 9. 29. 선고 99다67536 판결.

Ⅳ. 결론

1. 주장 (1) 관련

이 사안에서의 상여금 포기각서는 B노동조합만 기명·날인하고 있어 노사 쌍방의 서명 또는 날인이 있어야 한다는 노조법 제31조 제1항 소정의 단체협약의 성립요건을 위반하였다. 이러한 경우 판례는 단체협약으로서의 효력을 부인한다. 따라서 이 사안에서의 상여금 포기각서는 단체협약으로서 유효하게 성립된 것이 아니라는 甲의 주장은 타당하다.

2. 주장 (2) 관련

이 사안에서의 상여금 포기각서에서는 이미 지급기일이 지나 지급청구권이 발생하여 근로자의 처분에 맡겨진 미지급 상여금 청구권을 포기하는 것으로 정하고 있다. 판례에 따르면 근로자의 개별적인 동의나 수권이 있어야 그러한 포기의 효력이 인정된다. 그러나 미지급 상여금의 포기에 관하여 조합원들로부터 개별적인 동의나 수권을 받지 않았으므로 미지급상여금 포기의 효력이 없다는 甲의 주장은 타당하다.

〈질문 2〉 B노동조합은 A회사가 단체협약의 유효기간이 만료된 후 현재까지 6개월간 B노동조합에게 조합비를 일괄 공제하여 교부하지 않은 것은 단체협약상 A회사가 B노동조합에 대해 부담하는 채무를 불이행한 것이라고 주장한다. B노동조합의 주장은 타당한가?

Ⅰ. 논점의 정리

이 사안에서 A회사는 종전 단체협약의 유효기간이 만료된 후에 6개월간 종전 단체협약에서 정한 조합비 일괄 공제를 하지 않아 B노동조합이 A회사에 대해 채무불이행을 주장하고 있다. 이 경우 단체협약의 유효기간이 만료된 후에 단체협약의 채무적 효력이 유지되는지 여부가 검토되어야 한다. 특히 노조법 제32조 제3항에서 단체협약의 유효기간이 만료된 경우에도 일정한 경우에는 3개월간 효력이 지속될 수 있는 근거 규정을 두고 있는 것과 관련하여, 이 사안에서도 제32조 제3항에 따라 종전 단체협약에서 정한 조합비 일괄 공제의 효력이 지속되는지 여부가 검토되어야 한다.

Ⅱ. 관련 법리

1. 단체협약 유효기간 만료 후의 효력 연장

노조법 제32조 제3항은 단체협약의 유효기간이 만료되는 때를 전후하여 당사자 쌍방이 새로운 단체협약을 체결하고자 단체교섭을 계속하였음에도 불구하고 새로운 단체협약이 체결되지 아니한 경우에는 종전의 단체협약은 그 효력만료일부터 3월까지 계속 효력을 갖는다고 규정하여 효력이 연장되는 경우를 인정하고 있다.

2. 단체협약 실효 후의 단체협약의 효력

판례는 단체협약이 실효되었다고 하더라도 임금, 퇴직금이나 노동시간, 그 밖에 개별적인 노동조건에 관한 부분은 그 단체협약의 적용을 받고 있던 근로자의 근로계약의 내용이 되어 그것을 변경하는 새로운 단체협약, 취업규칙이 체결 · 작성되거나 또는 개별적인 근로자의 동의를 얻지 아니하는 한 개별적인 근로자의 근로계약의 내용으로서 여전히 남아 있어 사용자와 근로자를 규율하게 된다고 본다.[55] 즉 단체협약의 이른바 규범적 부분은 근로계약의 내용으로서 여전히 유지된다는 것이다.

그러나 단체협약의 채무적 부분에 대하여 인정되는 채무적 효력은 단체협약의 체결 당사자인 노동조합과 사용자 사이의 효력이므로, 단체협약의 채무적 부분은 근로계약의 내용으로 되지 않는다. 따라서 단체협약의 채무적 부분은 단체협약 유효기간의 만료와 더불어 효력이 상실된다.

55) 대법원 2009. 2. 12. 선고 2008다70336 판결.

Ⅲ. 사안의 해결

A회사와 B노동조합은 위 단체협약의 유효기간이 만료되는 때를 전후하여 새로운 단체협약을 체결하고자 수차례의 단체교섭을 거쳤으나 새로운 단체협약을 체결하지 못하고 있다. 따라서 노조법 제32조 제3항의 규정에 따라 종전의 단체협약은 그 효력 만료일부터 3월까지 계속 효력을 갖는다. 이 기간 동안에는 종전 단체협약상의 조합비일괄공제조항도 효력이 인정된다. 따라서 A회사가 B노동조합에게 조합비를 일괄 공제하여 교부하지 않은 것은 단체협약상 A회사가 B노동조합에 대해 부담하는 채무를 불이행한 것이다.

이 사안에서의 단체협약상 조합비일괄공제조항은 단체협약의 채무적 부분에 해당한다. 판례는 단체협약의 규범적 부분에 대해서는 단체협약의 실효 후에도 근로계약의 내용으로 여전히 남아 있는 것이라고 하지만 조합비일괄공제조항과 같은 단체협약의 채무적 부분에 대해서는 그러한 법리가 적용되지 않는다.

따라서 단체협약의 유효기간이 만료된 후 3개월이 경과한 후부터 6개월까지는 사용자가 종전 단체협약상의 조합비일괄공제조항에 따른 채무를 부담하지 않기 때문에 그 기간동안 A회사가 B노동조합에게 조합비를 일괄 공제하여 교부하지 않은 것은 채무불이행에 해당되지 않는다.

Ⅳ. 결론

이 사안의 경우 노조법 제32조 제3항의 규정에 따라 종전의 단체협약은 그 효력만료일부터 3개월까지 계속 효력을 가지기 때문에 이 기간 동안에 A회사가 B노동조합에게 조합비를 일괄 공제하여 교부하지 않은 것은 A회사가 B노동조합에 대해 부담하는 단체협약상 채무를 불이행한 것이다.

반면 단체협약이 실효하면 조합비일괄공제조항에 따른 채무적 효력은 유지되지 않기 때문에 단체협약의 유효기간이 만료된 후 3개월이 경과한 후부터 6개월까지는 A회사가 B노동조합에게 조합비를 일괄 공제하여 교부하지 않은 것은 채무불이행에 해당되지 않는다.

사례 7 단체협약의 일반적 구속력, 노동조합 가입자격

[사례 7][56)]

A회사는 상시 100명의 근로자를 사용하여 무선단말기 부품을 제조·판매하는 주식회사이고, B노동조합은 전자·통신 산업에 종사하는 모든 근로자들을 조직대상으로 하는 산업별 단위노동조합이다. 2013년 3월말 현재 A회사의 근로자 70명이 B노동조합의 조합원이고, B노동조합 외에 다른 노동조합에 가입한 A회사의 근로자는 존재하지 않는다.

A회사와 B노동조합 사이에 체결된 2012년도 단체협약(유효기간: 2012년 9월 1일~2014년 8월 31일)에 따르면, 사용자 또는 사용자의 이익을 대표하는 자는 조합원이 될 수 없고(제5조), 사용자가 근로자를 징계하고자 하는 경우에는 징계 대상 근로자를 징계위원회에 출석시켜 소명의 기회를 부여하여야 한다(제33조)고 규정하고 있다. 그러나 A회사의 취업규칙에는 징계 대상 근로자에 대한 징계위원회 출석의 통지 및 소명의 기회 부여에 관한 규정은 없다.

A회사의 생산직 근로자이자 비조합원인 甲은 2013년 3월 중순경 근무시간 중에 동료 근로자 乙과 말다툼을 하다가 乙을 폭행하였다. 이에 대해 A회사는 甲에게 징계위원회 출석 통지를 하지 않고, 소명의 기회도 부여하지 않은 채, 같은 해 3월 27일 정직 3개월의 징계처분을 하였다.

한편, 2013년 4월에 B노동조합은 전자·통신 산업에 재직 중인 근로자만이 조합원 자격을 가지는 것으로 규정되어 있던 노동조합 규약 제2조(조합원의 범위)를 "전자·통신 산업에 종사하다가 해고된 근로자"도 조합원 자격이 있는 것으로 변경하였다.

〈질 문〉

1. 甲은 A회사가 위 단체협약 제33조에 따른 징계절차를 거치지 않고 자신을 징계한 것은 위법하다고 주장한다. 이러한 甲의 주장은 타당한가?

2. 관할 행정관청은 2013년 4월에 개정된 B노동조합의 규약 제2조가 위법하다는 이유로 관할 노동위원회의 의결을 얻어 그 시정을 명하였다. 관할 행정관청의 이러한 시정명령은 적법한가?

---

56) 2013년도 시행 제1회 법학전문대학원협의회 모의시험 제2문.

해설

〈질문 1〉 甲은 A회사가 위 단체협약 제33조에 따른 징계절차를 거치지 않고 자신을 징계한 것은 위법하다고 주장한다. 이러한 甲의 주장은 타당한가?

I. 논점의 정리

노조법 제35조에 따르면 하나의 사업 또는 사업장에 상시 사용되는 동종의 근로자 반수 이상이 하나의 단체협약의 적용을 받게 된 때에는 당해 사업 또는 사업장에 사용되는 다른 동종의 근로자에 대하여도 당해 단체협약이 적용된다. 원칙적으로 단체협약은 협약당사자인 노동조합의 조합원과 사용자에게만 미친다. 그러나 노조법은 이러한 원칙에 대하여 예외를 두고 일정한 조건 아래서 협약당사자인 노동조합의 조합원이 아닌 자에게도 적용하도록 규정하고 있는 것이다. 이는 단체협약의 구속력 범위를 확장 · 일반화한다는 의미에서 일반적 구속력이라고 한다.

이 사안에서 甲은 비조합원이지만 위와 같은 단체협약의 일반적 구속력에 따라 단체협약의 적용을 받는지 여부가 문제된다.

Ⅱ. 관련 법리

1. 일반적 구속력이 적용되는 '동종 근로자'의 의미

하나의 사업 또는 사업장에 상시 사용되는 같은 종류의 근로자 반수 이상이 하나의 단체협약의 적용을 받게 된 때에는 그 사업 또는 사업장에 사용되는 같은 종류의 나머지 근로자에 대하여도 그 단체협약이 적용된다.

이 경우 특히 "같은 종류의 근로자" 즉, "동종 근로자"에 해당되는 자는 누구인지가 문제된다. 판례는 '동종의 근로자'라 함은 당해 단체협약의 규정에 의하여 그 협약의 적용이 예상되는 자를 가리키는바, 사업장 단위로 체결되는 단체협약의 적용 범위가 특정되지 않았거나 협약 조항이 모든 직종에 걸쳐서 공통적으로 적용되는 경우에는 직종의 구분 없이 사업장 내의 모든 근로자가 동종의 근로자에 해당된다고 한다.[57] 또한, 판례에 따르면 단체협약의 규정에 의하여 조합원의 자격이 없는 자는 단체협약의 적용이 예상된다고 할 수 없어 단체협약의 적용을 받지 아니한다고 한다.[58]

2. 일반적 구속력에 의한 단체협약의 확장 적용

일반적 구속력의 요건이 충족되면 그 사업 또는 사업장에 사용되는 같은 종류의 나머지 근로자에 대하여도 그 단체협약이 적용된다. 즉, 해당 노동조합의 조합원 자격이 있는 비조합원에게도 단체협약이 확장 적용된다. 다만, 조합원자격이 없는 근로자에게는 확장 적용되지 않는다. 확장 적용되는 부분은 단체협약의 규범적 부분에 한정된다.

Ⅲ. 사안의 해결

이 사안에서 A회사는 상시 100명의 근로자를 고용하고 있고, B노동조합에는 A회사 근로자 70명이 가입하고 있다. B노동조합 규약에 따르면 전자 · 통신 산업에 종사하는 모든 근로자들의 노동조합 가입자격이 인정된다. 이러한 경우 판례에 따르면 직종의 구분 없이 사업장 내의 모든 근로자가 동종 근로자에 해당된다. 따라서 A회사의 생산직 근로자인 甲은 비조합원이지만 단체협약의 적용이 예상되는 동종근로자에 해당된다. 이 사안의 경우는 노조법 제35조에 따라 "하나의 사업 또는 사업장에 상시 사용되는 같은 종류의 근로자 반수 이상이 하나의 단체협약의 적용을 받게 된 때"에 해당되므로 일반적 구속력에 의해 甲에게도 단체협약의 규범적 부분이 적용된다.

그리고 甲이 자신에게 적용되어야 한다고 주장하는 단체협약 제33조 소정의 징계절차에 관한 규정은 판례에 따르면 근로조건에 관한 부분, 즉, 단체협약의 규범적 부분에 해당된다. 따라서 甲에게는 단체협약 제33조 소정의 징계절차에 관한 규정이 적

57) 대법원 1999. 12. 10. 선고 99두6927 판결.

58) 대법원 2004. 1. 29. 선고 2001다5142 판결.

용되어야 한다.

Ⅳ. 결론

甲에게는 단체협약의 일반적 구속력에 따라 단체협약의 규범적 부분인 징계절차에 관한 조항이 적용되어야 한다. 따라서 단체협약 제33조에 따른 징계절차를 거치지 않고 징계한 것은 위법하다고 주장하는 甲의 주장은 타당하다.

〈질문 2〉 관할 행정관청은 2013년 4월에 개정된 B노동조합의 규약 제2조가 위법하다는 이유로 관할 노동위원회의 의결을 얻어 그 시정을 명하였다. 관할 행정관청의 이러한 시정명령은 적법한가?

Ⅰ. 논점의 정리

B노동조합은 규약 변경을 통해 "전자 · 통신 산업에 종사하다가 해고된 근로자"도 조합원 자격이 있는 것으로 정하였는데 이와 같이 특정 산업에 종사하다가 해고된 근로자의 조합원 자격을 인정한 B노동조합의 규약이 노조법에 위반되는지 여부가 문제된다.

현행 노조법 제5조에 따르면 근로자는 자유로이 노동조합을 조직하거나 이에 가입할 수 있다. 그런데 노조법 제2조 제4호 라목 본문에서는 "근로자가 아닌 자의 가입을 허용하는 경우"에는 노동조합으로 보지 않는다고 하면서, 그 단서에서는 "해고된 자가 노동위원회에 부당노동행위의 구제신청을 한 경우에는 중앙노동위원회의 재심판정이 있을 때까지는 근로자가 아닌 자로 해석하여서는 아니된다"라고 해고자에 대한 규정을 두고 있다. 이러한 조항들과 관련하여 해고된 자는 노동조합 가입자격이 있는지 여부가 검토되어야 한다.

Ⅱ. 관련 법리

판례에 따르면 근로기준법은 '현실적으로 근로를 제공하는 자에 대하여 국가의 관리 · 감독에 의한 직접적인 보호의 필요성이 있는가'라는 관점에서 개별적 노사관계를 규율할 목적으로 제정된 것인 반면에, 노조법은 '노무공급자들 사이의 단결권 등을 보장해 줄 필요성이 있는가'라는 관점에서 집단적 노사관계를 규율할 목적으로 제정된 것으로 그 입법목적에 따라 근로자의 개념을 상이하게 정의하고 있고, 일정한 사용자에의 종속관계를 조합원의 자격요건으로 하는 기업별 노동조합의 경우와는 달리 산업별 · 직종별 · 지역별 노동조합 등의 경우에는 원래부터 일정한 사용자에의 종속관계를 조합원의 자격요건으로 하는 것이 아니다.[59)]

또한 위 판례는 노조법 제2조 제4호 라목 단서는 '기업별 노동조합'의 조합원이 사용자로부터 해고됨으로써 근로자성이 부인될 경우에 대비하여 마련된 규정으로서, 이와 같은 경우에만 한정적으로 적용되고, 원래부터 일정한 사용자에의 종속관계를 필요로 하지 않는 산업별 · 직종별 · 지역별 노동조합 등의 경우에까지 적용되는 것은 아니라고 한다. 즉, 노조법 제2조 제4호 라목 단서는 기업별 노조에 한정하여 적용되는 것일 뿐 초기업별 노조에는 적용되지 않는 것이다.

요컨대 노조법 제2조 제1호 및 제4호 라목 본문에서 말하는 '근로자'에는 특정한 사용자에게 고용되어 현실적으로 취업하고 있는 자뿐만 아니라, 일시적으로 실업 상태에 있는 자나 구직중인 자도 노동3권을 보장할 필요성이 있는 한 그 범위에 포함된다. 즉, 재직자와 구직자가 모두 포함되는 것이다.

Ⅲ. 사안의 해결

이 사안에서는 B노동조합이 규약을 개정하여 전자 · 통신 산업에 재직 중인 근로자만이 아니라 전자 · 통신 산업에 종사하다가 해고된 근로자까지 조합원 자격이 있는 것으로 변경하였다. 판례에 따르면 노동조합에 가입할 수 있는 근로자에는 재직자뿐만 아니라 해고된 자, 구직중인 자도 포함되고, 해고된 자의 조합원 자격에 관해 규

59) 대법원 2004. 2. 27. 선고 2001두8568 판결.

정하고 있는 노조법 제2조 제4호 라목 단서는 기업별 노동조합에만 적용되는 규정이므로 이 사안에서 문제된 산별노조에 대해서는 적용되지 않는다. 산별노조의 조합원 자격은 특정 사용자와의 종속관계를 요하지 않기 때문이다. 따라서 해고된 근로자를 조합원 범위에 포함시키는 것이 위법하다는 점을 이유로 B노동조합의 규약에 대해 행정관청이 시정명령을 내린 것은 위법하다.

Ⅳ. 결론

노조법 제2조 제4호 라목 단서는 기업별 노동조합의 조합원이 사용자로부터 해고됨으로써 근로자성이 부인될 경우에 대비하여 마련된 규정이다. 따라서 산별 노동조합인 B노동조합이 해고된 근로자를 조합원 가입범위에 포함시키도록 규정하고 있는 규약 제2조는 위법하지 않고, 동 규약 조항이 위법하다는 이유로 내려진 행정관청의 시정명령은 위법하다.

사례 8 쟁의행위의 목적, 절차, 방법의 정당성

[사례 8][60)]

Y회사는 여행용 가방을 제조하는 회사로서 약 100명의 종업원을 두고 있다. X노동조합은 Y회사의 종업원 중 90명이 가입한 기업별 노동조합이다. Y회사의 종업원 중 다른 노동조합에 가입한 종업원은 없다.

2011년 초부터 지진 · 해일로 인한 원자력발전의 위험성이 부각되고 방사능 오염이 우려되었다.

이에 따라 세계적으로 해외여행 경기가 급속히 악화되었으며, Y회사의 여행용 가방의 매출도 급감하였다. 이에 Y회사는 같은 해 4월 초에 '회사경영개선계획'을 수립하고, 그 일환으로 같은 해 6월 1일자로 종업원 100명 가운데 약 30명을 구조조정(해고)하기로 결정하였다.

Y회사는 위 '회사경영개선계획'을 사내 게시판과 인트라넷에 게시하였다. 또 Y회사는 X노동조합에게 같은 해 4월 10일 정리해고를 회피하기 위한 방법과 정리해고의 기준을 통보하고, 같은 달 15일에 해고기준 등에 관하여 노사가 협의할 것을 요청하였다. 반면 X노동조합은 같은 달 16일에 정리해고계획 철회를 주장하며 Y회사에게 이에 대한 단체교섭을 요구하였다. 이에 대하여 Y회사는 같은 달 18일에 X노동조합의 정리해고계획 철회 요구는 교섭사항이 아니라고 주장하면서 교섭에 응할 수 없다고 통지하였다.

한편 Y회사의 구조조정 계획에 대하여 종업원들의 불안감이 증폭되었고, 특히 Y회사의 단체교섭거부에 대하여 조합원들의 불만이 비등하였다. 이에 X노동조합의 집행위원회는 같은 달 20일 조합원들의 찬반투표를 거치지 않고 조합원들에게 다음 날부터 전면파업에 돌입할 것을 지시하였다. 같은 달 21일부터 시작된 파업에는 조합원의 약 90%가 참가하였다. 파업에 참가한 조합원들은 Y회사 내 공장건물의 로비를 점거하고 농성을 하였다. 점거농성 기간 중에 회사간부나 다른 종업원들이 그 공장건물의 로비를 통해 생산시설에 출입하는 것은 방해받지 않았다.

X노동조합은 같은 달 25일 18시에 파업을 종료하였고 점거농성을 풀었다.

〈질 문〉

1. 정리해고계획 철회를 관철하기 위하여 행한 X노동조합의 위 파업이 정당한가?

---

60) 2011년도 시행 제1회 법학전문대학원협의회 모의시험 제2문.

2. X노동조합 집행위원회의 결정만으로 개시한 위 파업은 정당한가?

3. 공장건물의 로비를 점거한 농성은 정당한가?

해설

〈질문 1〉 정리해고계획 철회를 관철하기 위하여 행한 X노동조합의 위 파업이 정당한가?

I. 논점의 정리

노조법 제37조는 쟁의행위는 그 목적 · 방법 및 절차에 있어서 법령 기타 사회질서에 위반되어서는 아니 된다고 규정하고 있다. 또한 판례에 따르면 쟁의행위의 정당성은 그 주체, 목적, 시작 시기 · 절차, 수단 · 태양의 측면에서 검토되어야 한다. 즉, 그 주체가 단체교섭의 주체가 될 수 있는 자이어야 하고, 그 목적이 근로조건의 향상을 위한 노사간의 자치적 교섭을 조성하기 위한 것이어야 하며, 그 시기는 사용자가 근로자의 근로조건 개선에 관한 구체적인 요구에 대하여 단체교섭을 거부하거나 단체교섭의 자리에서 그러한 요구를 거부하는 회답을 했을 때 시작하되 특별한 사정이 없는 한 조합원의 찬성결정을 법령으로 정하는 절차를 밟아야 하고, 그 수단과 방법이 사용자의 재산권과 조화를 이루어야 함은 물론 폭력의 행사에 해당되지 않아야 한다.[61]

질문 1에서 문제되는 논점은 X노동조합이 정리해고계획의 철회를 관철하기 위해 행한 파업의 목적의 정당성이 인정될 수 있는지 여부이다.

Ⅱ. 관련 법리

판례는 단체교섭의 대상이 아닌 요구를 달성하려는 쟁의행위는 그 목적의 정당성

61) 대법원 2001. 10. 25. 선고 99도4837 전원합의체 판결.

을 인정할 수 없다고 보고 있다. 따라서 노동조합의 주장이 단체교섭의 대상으로 인정되어야 그러한 주장을 관철하고자 하는 쟁의행위의 정당성도 인정된다.[62)]

판례에 따르면 정리해고나 사업조직의 통폐합, 공기업의 민영화 등 기업의 구조조정의 실시 여부는 경영주체에 의한 고도의 경영상 결단에 속하는 사항으로서 이는 원칙적으로 단체교섭의 대상이 될 수 없고, 그것이 긴박한 경영상의 필요나 합리적인 이유 없이 불순한 의도로 추진되는 등의 특별한 사정이 없는 한, 노동조합이 실질적으로 그 실시를 반대하기 위하여 쟁의행위에 나아간다면, 비록 그 실시로 인하여 근로자들의 지위나 근로조건의 변경이 필연적으로 수반된다 하더라도 그 쟁의행위는 목적의 정당성을 인정할 수 없다고 한다.[63)]

Ⅲ. 사안의 해결

이 사안에서 X노동조합은 정리해고계획 철회를 주장하며 Y회사에게 이에 대한 단체교섭을 요구하였고, Y회사가 단체교섭에 응하지 않자 파업을 실시하였다. 판례는 정리해고와 같은 기업의 구조조정 실시 여부는 원칙적으로 단체교섭의 대상이 되지 않는다고 한다. 따라서 판례의 입장에 따라 해석하면 X노동조합이 주장하는 정리해고계획 철회는 단체교섭의 대상이 되지 않는다.

다만, 판례는 회사가 긴박한 경영상의 필요나 합리적인 이유 없이 불순한 의도로 구조조정을 추진하는 등의 특별한 사정이 있다면 이에 반대하는 쟁의행위의 목적의 정당성이 인정될 여지가 있다고 한다. 이 사안의 경우, Y회사는 여행용 가방을 제조하는 회사로서 세계적으로 해외여행 경기가 급속히 악화되고 여행용 가방의 매출도 급감하여 회사경영개선계획을 수립하였고 그 일환으로 정리해고를 실시하기로 하였는바, 이는 회사가 긴박한 경영상 필요나 합리적 이유로 인하여 결정한 것으로 볼 것이지 다른 불순한 의도가 있다고 보기는 어려울 것이라고 판단된다.

따라서 이 사안을 판례의 입장에 따라 검토한다면 정리해고계획 철회를 관철하기 위해 행한 X노동조합의 파업은 정당하지 못하다.

---

62) 대법원 2006. 5. 12. 선고 2002도3450 판결.

63) 대법원 2002. 2. 26. 선고 99도5380 판결.

Ⅳ. 결론

판례에 따르면 정리해고계획의 철회는 단체교섭의 대상에 해당되지 않고, 단체교섭 대상에 해당되지 않는 사항을 주장하며 파업을 하는 것은 목적의 정당성이 인정되지 않기 때문에 X노동조합의 파업은 정당하지 못하다.

〈질문 2〉 X노동조합 집행위원회의 결정만으로 개시한 위 파업은 정당한가?

Ⅰ. 논점의 정리

노동조합 및 노동관계조정법 제41조 제1항에 따르면 노동조합의 쟁의행위는 그 조합원의 직접 · 비밀 · 무기명투표에 의한 조합원 과반수의 찬성으로 결정하지 아니하면 이를 행할 수 없다. 그러나 X노동조합의 집행위원회는 조합원들의 찬반투표를 거치지 않고 집행위원회의 결정만으로 전면파업을 개시하였다. 질문2에서 문제되는 논점은 조합원들의 직접 · 비밀 · 무기명투표를 거치지 않은 채 개시한 X노동조합의 파업의 절차의 정당성이 인정되는지 여부이다.

Ⅱ. 관련 법리

노조법 제41조 제1항 소정의 조합원 찬반투표를 거치지 않은 쟁의행위의 정당성이 인정되는지 여부에 관하여 판례에 따르면 특별한 사정이 없는 한 조합원의 찬성결정은 법령으로 정하는 방법에 의해 절차를 밟아야 정당성이 인정된다고 하고 있다.

특히 조합원 찬반투표를 거치지 않은 쟁의행위의 정당성이 문제된 사건에 관한 대법원 전원합의체 판결의 다수의견에 따르면, 쟁의행위를 함에 있어 조합원의 직접 · 비밀 · 무기명투표에 의한 찬성결정이라는 절차를 거쳐야 한다는 노조법상 규정은 노동조합의 자주적이고 민주적인 운영을 도모함과 아울러 쟁의행위에 참가한 근로자들이 사후에 그 쟁의행위의 정당성 유무와 관련하여 어떠한 불이익을 당하지 않도록 그 개시에 관한 조합의사의 결정에 보다 신중을 기하기 위하여 마련된 규정이므로 위 절차를 위반한 쟁의행위는 그 절차를 따를 수 없는 객관적인 사정이 인정되지 아니하는 한 정당성이 상실된다고 한다.[64)]

또한 위 다수의견에 따르면 노조법 소정의 투표절차를 거치지 아니한 경우에도 조합원의 민주적 의사결정이 실질적으로 확보된 때에는 단지 노동조합 내부의 의사형성 과정에 결함이 있는 정도에 불과하다고 하여 쟁의행위의 정당성이 상실되지 않는 것으로 해석한다면 위임에 의한 대리투표, 공개결의나 사후결의, 사실상의 찬성간주 등의 방법이 용인되는 결과가 되어 그와 같은 견해를 취하는 것은 노조법상 관계 규정과 기존 대법원의 판례취지에 반하는 것이라고 설시하였다.

그러나 위 판결의 다수의견에 대해 비판적인 학설은 찬반투표 규정은 쟁의행위를 할 것인지 여부를 민주적으로 신중하게 결정하게 하려는 정책적 고려에서 노조법이 특별히 설정한 것이므로 이 절차를 거치지 않았다는 것만으로 정당성을 부인해서는 안 된다는 견해를 제시하고 있다.[65)] 또한 위 대법원 전원합의체 판결의 반대의견은 조합원의 찬 · 반투표에 관한 다수의견의 견해가 노동조합이나 근로자들에게 쟁의행위로 인한 손해배상책임을 묻거나 쟁의행위에 참가한 근로자들의 징계책임을 묻는 민사사건 내지는 행정사건에 있어서의 쟁의행위의 정당성에 관한 법리로는 일반적으로 타당한 견해이지만, 쟁의행위에 참가한 근로자들에게 업무방해죄라는 형사책임을 묻는 형사사건에 있어서는 반드시 그와 같은 법리를 따라야 하는 것이라고는 할 수 없다는 견해를 밝혔다.

Ⅲ. 사안의 해결

이 사안에서 조합원의 찬반투표를 거치지 않았음에도 불구하고 X노동조합의 파업에는 조합원의 약 90%가 참가할 정도로 대다수의 조합원이 참가하였고, 회사의 단체교섭 거부에 대해 조합원들의 불만이 높았다는 점 등에 비추어 볼 때 파업을 찬성하는 조합원들의 의사결정이 실질적으로 확보되었다고 볼 여지가 있다.

그러나 대법원 전원합의체 판결 다수의견의 입장에 따르면 비록 조합원들이 회사

---

64) 대법원 2001. 10. 25. 선고 99도4837 전원합의체 판결.

65) 임종률, 앞의 책, 238쪽.

의 단체교섭거부에 대해 불만이 높고 조합원 90%가 참가할 정도로 대다수의 조합원들이 파업에 참석하였다고 하더라도 이와 같은 사정만으로는 노조법 제41조 제1항 소정의 찬반투표를 거치지 않은 채 이루어진 파업의 정당성이 인정되지 않는다. 따라서 X노동조합의 파업은 절차의 정당성이 인정되지 않는다고 판단된다.

Ⅳ. 결론

판례의 입장에 따르면 노조법 제41조 제1항 소정의 조합원 찬반투표를 거치지 아니한 채 노조 집행위원회만의 결정으로 이루어진 X노동조합의 파업은 절차에 있어 정당하지 못하다.

〈질문 3〉 공장건물의 로비를 점거한 농성은 정당한가?

Ⅰ. 논점의 정리

노조법 제42조 제1항에 따르면 쟁의행위는 폭력이나 파괴행위 또는 생산 기타 주요업무에 관련되는 시설과 이에 준하는 시설로서 대통령령이 정하는 시설을 점거하는 형태로 이를 행할 수 없다고 규정하고 있다. X노동조합은 파업기간 동안 Y회사 내 공장건물 로비를 점거하고 농성하였다. 질문 3에서 문제되는 논점은 X노동조합이 공장건물 로비를 점거하고 농성한 것, 즉, 직장점거가 쟁의행위의 수단 · 방법에 있어 정당성이 인정되는지 여부이다.

Ⅱ. 관련 법리

판례에 따르면 직장 또는 사업장시설의 점거는 적극적인 쟁의행위의 한 형태로 인정된다. 다만 직장점거의 범위가 직장 또는 사업장시설의 일부분이고 사용자측의 출입이나 관리지배를 배제하지 않는 병존적인 점거에 지나지 않을 때에는 정당한 쟁의행위로 볼 수 있으나, 이와 달리 직장 또는 사업장시설을 전면적 · 배타적으로 점거하여 조합원 이외의 자의 출입을 저지하거나 사용자측의 관리지배를 배제하여 업무의 중단 또는 혼란을 야기케 하는 것과 같은 행위는 정당성이 인정되지 않는다고 한다.[66)]

즉, 점거의 범위가 사업장 시설 일부로 한정되고 사용자측의 출입 · 관리 · 조업을 배제 · 방해하지 않는 부분적 · 병존적 점거는 정당하지만 사업장 시설 전체를 점거하여 사용자측의 출입 · 관리 · 조업을 배제 · 방해하는 전면적 · 배타적 점거는 정당하지 못하다는 것이다.

Ⅲ. 사안의 해결

이 사안에서 X노동조합의 직장점거는 생산시설이 아닌 공장건물 로비에서 이루어졌기 때문에 노조법에서 금지하고 있는 생산 기타 주요업무에 관련되는 시설을 점거하는 형태로 행해진 것이 아니다. 또한, 그 점거의 범위가 회사의 시설 일부분인 로비이고, 사용자측의 출입이나 관리지배를 배제하지 않았으며, 조합원 이외의 종업원들의 출입도 방해되지 않았기 때문에 전면적 · 배타적 점거가 아닌 부분적 · 병존적 점거에 지나지 않는다. 따라서 X노동조합이 공장건물 로비를 점거한 농성은 쟁의행위의 수단 · 방법에 있어서 정당성이 인정된다.

Ⅳ. 결론

X노동조합이 공장건물의 로비를 점거한 행위는 노조법상 점거가 금지되는 생산 기타 주요업무에 관련되는 시설에 해당되지 않는 장소에서 행해진 부분적 · 병존적 점거로서 그 정당성이 인정된다.

---

66) 대법원 2007. 12. 28. 선고 2007도5204 판결.

사례 9 파업 찬반투표의 범위, 쟁의행위 목적의 정당성

[사례 9][67)]

A회사에는 B산업별단위노동조합 산하의 A회사 지부(이하 'A지부')가 조직되어 있다. A지부는 노동조합설립신고를 하지 않은 상태이다. A회사에는 A지부 이외에는 노동조합은 존재하지 않으며, A지부 이외의 다른 노동조합에 가입한 A회사 근로자도 존재하지 않는다.

A회사는 2011. 5. 2. 경영악화를 이유로 공장이전 계획과 함께 임금 5% 삭감을 발표하였다. A지부는 이에 반대하면서 A회사에 교섭을 요구하여 5차례에 걸쳐 교섭을 진행하였으나, 교섭이 결렬되었다. A지부 간부들은 2011. 7. 20. 조합원총회에서 조합원들에게 공장이전은 회사 사정상 불가피하다고 하여도 임금삭감은 절대로 수용할 수 없다고 하면서 2011. 8. 1. 전면파업에 돌입하겠다는 계획을 발표하였다.

A지부는 2011. 7. 20. 이후에도 3차례에 걸친 A회사와의 교섭과정에서 공장이전과 임금삭감 계획을 백지화하지 않으면 파업을 할 수 밖에 없다는 뜻을 표명하였다. A회사가 계속하여 A지부의 요구를 받아들이지 않자, A지부는 2011. 8. 1. A지부 조합원만을 대상으로 실시한 파업찬반투표에서 90%의 찬성을 얻어 2011. 8. 2.부터 공장이전 철회, 임금 삭감 철회를 요구하면서 전면파업에 돌입하였다.

〈질 문〉

1. A회사는 ① A지부는 「노동조합 및 노동관계조정법」에 의한 노동조합이 아닌 점, ② 파업찬반투표는 「노동조합 및 노동관계조정법」에 의한 노동조합인 B산업별단위노동조합 전체 조합원을 대상으로 실시하여야 한다는 점을 이유로 A지부의 파업을 정당성이 없는 파업이라고 주장하고 있다. A회사의 주장은 타당한가?

2. A회사는 설령 A지부가 쟁의행위의 주체가 될 수 있다고 하더라도 A지부의 파업 목적에는 경영사항을 포함하고 있기 때문에 정당성이 없는 파업이라고 주장하고 있다. A회사의 주장은 타당한가?

---

67) 2012년도 시행 제2회 법학전문대학원협의회 모의시험 제2문.

해 설

〈질문 1〉 A회사는 (1) A지부는 「노동조합 및 노동관계조정법」에 의한 노동조합이 아닌 점, (2) 파업찬반투표는 「노동조합 및 노동관계조정법」에 의한 노동조합인 B산업별단위노동조합 전체 조합원을 대상으로 실시하여야 한다는 점을 이유로 A지부의 파업을 정당성이 없는 파업이라고 주장하고 있다. A회사의 주장은 타당한가?

I. 논점의 정리

노조법 제37조에서는 쟁의행위는 그 목적 · 방법 및 절차에 있어서 법령 기타 사회질서에 위반되어서는 아니 된다고 규정하고 있다. 또한 판례에 따르면 쟁의행위의 정당성은 그 주체, 목적, 시작 시기 · 절차, 수단 · 태양의 측면에서 검토되어야 한다. 즉, 그 주체가 단체교섭의 주체가 될 수 있는 자이어야 하고, 그 목적이 근로조건의 향상을 위한 노사간의 자치적 교섭을 조성하기 위한 것이어야 하며, 그 시기는 사용자가 근로자의 근로조건 개선에 관한 구체적인 요구에 대하여 단체교섭을 거부하거나 단체교섭의 자리에서 그러한 요구를 거부하는 회답을 했을 때 시작하되 특별한 사정이 없는 한 조합원의 찬성결정을 법령으로 정하는 절차를 밟아야 하고, 그 수단과 방법이 사용자의 재산권과 조화를 이루어야 함은 물론 폭력의 행사에 해당되지 않아야 한다.[68]

이 사안에서의 파업이 정당성이 없다고 하는 A회사 주장의 타당성을 판단하기 위해서 A회사의 주장 (1)과 관련하여서는 산업별단위노조의 하부조직인 A지부의 쟁의행위의 주체의 정당성이 인정될 수 있는지 검토되어야 하고, A회사의 주장 (2)와 관련하여서는 A지부와 같이 산업별단위노조의 하부조직 차원에서 파업을 하는 경우, 하부조직 소속 조합원들만 파업 찬반투표를 하면 되는지, 아니면 산업별단위노조 조합원 전체가 파업 찬반투표를 해야 하는 것인지 검토되어야 한다.

---

68) 대법원 2001. 10. 25. 선고 99도4837 전원합의체 판결.

Ⅱ. 관련 법리

1. 산업별단위노동조합의 하부조직이 쟁의행위의 주체가 될 수 있는지 여부

산업별단위노동조합과 같은 초기업노동조합의 지부나 분회가 쟁의행위의 정당한 주체가 될 수 있는지 여부에 관하여 판례에 따르면 쟁의행위의 정당한 주체는 단체교섭의 주체가 될 수 있는 자이고, 노동조합의 하부단체인 분회나 지부가 독자적인 규약 및 집행기관을 가지고 독립된 조직체로서 활동을 하는 경우에는 노조법 시행령 제7조 소정의 설립신고 여부에 관계 없이 당해 조직이나 그 조합원에 고유한 사항에 대하여 독자적으로 단체교섭하고 단체협약을 체결할 수 있으며, 따라서 쟁의행위의 정당한 주체가 될 수 있다고 한다.[69]

이러한 판례의 입장에 대해서는 초기업노조의 지부, 분회 등 산하조직의 단체교섭권 및 쟁의권은 단위노조의 규약상 수권이나 개별적 위임행위에 근거한 것일 뿐 산하조직의 고유한 권능에 근거한 것은 아니라고 보는 학설도 있다.[70]

2. 산업별단위노동조합 하부조직의 쟁의행위에 대한 조합원 찬반투표의 범위

노조법 제41조 제1항에 따르면 노동조합의 쟁의행위는 그 조합원의 직접 · 비밀 · 무기명투표에 의한 조합원 과반수의 찬성으로 결정하지 아니하면 이를 행할 수 없다. 판례에 따르면 노조법 제41조 제1항 소정의 조합원 찬반투표를 따를 수 없는 객관적인 사정이 인정되지 아니하는 한 조합원 찬반투표를 거치지 않은 파업은 그 정당성이 상실된다고 한다.[71]

또한, 판례는 기업별 노조가 아닌 지역별 · 산업별 · 업종별 노조와 같은 초기업노조의 경우에는 총파업이 아닌 이상 쟁의행위를 예정하고 있는 당해 지부나 분회 소속

---

69) 대법원 2004. 9. 24. 선고 2004도4641 판결.

70) 임종률, 앞의 책, 115쪽; 이승욱, 앞의 글, 287쪽 이하.

71) 대법원 2001. 10. 25. 선고 99도4837 전원합의체 판결.

조합원의 과반수 찬성이 있으면 쟁의행위는 절차적으로 적법하다고 한다. 즉, 쟁의행위와 무관한 지부나 분회의 조합원을 포함한 전체 조합원 과반수 이상의 찬성을 요하는 것은 아니라고 한다.[72)]

Ⅲ. 사안의 해결

1. 주장 (1): A지부의 쟁의행위 주체의 정당성

A지부는 비록 노동조합 설립신고를 하지는 않았지만 A회사에는 A지부 이외의 노동조합은 존재하지 않고, A지부 이외의 다른 노동조합에 가입한 A회사 근로자도 존재하지 않는다. 또한 A지부는 A회사와 여러 차례 단체교섭을 진행하였다. 이러한 경우 판례에 따르면 A지부는 독립적인 조직체로서 활동하고 있다고 볼 수 있고, A지부는 노조법 시행령 제7조 소정의 설립신고 여부에 관계없이 독자적으로 단체교섭을 하고 단체협약을 체결할 수 있으며, 쟁의행위의 정당한 주체가 될 수 있다.

2. 주장 (2): 조합원 찬반투표의 범위

이 사안에서 A지부는 A회사가 공장이전 계획과 함께 임금 5% 삭감을 발표하자 공장이전 철회와 임금 삭감 철회를 요구하며 파업을 실시하게 된 것이다. 즉, 이 사안에서 문제된 파업은 A회사 내의 문제로 인한 A지부 소속 조합원들의 파업일 뿐 B산업별노동조합의 총파업이 아니다. 이러한 경우에 대해 판례는 A지부 소속 조합원들만의 과반수 찬성이 있다면 쟁의행위는 절차적으로 적법하다고 한다. 따라서 판례의 입장에 따르면 A지부 소속 조합원 90%의 찬성을 얻어 이루어진 파업은 절차적 정당성이 인정된다.

---

72) 대법원 2004. 9. 24. 선고 2004도4641 판결.

Ⅳ. 결론

판례의 입장에 따라 판단하면, A지부는 여러 차례 단체교섭을 진행하는 등 독립적인 조직체로서 활동하고 있다고 볼 수 있어 쟁의행위의 정당한 주체가 될 수 있고, 파업찬반투표는 A지부 소속 조합원을 대상으로 실시하면 절차적으로 적법한 것으로 인정된다. 따라서 A지부가 노동조합이 아니고, 파업찬반투표가 B산업별노동조합 전체 조합원을 대상으로 실시되지 않았다는 이유로 A지부의 파업을 정당성이 없다고 하는 A회사의 주장은 타당하지 못하다.

〈질문 2〉 A회사는 설령 A지부가 쟁의행위의 주체가 될 수 있다고 하더라도 A지부의 파업 목적에는 경영사항을 포함하고 있기 때문에 정당성이 없는 파업이라고 주장하고 있다. A회사의 주장은 타당한가?

Ⅰ. 논점의 정리

A지부는 공장이전 철회와 임금삭감 철회를 파업의 목적으로 요구하고 있는데 A회사는 A지부의 파업 목적에 경영사항을 포함하고 있기 때문에 정당성이 없는 파업이라고 주장하고 있다. 이 경우, 쟁의행위의 목적의 정당성이 문제되는데 먼저, 공장이전과 같은 경영사항이 쟁의행위의 정당한 목적에 해당되는지 여부 및 임금 삭감 철회가 쟁의행위의 정당한 목적에 해당되는지 여부를 살펴보아야 한다. 다음으로 이와 같이 쟁의행위를 통해 복수의 목적을 관철하려는 경우 쟁의행위의 목적의 정당성은 어떻게 판단하여야 하는지를 검토하여야 한다.

Ⅱ. 관련 법리

1. 경영사항에 관한 주장이 쟁의행위의 정당한 목적에 해당되는지 여부

판례는 단체교섭의 대상이 아닌 요구를 달성하려는 쟁의행위는 그 목적의 정당성을 인정할 수 없다고 보고 있다. 따라서 노동조합의 주장이 단체교섭의 대상으로 인정되어야 그러한 주장을 관철하고자 하는 쟁의행위의 정당성도 인정될 수 있다.[73)]

판례에 따르면 정리해고나 사업조직의 통폐합, 공기업의 민영화 등 기업의 구조조정의 실시 여부는 경영주체에 의한 고도의 경영상 결단에 속하는 사항으로서 이는 원칙적으로 단체교섭의 대상이 될 수 없고, 그것이 긴박한 경영상의 필요나 합리적인 이유 없이 불순한 의도로 추진되는 등의 특별한 사정이 없는 한, 노동조합이 실질적으로 그 실시를 반대하기 위하여 쟁의행위에 나아간다면, 비록 그 실시로 인하여 근로자들의 지위나 근로조건의 변경이 필연적으로 수반된다 하더라도 그 쟁의행위는 목적의 정당성을 인정할 수 없다고 한다.[74)]

2. 임금삭감 철회가 쟁의행위의 정당한 목적에 해당되는지 여부

단체교섭은 본래 근로조건의 유지, 향상을 위한 것이므로 근로조건에 관한 사항은 단체교섭의 대상이 되고 따라서 근로조건에 관한 주장을 관철하고자 하는 쟁의행위는 당연히 그 정당성이 인정된다. 임금삭감 철회를 주장하는 것은 근로조건의 악화를 방지하기 위한 것이므로 쟁의행위의 정당한 목적에 해당된다.

3. 쟁의행위를 통해 복수의 목적을 관철하려는 경우 정당성 판단

하나의 쟁의행위를 통하여 성질을 달리하는 복수의 목적을 관철하려는 경우 어느

---

73) 대법원 2006. 5. 12. 선고 2002도3450 판결.

74) 대법원 2002. 2. 26. 선고 99도5380 판결; 대법원 2006. 5. 12. 선고, 2002도3450 판결.

쪽 목적에 대하여 정당성 판단을 할 것인가가 문제된다. 이러한 경우에는 그 쟁의행위의 주된 목적 내지 진정한 목적, 즉, 객관적으로 그 목적이 없었더라면 그 쟁의행위를 하지 않았을 것이라고 인정되는 목적을 대상으로 그 정당성 여부를 판단하여야 한다는 것이 판례의 입장이다. 만일 노조의 부당한 요구사항을 뺐더라면 쟁의행위를 하지 않았을 것이라고 인정되는 경우에는 그 쟁의행위 전체가 정당성을 갖지 못한다고 한다.[75)]

Ⅲ. 사안의 해결

앞서 살펴본 판례 법리에 따르면 공장이전은 경영사항에 해당되어 이는 단체교섭의 대상이 될 수 없고, 따라서 공장이전 철회를 주장하는 쟁의행위의 목적의 정당성은 인정될 수 없다. 반면 임금삭감 철회는 근로조건에 관한 사항으로서 단체교섭의 대상 및 쟁의행위의 목적이 될 수 있다. 이와 같이 A지부가 쟁의행위를 통해 서로 다른 성격의 두 가지 주장을 하고 있기 때문에 공장이전 철회와 임금삭감 철회 중 어느 것이 쟁의행위의 주된 목적인지 여부를 검토해야 한다.

판례에 따르면 쟁의행위를 통해 관철하고자 하는 목적이 두 개인 경우에는 그 목적이 없었더라면 그 쟁의행위를 하지 않았을 것이라고 인정되는 목적을 대상으로 그 정당성 여부를 판단하여야 하기 때문에 A지부가 쟁의행위를 통해 관철하려는 진정한 목적이 공장이전 철회와 임금삭감 철회 중 어느 것인지에 따라 정당성 유무가 좌우된다.

이 사안의 사실관계에 따르면 A지부 간부들은 2011. 7. 20. 조합원총회에서 조합원들에게 공장이전은 회사 사정상 불가피하다고 하여도 임금삭감은 절대로 수용할 수 없다고 하면서 2011. 8. 1. 전면파업에 돌입하겠다는 계획을 발표하였다. 이러한 사실관계에 비추어 볼 때 A지부 파업의 주된 목적 내지 진정한 목적은 임금삭감 철회라고 판단된다.

따라서 근로조건에 관한 사항인 임금삭감 철회를 주된 목적으로 하는 A지부 파업의 목적의 정당성이 인정된다고 판단되고, 파업 목적에 경영사항을 포함하고 있기 때

---

75) 대법원 1992. 1. 21. 선고 91누5204 판결; 대법원 2002. 2. 26. 선고 99도5380 판결 등.

문에 정당성이 없다고 하는 A회사의 주장은 타당하지 못하다.

Ⅳ. 결론

A지부는 파업을 통해 경영사항에 해당되는 사항인 공장이전의 철회와 근로조건에 관한 사항인 임금삭감 철회라는 복수의 주장을 하고 있지만 A지부 간부들이 조합원총회에서 조합원들에게 공장이전은 회사 사정상 불가피하다고 하여도 임금삭감은 절대로 수용할 수 없다고 한 점에 비추어 볼 때 파업의 주된 목적 내지 진정한 목적은 임금삭감 철회라고 판단된다. 따라서 A지부 파업의 목적의 정당성이 인정되고, 파업목적에 경영사항을 포함하고 있기 때문에 정당성이 없다고 하는 A회사의 주장은 타당하지 못하다.

사례 10 대체근로금지, 직장점거

[사례 10][76)]

자동차부품을 생산하는 A회사에는 기업별 노동조합(이하 'B노조'라고 한다)이 설립되어 있다. A회사와 B노조는 2013. 5.초부터 2013. 6.말까지 여러 차례 임금인상에 관한 교섭을 하였지만 합의가 이루어지지 않았다. 이에 B노조는 2013. 7. 3. 관할 지방노동위원회에 노동쟁의 조정을 신청하였다. 이후 B노조는 조정안의 수락을 거부하였고, 임시총회에서 파업 찬반투표를 실시한 결과 재적 조합원의 80%가 파업에 찬성하여 2013. 7. 16.부터 같은 해 9.말까지 파업을 하였다. A회사는 2013. 7. 4.부터 7일 동안 근로자 甲을 비롯하여 총 5명(이하 '근로자 甲 등'이라고 한다)을 신규 채용하였다. A회사는 근로자 甲 등에게 같은 달 15.까지는 총무과에서 업무를 보조하도록 하다가 파업기간 동안에는 B노조의 파업으로 중단된 여러 부서의 업무를 수행하도록 하였다.

한편, 파업에 참가한 조합원들은 파업기간 동안 A회사 부지 내 주차장 일부를 점거하고, 회사 정문에서 출근하는 근로자들에게 파업의 필요성을 설명하며 파업 참여를 독려하였다. 그 과정에서 파업참가 조합원들은 "다른 조합원들 보기에 부끄럽지 않느냐?", "너희들은 일할 자격이 없다."라고 소리를 지르면서 파업에 참가하지 않은 조합원들과 근로자 甲 등의 출근을 저지하였다.

〈질 문〉

1. B노조는 근로자 甲 등을 채용한 것은 법이 금지하는 대체근로라고 주장한다. 이 주장은 타당한가?

2. A회사는 파업에 참가한 조합원들이 회사 주차장을 무단 점거한 행위 및 소리를 지르며 근로자들의 출근을 막은 행위는 정당성이 없다고 주장한다. 이 주장은 타당한가?

---

76) 2014년 시행 제2회 법학전문대학원협의회 모의시험 제2문.

해설

〈질문 1〉 B노조는 근로자 甲 등을 채용한 것은 법이 금지하는 대체근로라고 주장한다. 이 주장은 타당한가?

Ⅰ. 논점의 정리

노조법 제43조에 따르면 사용자는 쟁의행위 기간중 그 쟁의행위로 중단된 업무의 수행을 위하여 당해 사업과 관계없는 자를 채용 또는 대체할 수 없다. 이 사안에서 A회사는 파업을 개시하기 이전에 근로자를 신규채용한 후 파업기간 전에는 총무과에서 업무를 보조하도록 하다가 파업기간 동안에는 B노조의 파업으로 중단된 여러 부서의 업무를 수행하도록 하였다. 이와 같이 사용자가 파업 전에 신규채용한 근로자를 파업기간에는 파업으로 중단된 업무를 수행하도록 한 경우, 노조법 제43조에 따른 대체근로 금지 조항에 위반되는지 여부가 검토되어야 한다.

Ⅱ. 관련 법리

노조법 제43조는 쟁의행위 기간 중 그 쟁의행위로 중단된 업무의 수행을 위하여 당해 사업과 관계없는 자를 채용 또는 대체하는 것을 금지하고 있는데, 판례에 따르면 쟁의행위기간 중이라도 사용자는 사업의 운영을 계속할 자유를 갖기 때문에 쟁의행위와 무관한 당해 사업의 근로자를 사용하여 쟁의행위로 중단된 업무를 수행하게 하는 것은 가능하다. 그러나 노조법 제43조 제1항은 노동조합의 쟁의행위권을 보장하기 위한 것으로서 쟁의행위권의 침해를 목적으로 하지 않는 사용자의 정당한 인사권 행사까지 제한하는 것은 아니므로, 자연감소에 따른 인원충원 등 쟁의행위와 무관하게 이루어지는 신규채용은 쟁의행위 기간 중이라 하더라도 가능하다. 판례는 결원충원을 위한 신규채용 등이 위 조항 위반인지 여부는 표면상의 이유만으로 판단할 것이 아니라 종래의 인력충원 과정 · 절차 및 시기, 인력부족 규모, 결원 발생시기 및 그 이후 조치내용, 쟁의행위기간 중 채용의 필요성, 신규채용 인력의 투입시기 등을 종

합적으로 고려하여 판단하여야 한다고 판시하고 있다.[77)]

또한 판례에 따르면 쟁의행위 개시 이전에 채용하였더라도 대체근로금지 위반이 될 수 있다. 즉, 사용자가 노동조합이 쟁의행위를 시작하기 전에 근로자를 새로 채용하였다 하더라도 쟁의행위기간 중 쟁의행위에 참가한 근로자들의 업무를 수행케 하기 위하여 그 채용이 이루어졌고 그 채용한 근로자들로 하여금 쟁의행위기간 중 쟁의행위에 참가한 근로자들의 업무를 수행케 하였다면 대체근로금지 위반에 해당된다. 예를 들어 노조가 회사와 행정관청 및 노동위원회에 노동쟁의가 발생하였음을 신고한 날 이틀 후부터 약 15일간 사용자에 의해 신규채용이 이루어지고난 직후에 파업이 시작되었고 파업이 시작된 날부터 위 신규채용 근로자들에게 파업으로 중단된 업무를 하도록 한 것이 문제된 사건에서 대법원은 대체근로금지에 위반된다고 판단하였다.[78)]

Ⅲ. 사안의 해결

이 사안의 경우 A회사는 파업이 개시되기 전이기는 하지만 노동쟁의가 발생하여 노동쟁의 조정이 시작된 이후에 직원을 신규채용하였고, 당해 직원들에게 처음 며칠 동안은 다양한 보조 업무를 시켰으나 파업이 개시된 이후에는 파업으로 인하여 중단된 업무에 투입시켰다. 이러한 사실관계를 고려하면 쟁의행위에 참가한 근로자들의 업무를 수행하게 하기 위하여 그 채용이 이루어졌다고 볼 수 있을 것이고, 이와 유사한 사실관계가 문제된 사건에서도 대법원은 대체근로금지에 위반된다고 판단한바 있다. 따라서 A회사가 근로자 甲 등을 채용한 것은 노조법 제43조 제1항에서 금지하는 대체근로에 해당되는 것으로 판단된다.

Ⅳ. 결론

이 사안에서 A회사가 파업 개시 전에 근로자 甲 등을 채용하여 파업 개시 이후 파

---

77) 대법원 2008. 11. 13. 선고 2008도4831 판결.

78) 대법원 2000. 11. 28. 선고 99도317 판결.

업으로 인하여 중단된 업무에 투입한 것은 노조법 제43조에 의해 금지되는 대체근로에 해당된다. 따라서 B노조의 주장은 타당하다.

〈질문2〉 A회사는 파업에 참가한 조합원들이 회사 주차장을 무단 점거한 행위 및 소리를 지르며 근로자들의 출근을 막은 행위는 정당성이 없다고 주장한다. 이 주장은 타당한가?

Ⅰ. 논점의 정리

이 사안에서는 첫째, 노조가 회사 정문 앞 주차장을 점거하는 행위, 즉, 사용자 시설의 일부를 일정기간 점거하는 행위가 쟁의행위의 정당한 수단 · 방법으로 인정될 수 있는지 여부, 둘째, 쟁의를 알리고 쟁의참가를 호소, 설득하는 등의 행위를 의미하는 이른바 "피케팅(파업감시행위)"이 쟁의행위의 정당한 수단으로 인정될 수 있는지 여부, 특히 노조법에 위반하여 대체근로를 하는 대체근로자나 조합원에 대한 실력저지가 용인되는지 여부가 검토되어야 한다.

Ⅱ. 관련 법리

1. 사용자 시설 점거 행위의 정당성

노조법 제42조에 따르면 쟁의행위는 폭력이나 파괴행위 또는 생산 기타 주요업무에 관련되는 시설과 이에 준하는 시설로서 대통령령이 정하는 시설을 점거하는 형태로 이를 행할 수 없다. 판례에 따르면 직장점거의 범위가 직장 또는 사업장 시설의 일부분이고, 사용자측의 출입이나 관리지배를 배제하지 않는 부분적, 병존적인 점거에 지나지 않을 때에는 정당한 쟁의행위로 볼 수 있으나, 전면적, 배타적으로 점거하여 조합원 이외의 자의 출입을 저지하거나 사용자측의 관리지배를 배제하여 업무의 중단 또는 혼란을 야기케 하는 것과 같은 행위는 정당한 쟁의행위로 인정되지 않

는다.[79)]

2. 피케팅(파업감시행위)의 정당성

노조법 제38조 제1항에 따르면 피케팅의 정당성 판단과 관련하여 "쟁의행위는 그 쟁의행위와 관계없는 자 또는 근로를 제공하고자 하는 자의 출입 · 조업 기타 정상적인 업무를 방해하는 방법으로 행하여져서는 아니되며 쟁의행위의 참가를 호소하거나 설득하는 행위로서 폭행 · 협박을 사용하여서는 아니 된다"라고 규정하고 있다.

판례에 따르면 쟁의행위의 수단으로서의 피케팅은 평화적 · 언어적 설득의 범위 내에서 그 정당성이 인정되지만 실력적 저지나 물리적 강제의 피케팅은 정당화될 수 없다고 본다.[80)] 다만 노조법 제43조 제1항이 쟁의행위 중 사용자의 대체근로를 금지하고 있는 것과 관련하여 이 조항을 위반한 대체근로를 저지하기 위한 피케팅으로서 상당한 정도의 실력행사는 쟁의행위의 실효성을 확보하고자 하는 위 규정 취지에 비추어 허용될 수 있다는 것이 판례의 입장이다.[81)]

Ⅲ. 사안의 해결

1. 직장점거의 정당성 관련

이 사안에서 조합원들에 의해 점거된 사용자 시설의 범위는 주차장 일부로서 통상적인 업무를 수행하는 공간은 아니고, 사용자측의 출입이나 관리지배를 배제하였다는 사실은 사실관계에서 제시되지 않고 있다. 따라서 이 사안에서의 조합원들의 직장점거는 폭력이나 파괴행위 또는 생산 기타 주요업무에 관련되는 시설에 대한 점거가 아니고, 사용자측의 출입이나 관리지배를 배제하지 않는 부분적, 병존적인 점거라고 볼 수 있기 때문에 조합원들이 회사 주차장을 무단 점거한 행위는 정당성이 인정된다고 판단된다. 다만, 이 사안의 사실관계에는 나타나고 있지 않지만 만약 점거된 주차

79) 대법원 2007. 12. 28. 선고 2007도5204 판결.
80) 대법원 1990. 10. 12. 선고 90도1431 판결.
81) 대법원 1992. 7. 14. 선고 91다43800 판결.

장 시설이 통상적 업무수행에 필수적인 장소이거나 필수적인 통로인 경우라면 정당성이 부정될 수도 있을 것이다.

2. 피케팅의 정당성 관련

파업에 참가한 조합원들이 "다른 조합원들 보기에 부끄럽지 않느냐?", "너희들은 일할 자격이 없다."라고 소리지르면서 출근하는 근로자들을 저지한 것은 파업에 불참하는 조합원들에게 파업 필요성을 설명하는 등 평화적, 언어적 설득의 범위에서 피케팅이 이루어진 것으로 보인다. 또한 이 사안의 경우 사용자가 대체근로금지에 위반하여 甲 등을 신규채용하여 파업으로 중단된 업무를 시켰고, 이에 대항하기 위해 조합원들이 甲 등의 출근을 저지한 것이라는 사정에 비추어 볼 때 판례 법리에 의하면 어느 정도의 실력적 저지에 의한 피케팅의 정당성도 인정될 수 있을 것이라고 판단된다.

Ⅳ. 결론

조합원들의 주차장 점거행위는 폭력이나 파괴행위 또는 생산 기타 주요업무에 관련되는 시설에 대한 점거가 아니고, 사용자측의 출입이나 관리지배를 배제하지 않는 부분적, 병존적인 점거라고 볼 수 있기 때문에 정당성이 인정된다. 또한 출근하는 근로자들의 출근을 저지하며 소리를 지른 행위는 평화적, 언어적 설득의 범위 내에서 이루어진 것으로 보이고 특히 대체근로를 저지하기 위해 행해진 피케팅이라는 점에서 정당성이 인정된다. 따라서 파업에 참가한 조합원들이 회사 주차장을 무단 점거한 행위 및 소리를 지르며 근로자들의 출근을 막은 행위는 정당성이 없다고 하는 A회사의 주장은 타당하지 못하다.

사례 11 쟁의행위의 목적 및 절차의 정당성, 준법투쟁

[사 례 11][82)]

A회사는 상시 3,000명의 근로자를 사용하여 건설, 자동차, 조선 등의 산업에 필요한 기계류를 생산·판매하는 회사이다. B노동조합은 A회사의 근로자들로 구성된 기업별 노동조합이고, A회사 근로자가 가입하고 있는 다른 노동조합은 없다.

B노동조합은 2014. 2.경 정기 단체교섭을 시작하면서 업계 최고 수준인 15%의 임금인상안을 제시하였다. 그러나 A회사는 2014. 3.경 최근 계속되고 있는 경영위기를 극복하기 위하여 과감한 구조조정이 필요하다고 생각하여 전체 근로자의 10%를 감원하기로 방침을 정하였다. 이 소식을 접한 B노동조합은 2014. 4. 2. A회사에 임금 5% 인상과 함께 고용안정협약(정리해고 시 노동조합의 사전 동의 조항 포함) 체결을 연계하여 논의 하자고 수정 제안하였다. 몇 차례의 교섭에서 서로의 의견 차이를 좁히지 못하자, B노동조합은 2014. 5. 15. 조합원 총회를 열어 사용자를 압박하기 위한 총력투쟁에 돌입하기로 하고 그 구체적 방법과 일정은 지도부에 일임하기로 결의하였다.

B노동조합의 조합원 중 200명은 2014. 6. 11.부터 6. 14.까지 지도부의 지도에 따라 평소보다 30분 늦은 9시(취업규칙상 업무의 시작 시각)에 출근하였고, 6. 15.에는 관행적으로 해오던 휴일근로를 거부하였다. 그럼에도 불구하고 사용자로부터 원하던 결과가 나오지 않자, B노동조합은 2014. 7. 1. 전체 조합원 2,500명 중 2,000명이 참여한 파업출정식에서 자유로운 토론을 거쳐 거수로써 참여 조합원 90%의 찬성을 얻은 후, 2014. 7. 14.부터 15일간 총파업을 단행하였다.

〈질 문〉

1. B노동조합이 2014. 7. 14.부터 15일간 행한 총파업은 그 목적과 절차(찬반투표 절차에 한함)에서 정당한가?

2. B노동조합의 조합원 200명이 2014. 6. 11.부터 4일간 행한 정시출근 및 2014. 6. 15.에 행한 휴일근로거부는 「노동조합 및 노동관계조정법」상 쟁의행위에 해당하는가?

---

82) 2015년 시행 제4회 변호사시험 제2문.

해설

〈질문 1〉 B노동조합이 2014. 7. 14.부터 15일간 행한 총파업은 그 목적과 절차(찬반투표 절차에 한함)에서 정당한가?

Ⅰ. 논점의 정리

노조법 제37조는 쟁의행위는 그 목적 · 방법 및 절차에 있어서 법령 기타 사회질서에 위반되어서는 아니 된다고 규정하고 있다. 판례에 따르면 쟁의행위의 정당성은 그 주체, 목적, 시작 시기 · 절차, 수단 · 태양의 측면에서 검토되어야 한다. 즉, 그 주체가 단체교섭의 주체가 될 수 있는 자이어야 하고, 그 목적이 근로조건의 향상을 위한 노사 간의 자치적 교섭을 조성하기 위한 것이어야 하며, 그 시기는 사용자가 근로자의 근로조건 개선에 관한 구체적인 요구에 대하여 단체교섭을 거부하거나 단체교섭의 자리에서 그러한 요구를 거부하는 회답을 했을 때 시작하되 특별한 사정이 없는 한 조합원의 찬성결정을 법령으로 정하는 절차를 밟아야 하고, 그 수단과 방법이 사용자의 재산권과 조화를 이루어야 함은 물론 폭력의 행사에 해당되지 않아야 한다.[83)]

첫째, 이 사안에서 B노동조합은 당초 15%의 임금인상안을 제시하였으나 회사가 경영위기를 이유로 근로자 10% 감원 방침을 정하자 임금 5% 인상과 함께 고용안정협약(정리해고 시 노동조합의 사전 동의 조항 포함)에 대하여 논의하자고 수정제안 하였다. 이와 같이 쟁의행위를 통해 복수의 목적을 관철하려는 경우 쟁의행위의 목적의 정당성은 어떻게 판단하여야 하는지를 검토하여야 한다.

둘째, 이 사안에서 B노동조합은 거수를 통해 조합원 90%의 찬성을 얻은 후 총파업을 단행하였다. 노조법 제41조 제1항은 쟁의행위는 그 조합원의 직접 · 비밀 · 무기명투표에 의한 조합원 과반수의 찬성으로 결정하지 아니하면 이를 행할 수 없다고 규정하고 있는바, 이러한 투표를 거치지 않고 거수를 통해 파업을 결정한 경우 쟁의행위의 절차적 정당성이 인정되는지 여부가 검토되어야 한다.

83) 대법원 2001. 10. 25. 선고 99도4837 전원합의체 판결.

Ⅱ. 관련 법리

1. 쟁의행위의 목적의 정당성

(1) 쟁의행위의 목적의 정당성의 판단기준

쟁의행위가 정당성을 갖추기 위해서는 그 목적이 근로조건의 향상을 위한 노사간의 자치적 교섭을 조성하기 위한 것이어야 하고 쟁의행위에 의하여 달성하려는 요구사항은 단체교섭사항이 될 수 있는 것이어야 한다. 판례는 정리해고, 구조조정 등의 실시 여부는 원칙적으로 교섭사항이 될 수 없고 특별한 사정이 없는 한 실질적으로 정리해고나 구조조정 등을 반대하기 위한 쟁의행위는 그 목적의 정당성이 인정되지 않는다는 입장을 취하고 있다.[84)]

여기서 '실질적으로' 그 실시를 반대한다고 함은 비록 형식적으로는 민영화 등 구조조정을 수용한다고 하면서도 결과적으로 구조조정의 목적을 달성할 수 없게 하는 요구조건을 내세움으로써 실질적으로 구조조정의 반대와 같이 볼 수 있는 경우도 포함된다고 한다.[85)]

(2) 노동조합의 요구가 과다하거나 무리한 경우 쟁의행위의 목적의 정당성

한편, 노동조합의 요구가 사용자가 수용할 수 없을 정도로 과다하거나 무리한 경우라 하더라도 그러한 요구는 교섭단계에서 조정 가능한 문제이므로 그러한 요구가 있었다는 것만으로 쟁의행위의 목적이 부당하다고 해석될 수는 없다는 것이 판례의 입장이다.[86)]

(3) 쟁의행위를 통해 복수의 목적을 관철하려는 경우의 정당성 판단

하나의 쟁의행위를 통하여 성질을 달리하는 복수의 목적을 관철하려는 경우 어느

---

84) 대법원 2002. 2. 26. 선고 99도5380 판결; 대법원 2006. 5. 12. 선고 2002도3450 판결 등 다수.

85) 대법원 2006. 5. 12. 선고 2002도3450 판결.

86) 대법원 2000. 5. 26. 선고 98다34441 판결.

쪽 목적에 대하여 정당성 판단을 할 것인가가 문제된다. 이러한 경우 판례의 입장은 그 쟁의행위의 주된 목적 내지 진정한 목적, 즉, 객관적으로 그 목적이 없었더라면 그 쟁의행위를 하지 않았을 것이라고 인정되는 목적을 대상으로 그 정당성 여부를 판단하여야 한다는 것이다. 만일 노조의 부당한 요구사항을 뺐더라면 쟁의행위를 하지 않았을 것이라고 인정되는 경우에는 그 쟁의행위 전체가 정당성을 갖지 못한다고 한다.[87)]

2. 쟁의행위의 절차의 정당성: 파업 찬반투표

노조법 제41조 제1항 소정의 조합원 찬반투표를 거치지 않은 쟁의행위의 정당성이 인정되는지 여부에 관하여 판례는 특별한 사정이 없는 한 조합원의 찬성결정을 법령으로 정하는 절차를 밟아야 정당성이 인정된다고 하고 있다.

특히 조합원 찬반투표를 거치지 않은 쟁의행위의 정당성이 문제된 사건에 관한 대법원 전원합의체 판결의 다수의견에 따르면, 쟁의행위를 함에 있어 조합원의 직접·비밀·무기명투표에 의한 찬성결정이라는 절차를 거쳐야 한다는 규정은 노동조합의 자주적이고 민주적인 운영을 도모함과 아울러 쟁의행위에 참가한 근로자들이 사후에 그 쟁의행위의 정당성 유무와 관련하여 어떠한 불이익을 당하지 않도록 그 개시에 관한 조합의사의 결정에 보다 신중을 기하기 위하여 마련된 규정이므로 위의 절차를 위반한 쟁의행위는 그 절차를 따를 수 없는 객관적인 사정이 인정되지 아니하는 한 정당성이 상실된다고 보았다.[88)]

또한 위 다수의견에 따르면 노조법 소정의 투표절차를 거치지 아니한 경우에도 조합원의 민주적 의사결정이 실질적으로 확보된 때에는 단지 노동조합 내부의 의사형성 과정에 결함이 있는 정도에 불과하다고 하여 쟁의행위의 정당성이 상실되지 않는 것으로 해석한다면 위임에 의한 대리투표, 공개결의나 사후결의, 사실상의 찬성간주 등의 방법이 용인되는 결과가 되어 그와 같은 견해를 취하는 것은 노조법상 관계 규정과 기존 대법원의 판례취지에 반하는 것이라고 설시하였다.

그러나 위 판결의 다수의견에 대해 비판적인 학설은 찬반투표 규정은 쟁의행위를

---

87) 대법원 1992. 1. 21. 선고 91누5204 판결; 대법원 2002. 2. 26. 선고 99도5380 판결 등.

88) 대법원 2001. 10. 25. 선고 99도4837 전원합의체 판결.

할 것인지 여부를 민주적으로 신중하게 결정하게 하려는 정책적 고려에서 노조법이 특별히 설정한 것이므로 이 절차를 거치지 않았다는 것만으로 정당성을 부인해서는 안 된다고 하는 의견을 제시하고 있다.[89] 또한 위 대법원 전원합의체 판결의 반대의견은 조합원의 찬 · 반투표에 관한 다수의견의 견해가 노동조합이나 근로자들에게 쟁의행위로 인한 손해배상책임을 묻거나 쟁의행위에 참가한 근로자들의 징계책임을 묻는 민사사건 내지는 행정사건에 있어서의 쟁의행위의 정당성에 관한 법리로는 일반적으로 타당한 견해이지만, 쟁의행위에 참가한 근로자들에게 업무방해죄라는 형사책임을 묻는 형사사건에 있어서는 반드시 그와 같은 법리를 따라야 하는 것이라고는 할 수 없다는 입장을 밝혔다.

Ⅲ. 사안의 해결

1. 파업의 목적의 정당성 관련

이 사안에서 B노동조합은 임금 5% 인상과 고용안정협약(정리해고시 노동조합의 사전 동의 조항 포함) 체결을 연계하여 논의하자고 제안하여 사용자와 몇 차례 교섭을 하였으나 의견 차이를 좁히지 못하자 결국 총파업을 단행하게 되었다. 따라서 B노동조합이 파업을 통해 관철하고자 하는 목적은 임금인상에 관한 사항과 정리해고시 노조의 동의를 받도록 하는 내용을 포함하는 고용안정협약 체결에 관한 사항이다. 따라서 두 개의 목적 중 어느 목적이 주된 목적 내지 진정한 목적인지를 검토하여야 이 사안에서의 파업의 목적의 정당성을 판단할 수 있다.

임금 인상은 전형적인 근로조건 개선에 해당되는 사항이므로 이를 주장하는 파업의 목적의 정당성이 인정됨은 물론이다. 고용안정협약, 정리해고시 노동조합의 사전동의조항 역시 단체협약의 규범적 부분에 해당되기 때문에 그러한 조항을 체결하기 위한 단체교섭 요구 및 파업의 목적의 정당성도 인정된다. 문제는 정리해고 시 노조의 동의를 받도록 하는 고용안정협약 체결에 관한 사항이 노조의 구조조정 반대를 목적으로 하는 것인지, 또한 그러한 목적을 이 사안에서 문제된 파업의 주된 목적으로

89) 임종률, 앞의 책, 238쪽.

볼 수 있는지 여부이다. 만일 임금 인상이 주된 목적이라면 파업은 전체적으로 정당성이 인정될 것이지만, 구조조정 반대가 주된 목적이라면 파업은 전체적으로 정당하지 못하게 된다.

앞서 살펴본 판례 법리에 따르면 노동조합이 실질적으로 구조조정 실시를 반대한다는 것의 의미는 형식적으로는 구조조정을 수용하면서도 사용자가 수용하기 힘든 요구사항을 주장하여 결과적으로 구조조정의 목적을 달성할 수 없게 하는 요구조건을 내세우는 경우도 포함된다. 예를 들어 파업 전부터 지속적으로 민영화를 주장하다가 파업 과정에서는 민영화 추진을 전제로 하되 사용자가 수용하기 힘든 과도한 명예퇴직금 상향조정 등을 주장한 경우, 이는 실질적으로 민영화 반대를 목적으로 하는 파업이기 때문에 정당성이 인정되지 않는다고 본 판례가 있다. 즉, 노동조합이 사용자가 수용하기 힘든 주장을 한 것은 그 주장 자체에 목적이 있다기 보다는 실질적으로 구조조정 반대를 위한 수단으로 사용된 것이다.

그러나 다른 한편으로 판례는 노동조합의 요구가 과다하거나 무리하다는 이유만으로 쟁의행위의 목적의 정당성이 부정되지는 않는다는 입장도 밝힌바 있다. 이러한 입장을 밝힌 판례의 사실관계를 살펴보면 공무원이 아닌 근로자들이 지속적으로 임금인상 등 근로조건 개선을 주장하며 진지한 교섭을 장기간 해오다가 쟁의행위가 진행되는 과정에서 임금인상과 더불어 공무원으로의 신분 전환을 주장한 경우, 공무원 신분 전환은 사용자로서는 수용할 수 없는 과다한 주장이기는 하지만 이는 주된 목적이 아니고, 오히려 임금 인상 등이 주된 목적이기 때문에 정당성이 인정된다고 보았다.

이 사안에서 B노동조합은 회사가 구조조정을 계획하기 이전부터 시작된 단체교섭에서 업계 최고 수준인 15%의 임금인상안을 제시하였고, 단체교섭이 시작된 지 한 달 정도 지난 후 회사가 구조조정 방침을 정했다는 소식을 듣자 임금 인상 수준을 5%로 낮추면서 고용안정협약 체결을 함께 제시하였다. B노동조합은 임금인상에 대하여 지속적으로 진지하게 주장해 왔다고 볼 수 있고, 이는 파업의 주된 목적이라고 판단된다. 임금인상과 고용안정협약 체결이 사용자로서는 수용할 수 없는 과다한 주장이라고 하더라도 이는 임금인상에 대한 교섭 과정에서 조정할 수 있는 문제라고 할 것이다. 또한 B노동조합이 실질적으로 감원 등 구조조정 실시 반대 그 자체를 파업의 목적으로 하였다는 정황은 사실관계에 나타나 있지 않다. 따라서 이 사안에서의 파업은 전체적으로 목적의 정당성이 인정된다고 판단된다.

2. 파업의 절차의 정당성 관련

B노동조합은 조합원 2,500명 중 2,000명이 참가한 파업출정식에서 자유로운 토론을 거쳐 거수로써 참여 조합원 90%의 찬성을 얻어 파업을 결정하였다. 따라서 일응 조합원들의 민주적 의사결정이 실질적으로 확보되었다고 볼 여지도 있다.

그러나 앞서 살펴본 대법원 전원합의체 판결의 다수의견은 조합원의 민주적 의사결정이 실질적으로 확보되었다고 하여 조합원의 직접 · 비밀 · 무기명 투표를 거치지 아니한 파업의 정당성을 인정한다면 대리투표나 공개결의 등이 용인되는 결과가 되어 타당하지 못하다고 하면서 노조법 제41조 소정의 형식에 의한 찬반투표 없이 행해진 파업은 그 정당성이 인정되지 않는다고 한다. 이러한 입장에 따라 해석하면 노조법 소정의 형식을 갖춘 찬반투표 없이 행해진 이 사안에서의 파업은 절차에 있어서 정당성이 인정되지 않는다.

Ⅳ. 결론

1. 파업의 목적의 정당성

B노동조합은 회사가 구조조정을 계획하기 이전부터 시작된 단체교섭에서 임금인상을 주장해 왔고, 회사가 구조조정 방침을 정했다는 소식을 듣자 임금 인상 수준을 낮추면서 고용안정협약 체결을 함께 제시하였다. B노동조합은 임금인상에 대하여 지속적으로 진지하게 주장해 왔다고 볼 수 있고, 이는 파업의 주된 목적이라고 판단된다. 임금인상과 고용안정협약 체결이 사용자로서는 수용할 수 없는 과다한 주장이라고 하더라도 이는 임금인상에 대한 교섭 과정에서 조정할 수 있는 문제라고 할 것이다. 따라서 이 사안에서의 파업은 전체적으로 목적의 정당성이 인정된다.

2. 파업의 절차의 정당성

대법원 전원합의체 판결의 다수의견에 따르면 노조법 제41조 소정의 형식에 의한 찬반투표 없이 행해진 파업은 그 정당성이 인정되지 않는다. 이러한 입장에 따라 해석하면 이 사안에서의 파업은 절차에 있어서 정당성이 인정되지 않는다.

〈질문 2〉 B노동조합의 조합원 200명이 2014. 6. 11.부터 4일간 행한 정시출근 및 2014. 6. 15.에 행한 휴일근로거부는 「노동조합 및 노동관계조정법」상 쟁의행위에 해당하는가?

Ⅰ. 논점의 정리

이 사안에서 B노동조합은 단체교섭 과정에서 노사 간의 의견 차이를 좁히지 못하자 조합원 총회를 통해 총력투쟁에 돌입하기로 하고 그 구체적 방법과 일정은 지도부에 일임하기로 결의한 후, 지도부의 지도에 따라 200명의 조합원이 정시출근 및 휴일근로거부를 하였다. 평소에 취업규칙상 업무 시작 시각보다 30분 일찍 출근하던 것과 달리 정시에 출근하는 행위와 관행적으로 해오던 휴일근로를 거부하는 행위가 쟁의행위에 해당되는지 여부와 관련하여서는 이른바 준법투쟁이 쟁의행위에 해당되는지 여부가 문제된다.

Ⅱ. 관련 법리

1. 준법투쟁의 의의

준법투쟁이라 함은 근로자들이 그 주장을 관철하기 위하여 집단적으로 법령이나 취업규칙 등의 규정을 평소보다 철저히 준수하는 것을 말한다. 예를 들어 안전 · 보건에 관한 법규를 철저히 준수하는 '안전투쟁'이나 근로시간 또는 휴가 등에 관한 근로자 개인의 권리를 집단적으로 동시에 행사하게 하는 '권리행사투쟁' 등이 포함된다.[90)]

---

90) 임종률, 앞의 책, 203쪽.

2. 쟁의행위 해당 여부

노조법 제2조 제6호에 따르면 쟁의행위는 노동관계 당사자가 그 주장을 관철할 목적으로 행하는 행위로서 업무의 정상적인 운영을 저해하는 행위를 말한다. 준법투쟁이 쟁의행위에 해당되는지 여부에 관해서는 견해의 대립이 있다.

먼저 사실정상설에 따르면 준법투쟁은 사용자가 평소 사실상 하던 업무운영을 방해하는 것이므로 그 업무의 적법 여부에 관계없이 쟁의행위에 해당된다고 한다. 이는 법령, 단체협약, 취업규칙 등에 정해진 바에 따라 적법하게 운영하는 것을 업무의 정상적 운영으로 보는 것이 아니라 적법 여부에 관계없이 사실상 평상시의 운영이 업무의 정상적 운영이라고 보는 것이다. 이에 비하여 법률정상설은 준법투쟁으로 방해받은 사용자의 업무운영이 적법한 것인지 여부에 따라 쟁의행위인지 여부가 결정된다고 한다.[91]

판례는 사실정상설에 입각하여 판단하고 있다. 예컨대 판례는 평소에 관행적으로 하던 휴일근로나 연장근로를 집단적으로 거부하는 경우,[92] 연차유급휴가를 일제히 사용하는 경우,[93] 평소 오전 9시 이전에 출근하여 업무준비를 해왔으나 집단적으로 9시 정각에 출근한 경우[94] 등이 모두 쟁의행위에 해당된다고 판단하였다.

그러나 이러한 판례의 입장에 대해서는 사용자가 평소와 같이 위법한 업무운영을 하려는 데 대하여 근로자들이 규정상 의무를 준수하거나 권리를 행사한 경우까지 쟁의행위로 보아 그 제한 위반의 책임을 묻는 것은 위법을 보호하고 적법을 제재하는 불합리한 결과가 된다는 점에서 찬성하기 어렵다는 비판이 가해진다.[95]

Ⅲ. 사안의 해결

이 사안에서 B노동조합의 조합원 200명은 단체교섭에서 사용자를 압박하기 위한

91) 임종률, 앞의 책, 204쪽.

92) 대법원 1991. 7. 9. 선고 91도1051 판결; 대법원 1991. 10. 22. 선고 91도600 판결 등.

93) 대법원 1991. 12. 24. 선고 91도2323 판결.

94) 대법원 1996. 5. 10. 선고 96도419 판결.

95) 임종률, 앞의 책, 204쪽.

목적으로 지도부의 지도에 따라 9시 정시출근 및 휴일근로거부를 하였다. 따라서 노동조합이 주장을 관철할 목적으로 준법투쟁을 행하였다는 점은 인정되고, 이로 인해 업무의 정상적 운영이 저해되었는지 여부를 검토해야 한다.

판례는 이른바 사실정상설의 입장에서 준법투쟁이 쟁의행위에 해당된다고 판단하고 있다. 먼저 이 사안에서 조합원 200명은 4일간 오전 9시 정각에 출근하였는데 이처럼 평소에 취업규칙상의 업무 시작 시각보다 30분 일찍 출근하였던 것과 달리 30분 늦게 출근한 것은 판례에 따르면 평상시의 사실상 하던 업무의 정상적 운영을 저해하는 것이고, 취업규칙상 업무 시작 시각이 9시로 정해져 있다는 점은 문제되지 않는다.

다음으로 200명의 조합원이 관행적으로 해오던 휴일근로를 거부한 것 역시 판례에 따르면 평상시의 사실상 하던 정상적 업무운영을 저해하는 것이다. 휴일근로를 하는 것이 적법한지 여부는 휴일근로에 대한 당사자 간의 합의가 있었는지에 따라 결정되는 것이지만[96] 이 사안의 경우 사실관계에 따르면 휴일근로를 관행적으로 해왔다는 점에 비추어 볼 때 근로자와의 별도의 합의 없이 운영되어 온 것으로 보인다. 그러나 휴일근로가 적법하게 운영되어 온 것인지 여부는 판례의 입장에 따르면 역시 문제되지 않는다.

따라서 판례 법리에 따라 해석하면 이 사안에서 조합원 200명이 9시 정각에 출근하고 휴일근로를 거부한 것은 노조법상 쟁의행위에 해당된다.

Ⅳ. 결론

이 사안에서 조합원 200명은 단체교섭에서 사용자를 압박하기 위한 목적으로 지도부의 지도에 따라 9시 정시출근 및 휴일근로거부를 하였으므로 노동조합의 주장을 관철할 목적으로 이러한 행위를 행하였다는 점이 인정되고, 판례의 입장에 따르면 이러한 행위는 사용자가 평소 사실상 하던 정상적 업무운영을 저해하는 것으로 해석된다. 따라서 이 사안에서 조합원 200명이 정시출근 및 휴일근로를 거부한 것은 노조법상 쟁의행위에 해당된다.

---

96) 임종률, 앞의 책, 205쪽.

사례 12 부당노동행위의 주체, 부당노동행위구제

[사례 12][97]

선박제조회사인 A사의 사내하청업체들은 대부분 A사의 업무만 수행하여 왔다. A사는 B사 등 사내 하청업체들에 대한 개별도급계약의 체결 여부 및 물량을 그 계획에 따라 주도적으로 조절하였다. 그 외에도 도급계약의 해지, 사내 하청업체 등록해지 권한을 가지고 있는 등 A사는 사내 하청업체에 대하여 우월적 지위에 있었고, 사내하청 근로자의 기본적인 근로조건 등에 관하여 그 근로자를 고용한 사업주로서의 권한과 책임을 일정부분 담당하고 있었다.

그런데 A사 사내하청업체 소속 일부 근로자들은 2003.3.경부터 비밀리에 노동조합준비위원회를 결성하고 비밀조합원제도를 유지하여 오다가 일부 조합원의 신분이 노출되자 같은 해 8.24. A사내하청노동조합창립총회를 거쳐 같은 달 30. 노동조합설립신고증을 교부받게 되었다.

A사는 사내하청노동조합의 결성으로 선박제조가 지체되어 선박인도일정이 늦추어질 것을 우려하던 중, 사내하청업체 B 소속 근로자이면서 A사내하청노동조합 조합원인 갑(甲)이 A사에서 유인물을 배포하는 것을 보고, A사는 "갑이 회사 내에서 유인물을 배포하는 등 회사 운영을 방해하고 있다"면서 B사에 계약해지 등의 경고를 하였다. 그러자 사내하청업체 B사를 비롯하여 몇몇 사내하청업체가 폐업하기로 결정하고 실제로 2003.10.8.에 폐업하였다. 사실상 사내하청업체들의 폐업이유는 A사내하청노동조합의 설립 이외에 다른 이유가 없었다. 이에 따라 A사내하청노동조합은 2003.10.10자로 A사를 상대로 부당노동행위 구제신청을 하였다.

〈질 문〉

1. 부당노동행위제도의 제도적 의의와 A사의 부당노동행위 주체로서의 적격성에 대하여 논함.

2. (1) 위 사례에서 문제되고 있는 부당노동행위의 유형과 (2) 부당노동행위구제의 내용 및 절차에 관하여 설명함.

---

97) 2013년도 시행 제3회 법학전문대학원협의회 모의시험 제2문.

해설

〈질문 1〉 부당노동행위제도의 제도적 의의와 A사의 부당노동행위 주체로서의 적격성에 대하여 논함.

I. 논점의 정리

부당노동행위제도는 사용자가 근로자의 노동3권을 침해하는 행위를 금지하고 이에 대한 구제제도를 마련하여 헌법상 노동3권을 국가적 차원에서 적극적으로 보장하기 위한 제도로서 노조법이 설정한 금지규범과 그 위반의 구제절차 및 처벌을 총칭하며 현행 노조법상 사용자만이 부당노동행위의 주체에 해당될 수 있다.

이 사안에서는 B사 등 사내하청업체 소속 근로자들이 노동조합을 설립한 것을 이유로 폐업한 경우, B사 등 사내하청업체가 아닌 원청업체인 A사가 부당노동행위 주체로서 인정될 수 있는지 여부가 문제된다. 즉, 원청업체인 A사는 해당 근로자들과 직접 근로관계를 맺고 있지 아니함에도 불구하고 부당노동행위의 주체인 사용자에 해당된다고 할 수 있는지 여부를 검토해야 한다.

Ⅱ. 관련 법리

1. 부당노동행위제도의 제도적 의의

노조법 제1조는 "헌법에 의한 근로자의 단결권 · 단체교섭권 및 단체행동권을 보장하여 근로조건의 유지 · 개선과 근로자의 경제적 · 사회적 지위의 향상을 도모하고, 노동관계를 공정하게 조정하여 노동쟁의를 예방 · 해결함으로써 산업평화의 유지와 국민경제의 발전에 이바지함을 목적으로 한다"고 규정하고 있다.

또한 법 제81조는 '사용자는 그 각 호에서 정하는 부당노동행위를 할 수 없다'고 하고, 제82조 제1항은 "사용자의 부당노동행위로 인하여 그 권리를 침해당한 근로자 또는 노동조합은 노동위원회에 그 구제를 신청할 수 있다"고 하고 있다. 또한 제84조

제1항은 "노동위원회는 부당노동행위가 성립한다고 판정한 때에는 사용자에게 구제명령을 발하여야 하며, 부당노동행위가 성립하지 아니한다고 판정한 때에는 그 구제신청을 기각하는 결정을 하여야 한다"고 규정하는 등, 법 제81조 내지 제86조는 헌법이 규정하는 근로3권을 구체적으로 확보하고 집단적 노사관계의 질서를 파괴하는 사용자의 행위를 예방·제거함으로써 근로자의 단결권·단체교섭권 및 단체행동권을 확보하여 노사관계의 질서를 신속하게 정상화하기 위하여 부당노동행위에 대한 구제제도에 관하여 규정하고 있다.[98)]

2. 노동법상 사용자 개념과 부당노동행위주체로서의 사용자

(1) 노조법상 사용자 개념에 관한 규정

현행법상 사용자만이 부당노동행위의 주체가 된다(노조법 제81조). 노조법에서 정한 부당노동행위의 주체로서의 사용자는 원칙적으로 노조법 제2조 제2호에서 정한 사용자이다. 즉, 사업주, 사업의 경영 담당자, 근로자에 관한 사항에 대하여 사업주를 위하여 행동하는 자를 포함하는 광의의 사용자를 의미한다.

(2) 부당노동행위 주체로서의 사용자 개념의 확대

부당노동행위제도는 단결활동권의 침해와 관련하여 일정한 행위를 부당노동행위로서 배제·시정하면서 정상적인 노사관계를 회복할 것을 목적으로 한다. 부당노동행위제도는 사용자의 책임을 추궁하는데 목적이 있는 것이 아니라 노동기본권 침해를 배제하려는 데에 그 취지가 있으므로 근로자에 대한 실질적 영향력 내지 지배력을 미치거나 행사할 수 있는 사람들을 사용자로 인정할 필요가 있다. 따라서 부당노동행위 금지 규정상의 사용자는 근로계약상의 사용자와 동일한 것이 아니라 근로계약관계 내지 그것에 근접하거나 비슷한 관계를 기반으로 하여 성립되는 집단적 노동관계상의 일방당사자를 의미한다. 이와 관련하여 오랫동안 '사용자 개념의 확장'이 문제되었다.

---

98) 대법원 1998. 5. 8. 선고 97누7448 판결.

판례는 원청업체가 하청업체 노동자의 노동조건 등에 실질적인 지배력을 행사하고 있다면 원청업체도 부당노동행위에서의 사용자라고 판단한바 있다.[99] 이 판례에서 대법원은 부당노동행위의 예방 · 제거는 노동위원회의 구제명령을 통해서 이루어지는 것이므로, 구제명령을 이행할 수 있는 법률적 또는 사실적인 권한이나 능력을 가지는 지위에 있는 한 그 한도 내에서는 부당노동행위의 주체로서 구제명령의 대상자인 사용자에 해당한다고 볼 수 있다고 하였다. 더 나아가 법 제81조 제4호는 '근로자가 노동조합을 조직 또는 운영하는 것을 지배하거나 이에 개입하는 행위' 등을 부당노동행위로 규정하고 있고, 이는 단결권을 침해하는 행위를 부당노동행위로서 배제 · 시정하여 정상적인 노사관계를 회복하는 것을 목적으로 하고 있으므로, 그 지배 · 개입 주체로서의 사용자인지 여부도 당해 구제신청의 내용, 그 사용자가 근로관계에 관여하고 있는 구체적 형태, 근로관계에 미치는 실질적인 영향력 내지 지배력의 유무 및 행사의 정도 등을 종합하여 결정하여야 할 것이라고 보았다. 따라서 근로자의 기본적인 노동조건 등에 관하여 그 근로자를 고용한 사업주로서의 권한과 책임을 일정 부분 담당하고 있다고 볼 정도로 실질적이고 구체적으로 지배 · 결정할 수 있는 지위에 있는 자가, 노동조합을 조직 또는 운영하는 것을 지배하거나 이에 개입하는 등으로 법 제81조 제4호 소정의 행위를 하였다면, 그 시정을 명하는 구제명령을 이행하여야 할 사용자에 해당한다고 하였다.

요컨대 대법원은 첫째, 근로기준법상 사용자와 노조법상 사용자는 물론이고, 노조법상 부당노동행위제도에서도 불이익취급의 주체로서의 사용자와 지배개입의 주체로서의 사용자는 서로 다를 수 있다는 점, 둘째, 노조법상 사용자성의 여부는 기본적인 노동조건에 대한 실질적인 영향력의 존재에 따라 판단되어야 한다는 점, 셋째, 근로계약관계가 없는 자도 부당노동행위주체로서의 사용자가 될 수 있고, 한 근로자에 대해 둘 이상의 사용자가 존재할 수 있다는 점 등을 밝혔다.[100]

Ⅲ. 사안의 해결

A사의 사내하청업체들은 대부분 A사의 업무만 수행하였고, A사는 사내 하청업체

99) 대법원 2010. 3. 25. 선고 2007두8881 판결.

100) 조용만 · 김홍영, 앞의 책, 668쪽.

들에 대한 개별도급계약의 체결 여부 및 물량을 그 계획에 따라 주도적으로 조절하였으며 도급계약의 해지, 사내 하청업체 등록해지 권한을 가지고 있어, 사내 하청업체에 대하여 우월적 지위에 있었다. 또한 A사는 사내하청 근로자의 기본적인 근로조건 등에 관하여 그 근로자를 고용한 사업주로서의 권한과 책임을 일정부분 담당하고 있었다.

이러한 점에 비추어 볼 때 A사는 甲 등 사내하청업체 소속 근로자들의 기본적인 노동조건 등에 관하여 실질적 · 구체적으로 지배 · 결정할 수 있는 지위에 있고, 지배 · 개입의 부당노동행위 주체의 적격성이 인정된다.

Ⅳ. 결론

A사는 오직 A사의 업무만을 수행하는 사내하청업체에 대해 우월적 지위에 있고, 사내하청업체 소속 근로자들의 기본적인 근로조건 등에 관하여 그 근로자를 고용한 사업주로서의 권한과 책임을 일정부분 담당하고 있는 등 기본적인 노동조건 등에 관하여 실질적 · 구체적으로 지배 · 결정할 수 있는 지위에 있어 지배 · 개입의 부당노동행위 주체의 적격성이 인정된다.

〈질문 2〉 (1) 위 사례에서 문제되고 있는 부당노동행위의 유형과 (2) 부당노동행위구제의 내용 및 절차에 관하여 설명함.

I. 논점의 정리

이 사안에서는 원청업체인 A사가 B사 등 사내하청업체 소속근로자들의 노조설립과 노조원인 B사 소속 근로자 甲의 유인물배포를 이유로 B사에게 계약해지를 경고하고, B사 등 사내하청업체들이 별다른 이유 없이 사실상 노조설립만을 이유로 폐업을 하게 된 것이 문제되었다. 노조법 제81조 각호에서는 사용자의 부당노동행위의 유형에 대하여 규정하고 있는바, 이 사안에 적용될 수 있는 부당노동행위는 어느 유형에 해당되는지 여부를 검토하여야 한다. 다음으로 A사내하청노동조합이 A사를 상대로 신청한 부당노동행위구제의 내용과 절차에 관한 노조법 규정 및 관련 해석론에 대해 살펴본다.

Ⅱ. 관련 법리

1. 노조법상 부당노동행위의 유형

노조법 제81조 규정에 따른 부당노동행위의 유형은 ① 근로자의 노동조합 조직 · 가입이나 그 밖의 정당한 조합활동을 이유로 하는 불이익취급(제1호) 및 근로자의 정당한 쟁의행위 참가 또는 노동위원회에 대한 부당노동행위의 신고 · 증언 등을 이유로 하는 불이익취급(제5호), ② 비열계약(2호), ③ 단체교섭거부(3호), ④ 지배 · 개입 및 운영비원조(4호) 등으로 분류할 수 있다.

첫째, 불이익취급은 사용자가 근로자의 노동조합에의 가입이나 조직, 정당한 단체행동 참가, 그 밖의 정당한 조합활동을 이유로 또는 노동위원회 등에 대한 부당노동행위의 신고 · 증언 · 증거제출을 이유로 불이익을 주는 행위를 하는 경우 불이익취급의 부당노동행위가 성립된다. 둘째, 비열계약에 의한 부당노동행위는 사용자가 근로자에 대하여 어느 노동조합에 가입하지 않을 것 또는 탈퇴할 것을 고용조건으로 하는 행위를 함으로써 성립한다. 또한 비열계약의 부당노동행위는 사용자가 근로자에 대하여 특정한 노동조합의 조합원이 될 것을 고용조건으로 하는 행위를 함으로써 성립되기도 한다. 셋째, 사용자가 단체협약체결 기타의 단체교섭을 정당한 이유없이 거부하거나 해태하는 경우 단체교섭거부의 부당노동행위가 성립된다. 넷째, 지배 · 개입의 부당노동행위는 사용자가 '근로자가 노동조합을 조직하거나 운영하는 것을 지배하거나 이에 개입하는 행위'를 함으로써 성립한다. 이는 노동조합의 자주성 및 조직력을 보호하기 위한 것이다. 노동조합의 조직에는 그 준비행위도 포함되며 노동조합의 운영이란 노동조합의 회의나 선거 등 내부적 관리만이 아니라 단체교섭이나 쟁의행위 등 대외적 활동도 포함된다. 즉, 노동조합의 조직 · 운영이란 근로자의 단결활동 전반을 의미한다. '지배 · 개입'은 사용자가 지배력을 미쳐 노동조합의 의사결정을 좌우할 정도의 간섭 · 방해행위 전반을 의미한다. 판례에 따르면 사용자의 지배 · 개입금지의 취지는 사용자의 지배 · 개입만으로도 부당노동행위의 성립을 인정하려는 것이며 부당노동행위제도가 손해배상을 목적으로 하는 것은 아니므로 사용자의 지배 · 개입에 의한 현실적인 손해 또는 조직력 약화 등의 결과발생까지 요구하는 것은 아니다.[101)]

한편 사용자의 폐업이 지배 · 개입의 부당노동행위에 해당되는지 여부가 문제된다. 판례는 사업체를 폐업하고 근로자 전원을 해고하는 것이 위장폐업이 아닌 한 기업경영의 자유에 속하여 유효하다고 보고 있다.[102)] 그러나 노조혐오를 이유로 하는 위장폐업은 지배 · 개입의 부당노동행위에 해당될 수 있다. 또한 판례는 원청업체가 사내하청업체의 노조설립후 사내하청업체의 사업폐지를 유도하는 행위와 이로 인하여 노조활동을 위축시키거나 침해하는 행위는 지배 · 개입의 부당노동행위에 해당된다고 판시한 바 있다.[103)]

2. 부당노동행위구제의 내용 및 절차

(1) 부당노동행위구제신청의 주체

부당노동행위로 권리를 침해당한 근로자나 노동조합은 노동위원회에 구제를 신청할 수 있다(노조법 제82조 제1항). 다만, 구제신청을 할 수 있는 노동조합은 노조법상 설립신고를 마친 법내조합에 한정된다(노조법 제7조 제1항). 한편, 노조법 제81조 1호, 2호, 5호와 관련하여 근로자 개인이 신청하는 경우에는 그 소속 노동조합이 법내조합이든 법외조합이든 관계없다(노조법 제82조 제2항).

(2) 부당노동행위구제신청의 기한

부당노동행위구제의 신청은 부당노동행위가 있은 날(계속하는 행위는 그 종료일)부터 3월 이내에 이를 행하여야 한다(노조법 제82조 제2항). '계속하는 행위'라 함은 예고 있는 해고나

---

101) 대법원 1997. 5. 7. 선고 96누2057 판결.

102) 대법원 1992. 5. 12. 선고 90누9421 판결; 대법원 1993. 6. 11. 선고 93다7457 판결 등.

103) 대법원 2010. 3. 25. 선고 2007두8881 판결.

직장폐쇄 등 바로 완결되지 않고 얼마동안 계속하는 하나의 행위를 의미한다. 하나의 부당노동행위 의사에 기하여 여러 개의 행위를 잇달아 하는 경우에는 신청기간에 관하여 1개의 행위로 보아야 한다. 따라서 일련의 계속적인 지배 · 개입행위나 불이익 취급행위도 계속하는 행위로 보아야 한다.[104)]

(3) 부당노동행위구제명령의 주체

부당노동행위구제명령의 주체는 노동위원회이다. 노동위원회는 심문을 끝내고 부당노동행위가 성립한다고 판정하면 사용자에게 구제명령을 하고 부당노동행위가 성립하지 않는다고 판정하면 구제신청을 기각하는 결정을 해야 한다(노조법 제84조 제1항).

(4) 그 밖의 부당노동행위구제 절차

노동위원회는 부당노동행위의 구제신청을 받은 때에는 지체 없이 필요한 조사와 심문을 해야 한다(노조법 제83조 제1항). 조사는 심문을 위한 준비절차라고 할 수 있다. 노동위원회는 심문을 할 때에 당사자의 신청이나 직권으로 증인을 출석하게 하여 필요한 사항을 질문할 수 있고 당사자에게 증거의 제출과 증인에 대한 반대심문을 할 수 있는 충분한 기회를 주어야 한다(노조법 제83조 제2항 · 제3항).

3. 구제명령의 내용

현행법상 구제명령의 내용을 제한하는 특별한 규정은 없다. 따라서 구제명령의 내용은 노동위원회의 합리적 재량에 맡겨지고, 노동위원회는 부당노동행위 구제제도의 취지에 맞추어 일반적으로 침해된 권리를 회복하는 조치를 내용으로 다양한 형태의 구제명령을 하게 된다. 판례도 이를 지지하고 있다.[105)]

판례에 따르면 현실적으로 발생하는 부당노동행위의 유형은 다양하고, 노사관계의 변화에 따라 그 영향도 다각적이어서 그에 대응하는 부당노동행위 구제의 방법과 내

104) 임종률, 앞의 책, 295쪽.

105) 대법원 2010. 3. 25. 선고 2007두8881 판결.

용도 유연하고 탄력적일 필요가 있는바, 사용자의 지배 · 개입 행위가 사실행위로 이루어진 경우 그 행위 자체를 제거 내지 취소하여 원상회복하는 것이 곤란하며 또한 사용자의 행위가 장래에 걸쳐 계속 반복하여 행하여질 가능성이 많기 때문에 사용자의 지배 · 개입에 해당하는 행위를 금지하는 부작위명령은 적절한 구제방법이 될 수 있다고 한다.

Ⅲ. 사안의 해결

1. 부당노동행위의 유형

A사는 사내하청노동조합의 결성으로 선박제조가 지체되어 선박인도일정이 늦추어질 것을 우려하던 중, 사내하청업체 B사 소속 근로자이면서 A사내하청노동조합 조합원인 甲이 A사에서 유인물을 배포하는 것을 보고, 甲이 회사운영을 방해하고 있다고 하면서 B사에 계약해지 등의 경고를 하였고, 그러자 사내하청업체 B사를 비롯하여 몇몇 사내하청업체가 폐업을 하였다. 그러나 사실상 사내하청업체들의 폐업이유는 A사내하청노동조합의 설립 이외에 다른 이유가 없었다.

이처럼 하청업체 노조설립과 甲의 유인물 배포 직후 원청업체인 A사의 계약해지 경고, 사내하청업체들이 폐업을 하게 된 점에 비추어 볼 때 A사는 사업폐지를 유도하는 행위와 이로 인하여 노조활동을 위축시키거나 침해하는 지배 · 개입 행위를 하였다고 판단된다. 판례는 원청업체가 사내하청업체 소속 근로자들의 노동조합설립을 이유로 사내하청업체의 사업폐지를 유도한 사건에서, 지배 · 개입의 부당노동행위로 인정한 바 있다. 따라서 이 사안에서 문제되는 부당노동행위의 유형은 노조법 제81조 제4호 소정의 지배 · 개입의 부당노동행위이다.

2. 부당노동행위 구제의 내용

대법원은 원청업체가 사내하청업체 소속 근로자들의 노동조합설립을 이유로 사내하청업체의 사업폐지를 유도한 것이 문제된 사건에서 중앙노동위원회가 원청회사에 대하여 발한, “실질적인 영향력과 지배력을 행사하여 사업폐지를 유도하는 행위와 이로 인하여 노동조합의 활동을 위축시키거나 침해하는 행위를 하여서는 아니 된다"는 구제명령이 적법하다고 판단한바 있다.

따라서 A사내하청노동조합은 A사를 상대로 노동위원회에 부당노동행위구제신청을 할 수 있고, 노동위원회는 A사의 유도에 의한 사내하청업체 폐업에 대해 위와 같은 내용의 구제명령을 내릴 수 있을 것이다.

Ⅳ. 결론

A사는 사내하청업체 소속 근로자들이 노조를 설립하자 사내하청업체의 사업폐지를 유도하는 행위 및 이로 인하여 노조활동을 위축시키거나 침해하는 지배 · 개입 행위를 하였다. 즉, 이 사안에서 문제되는 부당노동행위의 유형은 노조법 제81조 제4호 소정의 지배 · 개입의 부당노동행위이다.

A사내하청노동조합은 A사를 상대로 노동위원회에 부당노동행위구제신청을 할 수 있고, 노동위원회는 A사에 대하여 실질적인 영향력과 지배력을 행사하여 사업폐지를 유도하는 행위와 이로 인하여 노동조합의 활동을 위축시키거나 침해하는 행위를 하여서는 아니 된다는 취지의 구제명령을 내릴 수 있다.

사례 13 부당노동행위(불이익취급, 지배개입)

[사례 13][106)]

근로자 甲은 2007. 8. 10. A회사에 입사하여 2012. 1.경 같은 회사 종업원으로 구성된 노동조합(이하 'B노조'라고 한다)의 대의원으로 선출되었다. A회사와 B노조와 사이에 2011. 5. 1.에 체결된 단체협약(유효기간: 2011. 5. 1. – 2013. 4. 30.)에 따르면, A회사는 조합원에게 상여금으로 연 4회에 걸쳐 평균 월급여의 400%를 지급하되 3월, 6월, 9월, 12월의 월급여일에 각 100%씩을 지급하기로 되어 있었다. 그런데 A회사와 B노조는 2012. 4. 1. '특별노사합의'로서 "노사 양측은 최근의 경제위기로 인한 경영난 타개를 위하여 2012년 6월부터 2013년 3월까지의 상여금 지급을 유보한다."라는 약정을 체결하였다. 이에 근로자 甲은 2012. 4. 3.부터 같은 해 5. 17.까지 약 한달 반 동안 A회사 위 특별노사합의와 그에 동의한 노조위원장을 비난하는 유인물을 A회사 구내에 게시하였다. 그리고 근로자 甲은 같은 해 5. 25. B노조 비상 임시총회에서 합법적으로 새로운 노조위원장에 선출되었다.

A회사는 2012. 6. 1. 근로자 甲에 대해 취업규칙 제18조(징계 사유) 제11호(허위의 사실로 회사나 다른 종업원의 명예를 실추시킨 경우)와 제12호(회사 구내에서 회사의 허가를 받지 아니하고 유인물을 배포하는 행위) 위반을 이유로 징계위원회를 열어 1개월의 정직을 결정하였다. 또한 같은 날짜로 B노조에 "특별노사합의의 효력을 부정하고 허위 사실로 종업원들을 선동한 근로자 甲이 위원장으로 있으면, 회사는 향후 노동조합에 대한 조합비의 사전공제 및 인도를 거부할 수도 있다."라는 내용의 문서를 전달하였다. 그러나 A회사는 실제로는 월급날 다음 날인 6. 26.과 7. 26.에 종전과 같이 조합원의 월급에서 조합비를 사전 공제하여 B노조에 인도하였다.

〈질 문〉

1. 근로자 甲은 2012. 6. 1.자 징계가 「노동조합 및 노동관계조정법」 제81조 제1호의 부당노동행위에 해당한다고 주장한다. 이 주장은 타당한가?

2. 노동조합은 2012. 6. 1.자 공문이 「노동조합 및 노동관계조정법」 제81조 제4호의 부당노동행위라고 주장한다. 이 주장은 타당한가?

---

106) 2014년 시행 제3차 법학전문대학원협의회 모의시험 제2문.

해설

〈질문 1〉 근로자 甲은 2012. 6. 1.자 징계가 「노동조합 및 노동관계조정법」 제81조 제1호의 부당노동행위에 해당한다고 주장한다. 이 주장은 타당한가?

Ⅰ. 논점의 정리

이 사안에서 근로자 甲은 상여금 지급을 유보하는 특별노사합의와 그에 동의한 노조위원장을 비난하는 유인물을 A회사 구내에 게시하였고 이후 근로자 甲은 노조 비상 임시총회에서 합법적으로 새로운 노조위원장에 선출되었다. 그러나 A회사는 근로자 甲에 대해 취업규칙 소정의 징계사유에 근거하여 징계위원회를 열어 1개월의 정직을 결정하였다.

노조법 제81조 제1호에 따르면 근로자가 노동조합의 업무를 위한 정당한 행위를 한 것을 이유로 그 근로자를 해고하거나 그 근로자에게 불이익을 주는 행위는 사용자의 부당노동행위에 해당되는 것으로서 금지된다. 따라서 근로자 甲에 대한 위 징계가 노조법 제81조 제1호 소정의 불이익취급에 해당되는지 여부를 판단하기 위해서는 먼저 甲이 회사의 허가를 받지 않고 유인물을 A회사 구내에 게시한 행위가 노동조합의 업무를 위한 정당한 행위에 해당되는지 여부를 검토하여야 하고, 이를 토대로 甲에 대한 징계가 불이익취급의 부당노동행위에 해당되는지 여부를 판단하여야 한다.

Ⅱ. 관련 법리

1. 노동조합의 업무를 위한 정당한 행위의 판단기준

노조법 제81조 제1호에서 말하는 "노동조합의 업무를 위한 정당한 행위"라 함은 판례에 따르면 일반적으로는 정당한 노동조합의 활동을 가리킨다고 할 것이지만 조합원이 조합의 결의나 조합의 구체적인 지시에 따라서 한 노동조합의 조직적인 활동 그 자체가 아닐지라도 그 행위의 성질상 노동조합의 활동으로 볼 수 있거나, 노동조합의 묵시적인 수권 혹은 승인을 받았다고 볼 수 있을 때에는 노동조합의 업무를 위한 행위로 보아야 할 것이라고 한다.[107)]

2. 회사의 허가를 받지 아니한 유인물 게시의 정당성 판단기준

판례에 따르면 회사가 근로자의 유인물의 배포에 대한 허가제를 채택하고 있다고 할지라도 노동조합의 업무를 위한 정당한 행위까지 금지시킬 수는 없는 것이므로 그 배포행위가 정당한가 아닌가는 허가가 있었는지 여부만 가지고 판단할 것은 아니고 그 유인물의 내용이나 배포방법 등 제반사정을 고려하여 판단되어져야 할 것이라고 한다. 예컨대 취업시간이 아닌 주간의 휴게시간 중의 배포는 다른 근로자의 취업에 나쁜 영향을 미치거나 휴게시간의 자유로운 이용을 방해하거나 구체적으로 직장질서를 문란하게 하는 것이 아닌 한 허가를 얻지 아니 하였다는 이유만으로 정당성을 잃는다고 할 수 없다고 판시한바 있다.[108)]

회사가 취업규칙에서 여론조사나 유인물의 배포에 관하여 회사의 사전 승인을 얻도록 하고 있다고 할지라도 근로자들의 근로조건의 유지 · 향상이나 복지 증진을 위한 정당한 행위까지 금지할 수는 없는 것이므로 그 행위가 정당한가 아닌가는 회사의 승인 여부만을 가지고 판단할 것은 아니고, 그 유인물의 내용, 매수, 배포의 시기, 대상, 방법, 이로 인한 기업이나 업무에의 영향 등을 기준으로 판단하여야 한다는 것이 판례의 입장이다.[109)]

또한 판례는 유인물로 배포된 문서에 기재되어 있는 문언에 의하여 타인의 인격, 신용, 명예 등이 훼손 또는 실추되거나 그렇게 될 염려가 있고, 또 그 문서에 기재되어 있는 사실관계의 일부가 허위이거나 그 표현에 다소 과장되거나 왜곡된 점이 있다고 하더라도 그 문서를 배포한 목적이 타인의 권리나 이익을 침해하려는 것이 아니라 근로조건의 유지 · 개선과 근로자의 복지 증진 기타 경제적 · 사회적 지위의 향상을 도모하기 위한 것으로서 그 문서의 내용이 전체적으로 보아 진실한 것이라면 이는 근로자들의 정당한 활동범위에 속한다고 한다.[110)]

---

107) 법원 대1994. 2. 22. 선고 93도613 판결.

108) 대법원 1991. 11. 12. 선고 91누4164 판결.

109) 대법원 1997. 12. 23. 선고 96누11778 판결.

110) 대법원 1997. 12. 23. 선고 96누11778 판결.

3. 불이익취급과 부당노동행위의 경합

근로자에 대한 정당한 해고 사유가 있고 동시에 사용자의 부당노동행위 의사를 추정할 만한 사정도 있어 양자가 경합하는 경우 부당노동행위 성립 여부가 문제된다.

판례에 따르면 사용자가 근로자를 해고함에 있어서 표면적으로 내세우는 해고사유와는 달리 실질적으로는 근로자의 정당한 노동조합 활동을 이유로 해고한 것으로 인정되는 경우에 있어서는 그 해고는 부당노동행위라고 보아야 할 것이라고 한다. 이 경우 근로자의 노동조합 업무를 위한 정당한 행위를 실질적인 해고사유로 한 것인지의 여부는 사용자 측이 내세우는 해고사유와 근로자가 한 노동조합 업무를 위한 정당한 행위의 내용, 해고를 한 시기, 사용자와 노동조합과의 관계, 동종의 사례에 있어서 조합원과 비조합원에 대한 제재의 불균형 여부, 종래의 관행에 부합 여부, 사용자의 조합원에 대한 언동이나 태도, 기타 부당노동행위 의사의 존재를 추정할 수 있는 제반 사정 등을 비교 검토하여 판단하여야 한다.[111)]

Ⅲ. 사안의 해결

1. 甲의 유인물게시행위가 노동조합의 업무를 위한 정당한 행위에 해당하는지 여부

A회사는 2012. 6. 1. 근로자 甲에 대해 취업규칙 제18조(징계 사유) 제11호(허위의 사실로 회사나 다른 종업원의 명예를 실추시킨 경우)와 제12호(회사 구내에서 회사의 허가를 받지 아니하고 유인물을 배포하는 행위) 위반을 이유로 징계위원회를 열어 1개월의 정직을 결정하였다. 다만, 사실관계에서는 '유인물게시행위'라고 표현하고 있어 유인물 게시를 위해 회사의 시설물을 이용한 것이라고 볼 소지가 있고, 그렇다면 회사의 시설관리권과의 관계가 문제될 것이지만 A회사는 취업규칙 소정의 "회사 구내에서 회사의 허가를 받지 아니하고 유인물을 배포하는 행위"에 근거하여 징계하였으므로 유인물배포에 준하여 판단하겠다.

---

111) 대법원 1999. 11. 9. 선고 99두4273 판결.

판례의 입장에 따라 판단해 보면 甲은 대의원으로서 단체협약유효기간 내에 단체협약에 규정되어 있는 상여금지급을 유보하는 특별노사합의를 체결한 노조와 노조위원장을 비판하는 유인물을 회사구내에 게시하였는데 대의원으로서 근로조건의 유지개선과 관련된 의견을 말하는 것은 노동조합의 업무를 위한 행위라고 할 수 있고 노동조합의 활동을 벗어난 순수한 개인적 활동이라고는 보기 어렵다. 특히 甲이 이러한 의견을 제시한 직후 비상 임시총회에서 합법적으로 새로운 노조위원장에 선출되었다는 사실은 甲의 의견이 조합원들의 의사를 반영하였음을 뒷받침한다고 볼 수 있을 것이다.

또한 사실관계에는 甲이 노조위원장을 비난하였다고만 하고 있을 뿐 어느 정도의 비난을 한 것인지는 나와 있지 않지만, 판례에 따르면 유인물에 다소 과장된 표현이 있고 부분적으로 사실과 다른 내용이 포함되어 있다 하더라도 전체적인 내용이 진실한 것이고 근로조건의 유지개선을 위한 것이라면 이는 노조의 업무를 위한 정당한 행위에 해당된다.

2. 甲에 대한 사용자의 징계가 불이익취급에 해당되는지 여부

회사는 근로자 甲이 허위의 사실로 회사나 다른 종업원의 명예를 실추시킨 경우 및 회사 구내에서 회사의 허가를 받지 아니하고 유인물을 배포하는 행위에 해당된다는 이유로 정직 1개월의 징계를 내렸는데, 이러한 징계사유는 일응 취업규칙 소정의 징계사유에 해당될 수는 있지만 표면적으로 내세우고 있는 징계사유와는 달리 실질적으로는 근로자의 정당한 노동조합 활동을 이유로 징계한 것이라고 할 것이다.

앞서 살펴본 바와 같이 甲의 유인물게시행위는 근로조건의 유지개선을 위해 작성된 것으로서 노조위원장을 비난하는 내용이 일부 포함되어 있다 하더라도 노조의 업무를 위한 정당한 행위로 볼 수 있을 것이고 임시총회에서 합법적인 새로운 위원장으로 선출되었다는 점에 비추어 볼 때 회사가 甲을 징계한 것은 정당한 조합활동을 혐오하고 이를 저지할 의도에서 행한 것으로 보여 부당노동행위에 해당한다고 할 것이다.

Ⅳ. 결론

甲이 대의원으로서 근로조건의 유지개선과 관련된 의견을 말하는 것은 노동조합의 업무를 위한 행위라고 할 수 있고 甲이 임시총회에서 합법적인 새로운 위원장으로 선출되었다는 점에 비추어 볼 때 회사가 甲을 징계한 것은 정당한 조합활동을 혐오하고 이를 저지할 의도에서 행한 것으로 보인다. 따라서 甲에 대한 2012.6.1.자 징계는 노조법 제81조 제1호의 불이익취급의 부당노동행위에 해당된다.

〈질문 2〉 노동조합은 2012. 6. 1.자 공문이 「노동조합 및 노동관계조정법」 제81조 제4호의 부당노동행위라고 주장한다. 이 주장은 타당한가?

I. 논점의 정리

A회사는 B노조에 "특별노사합의의 효력을 부정하고 허위 사실로 종업원들을 선동한 근로자 甲이 위원장으로 있으면, 회사는 향후 노동조합에 대한 조합비의 사전공제 및 인도를 거부할 수도 있다."라는 내용의 문서를 전달하였지만 실제로는 조합비를 사전공제하여 노조에 전달하였다.

이 경우 회사가 새로 선출된 노조위원장인 甲을 부인하는 취지의 의견을 노조에 전달한 것이 노조법 제81조 제4호 소정의 지배개입의 부당노동행위에 해당되는지 여부는 특히 사용자의 언론의 자유와의 관계에서 검토되어야 한다. 또한 회사가 실제로는 조합비를 공제하여 노조에 전달하기는 하였지만 그럼에도 불구하고 지배개입의 부당노동행위가 성립되는지 여부가 검토되어야 한다.

Ⅱ. 관련 법리

노조법 제81조 제4호는 "근로자가 노동조합을 조직 또는 운영하는 것을 지배하거나 이에 개입하는 행위와 노동조합의 전임자에게 급여를 지원하거나 노동조합의 운영비를 원조하는 행위"를 부당노동행위로 규정하여 금지하고 있다. 판례에 따르면 지배개입으로서의 부당노동행위 성립에 반드시 근로자의 단결권의 침해라는 결과의 발생을 요하는 것은 아니라고 하고 있다.[112)]

한편 사용자의 언론의 자유와 부당노동행위의 관계에 대하여 판례는 사용자가 연설, 사내방송, 게시문, 서한 등을 통하여 의견을 표명할 수 있는 언론의 자유를 가지고 있음은 당연하나, 그것이 행하여진 상황, 장소, 그 내용, 방법, 노동조합의 운영이나 활동에 미친 영향 등을 종합하여 노동조합의 조직이나 운영을 지배하거나 이에 개입하는 의사가 인정되는 경우에는 부당노동행위가 성립한다고 한다.[113)]

언론의 자유가 보장되어야 한다는 측면에서 볼 때 노조나 노조활동에 관한 사용자의 의견표명 자체를 금지할 수는 없지만 자주적인 단결활동 보장과의 관계에서 사용자의 언론의 자유는 일정한 한계를 가진다고 할 수 있다. 대법원 판례 중에는 노조가 설립되고 교섭 등을 둘러싼 분쟁의 와중에서 사용자가 근로자의 참여가 강제되었다고 볼 수 있는 공식석상에서 전 직원을 상대로 노조를 부인하고 신분상 불이익이 있을 수 있다는 취지로 발언한 것이 부당노동행위로 인정된 사례가 있다.[114)] 단, 사용자 발언 내용에 노조활동 관련 보복 내지 불이익의 위협이 있어야만 부당노동행위가 성립하는 것은 아니다.

Ⅲ. 사안의 해결

이 사안에서 A회사가 B노조에 "특별노사합의의 효력을 부정하고 허위 사실로 종업원들을 선동한 근로자 甲이 위원장으로 있으면, 회사는 향후 노동조합에 대한 조합비의 사전공제 및 인도를 거부할 수도 있다."라고 전달한 내용은 단순히 사용자 입장에서 노사현안에 대한 의견을 개진하는 수준, 즉, 언론의 자유의 허용 범위내의 수준을 넘는 것으로 판단된다. 즉, 조합원들에 의해 합법적으로 선출된 노조위원장의 지위를 부정하는 듯한 취지의 표현을 하면서 조합비 사전공제를 거부하겠다는 뜻을 밝힘으로써 노조운영에 영향을 미치려는 시도로서 노조 운영에 개입하려는 부당노동행

112) 대법원 1997. 5. 7. 선고 96누2057 판결.
113) 대법원 1998. 5. 22. 선고 97누8076 판결.
114) 대법원 1998. 5. 22. 선고 97누8076 판결.

위의 의사를 추인할 수 있을 것이다.

A회사가 실제로는 조합비를 사전공제하여 노조에 전달하기는 하였지만 지배개입으로서의 부당노동행위 성립에 반드시 근로자의 단결권 침해라는 결과의 발생까지 요하는 것은 아니므로 노조가 조합비를 전달받았다는 사실로 인해 지배개입의 부당노동행위 성립이 부정될 수는 없을 것이다.

이 사건과 유사한 사실관계가 문제된 사안에서 대법원은 지배개입의 부당노동행위 성립을 인정한바 있다. 즉, 회사가 불법파업을 이유로 조합장을 해고하였으나 당해 조합장이 해고무효확인소송을 제기하여 조합장직으로 복귀하였음에도 불구하고 회사는 조합장이 자격을 상실하였다고 하면서 조합비 일괄공제 및 인계를 거부하면서 다른 조합원의 명의로 조합비 일괄공제 요청을 다시 하라고 요구하였다. 이 사건에서 대법원은 회사가 조합비 일괄공제를 거부하고 다른 조합원 명의로 다시 요청하라고 요구한 것은 노조활동을 방해하려는 의도에서 이루어진 것으로서 비록 이로 인하여 근로자의 단결권 침해라는 결과가 발생하지 않았다 하더라도 지배개입으로서의 부당노동행위에 해당한다고 판시하였다.[115]

Ⅳ. 결론

회사가 노조에 보낸 2012.6.1.자 공문은 조합원들에 의해 합법적으로 선출된 노조위원장의 지위를 부정하는 듯한 취지의 표현을 하면서 조합비 사전공제를 거부하겠다는 뜻을 밝힘으로써 노조운영에 영향을 미치려는 시도로서 노조 운영에 개입하려는 부당노동행위의 의사가 추정된다고 판단된다. A회사가 실제로는 조합비를 사전공제하여 노조에 전달하였지만 지배개입으로서의 부당노동행위 성립에 반드시 근로자의 단결권 침해라는 결과의 발생까지 요하는 것은 아니다. 따라서 노조법 제81조 제4호 소정의 부당노동행위에 해당된다는 노조의 주장은 타당하다.

---

115) 대법원 1997. 5. 7. 선고 96누2057 판결.

찾아보기

ㅈ

ㅊ

ㅌ

ㅍ

저자 약력

박귀천(朴貴千)

이화여자대학교 법학과 졸업(법학사)
이화여자대학교 대학원 석사과정 졸업(법학석사)
독일 Frankfurt대학교 법과대학 박사과정 졸업(법학박사)
현재 이화여자대학교 법학전문대학원 조교수
한국노동법학회 상임이사
경기지방노동위원회 공익위원
국가인권위원회 사회권위원회 전문위원
공인노무사시험 출제위원

노동법의 쟁점과 사례 연구 값22,000원

2015년 6월 28일 초판 인쇄
2015년 6월 30일 초판 발행

저자 박 귀 천
발행인 리 재 영
발행처 新論社
등록번호 제10-308호(1989.3.4)

판매처 새문사
등록번호 제1-273호(1977.9.19)

주소 : 서울시 마포구 대흥로 6길 6-12
전화 : (02)715 - 7232(代), 717 - 7235, Fax : (02)715 - 7235
E-mail : sinlon@saemoon.co.kr
website : www.saemoonbook.com

ISBN : 978-89-7411-444-2 93360